Melchior Meyr

Gespräche mit einem Grobian

Melchior Meyr

Gespräche mit einem Grobian

ISBN/EAN: 9783742894564

Hergestellt in Europa, USA, Kanada, Australien, Japan

Cover: Foto ©Thomas Meinert / pixelio.de

Manufactured and distributed by brebook publishing software (www.brebook.com)

Melchior Meyr

Gespräche mit einem Grobian

Gespräche
mit einem Grobian.

Herausgegeben

von

einem seiner Freunde.

Leipzig:
F. A. Brockhaus.
1866.

Vorwort des Herausgebers.

Indem ich den Inhalt der zwölf Gespräche, die ich zu veröffentlichen mich entschlossen habe, im Geist mir vergegenwärtige, fühl' ich eine Aufforderung, mein Unternehmen vor dem Publikum zu rechtfertigen.

Denn es versteht sich von selbst, daß ich, der bürgerliche Schriftsteller, von der Würde des Publikums und von dem Ansehen der Kritik anders denke als der reiche Mann, Cavalier und Grobian.

Nie hätte ich mich dazu hergegeben, die Unterhaltungen der beiden Freunde der Welt mitzutheilen, wenn ich ein Buch dieser Art nicht für hochersprießlich, ja im Grunde für unentbehrlich halten müßte.

Jedermann predigt heute den Fortschritt und malt die Bilder einer schönen Entwickelung, zu der er uns führen soll. Der Fortschritt in der That und Wahrheit ist aber unmöglich ohne Selbsterkenntniß.

Nur durch die „Höllenfahrt der Selbsterkenntniß"

gehen wir ein in den Himmel der Ehren und der Herrlichkeit.

Hat nun der grobe Philosoph recht, daß man sich nie mehr in Selbsttäuschung gefiel als gegenwärtig, daß die Magie der Eitelkeit die Seelen nie blinder gegen ihre eigenen, nie scharfsichtiger gegen die Gebrechen anderer machte (und das Gegentheil wird schwer zu beweisen sein!) — so ist offenbar nichts nöthiger als ein Spiegel, der den heutigen Menschen zeigt, wie sie alle sind, — und ihnen auch in humoristischen Caricaturen die Anschauung ihres eigentlichen Wesens gibt.

Ein solcher Spiegel dünkt mich dieses Buch.

Sein Zweck ist, die eingebildete Vortrefflichkeit zu zerstören, damit die wirkliche und unzerstörliche an ihre Stelle trete.

Wo der Grobian züchtigt, da liebt er: er will, dem absoluten Vorbild ähnlich, daß der Sünder sich bekehre und lebe! Wer sich am grausamsten von ihm behandelt sieht, der kann sich sagen, daß er am meisten von ihm geliebt ist.

Der Freundliche und Gute ist eifrig in Vertheidigung und Lob und träufelt in die Wunden, die der Grobian geschlagen hat, nur allzu viel Balsam. An Weite und Höhe des Geistes, an Erkenntniß der Ziele und Liebe zu ihnen stehen beide sich gleich; in ihrem innersten Wesen harmoniren sie. Die wichtigsten Aufgaben der Gegenwart und die Mittel, sie zu lösen, werden von ihnen bezeichnet und die Betrachtungen bis an die Grenze geführt, wo die strenge Wissenschaft das Weitere zu thun hat.

So lehrt das Buch nicht nur, was abzustellen wäre, sondern es beleuchtet auf allen Hauptgebieten die Ideale, dient mithin der ganzen und vollen Selbsterkenntniß.

Und alles das ohne irgendeine Rücksichtnahme auf irgendeine Macht der Erde! Die beiden Freunde haben kein anderes Interesse als das der Wahrheit und der Gerechtigkeit, und vor diesen Gottheiten werden die Prätensionen der Erde sich zurückstellen müssen.

Ich empfehle die Gespräche den Ehrlichen, den Edeldenkenden und Muthigen — dem ganzen deutschen Volke.

Inhalt.

                                                    Seite

Vorwort des Herausgebers . . . . . V—VII

Wie der Herausgeber zwei Universitätsgenossen wiedertraf und in den Besitz des Manuscripts kam. Die verschiedenen Arten der Gattung Grobian. Eigenthümlichkeit des Grobians Victor . . . . 1—54

Einleitung und erstes Gespräch.

Geschichten zur Charakteristik Victor's. Edmund besucht ihn. Victor über seine Reisen. Glück der Einsamkeit. Menschen und Bücher . . . . 55—70

Zweites Gespräch.

Die Menschen an sich und in der Gesellschaft. Menschen und Thiere. Vorzüge und Annehmlichkeiten der letztern . . . . 71—83

Drittes Gespräch.

Das Landvolk und der moderne Patriarch. Unarten der Gebildeten . . . . 84—94

Viertes Gespräch.

Arthur Schopenhauer und sein Pessimismus. Das Thierische und das Teuflische im Menschen. Die Greuel der Geschichte. Das Recht des Stärkern. Der Hang, das Gute zu bestrafen und das Böse zu

belohnen. Zornausbruch Victor's. Entgegnung Ed=
mund's. Warum diese Welt dennoch die beste Welt.
Der größere Menschenfreund. Spiegel der Zeit im
Bösen und im Guten . . . . 95—115

Fünftes Gespräch.

Specielle Vergleichung der Menschen und der Thiere.
Nachweisung des Thierischen in den Guten und
Besten. Gipfel der Grobheit . . . . 116—129

Sechstes Gespräch.

Frevel des Optimismus. Das Princip des Bösen
und seine Taktik. Unterschied zwischen Thier und
Teufel. Der Mann und der Bube. Die Wohl=
thäter und Märtyrer der Menschheit. Das drohende
Verderben unserer Zeit. Ein Zwischenspiel der
Natur und seine Folgen. Aufschwung Edmund's.
Das hohe Lied von der Menschheit. Herrlichkeit
und Schönheit des irdischen Lebens. Einwand Vic=
tor's. Michel Angelo und die ästhetischen Duftköpfe
der Gegenwart. Versöhnende Wirkung der Natur. 130—161

Siebentes Gespräch.

Die Deutschen und ihre Begabung. Victor über die
schlimmsten Züge im deutschen Nationalcharakter.
Hindernisse der Einheit. Die Lichtpunkte. Bestim=
mung und höchstes Ziel des deutschen Volkes.
Schwere Bedenken . . . . 162—185

Achtes Gespräch.

Victor über „die Nation von Denkern". Große Be=
weisführung, daß die Deutschen nie weniger vom
Denken gehalten und es nie eifriger gemieden haben,
als gegenwärtig. Das Schicksal der Philosophie.
Die Literatur des Zeitvertreibs. Die Materialisten
und Atheisten. Die Pfaffen. Die wissenschaftlichen
Handwerker. Die Praktiker und Politiker. Die

Masse. Edmund's Versuch einer Correctur. Der Streit zwischen den Extremen und seine Folgen. Der Geist im Buchstaben und in der Materie. Die empirische Forschung der Gegenwart, ihre Leistungen und ihr Verhältniß zur Philosophie. Aussicht der letztern. Victor über das Ideal des Philosophen, die heutigen Philosophirenden und die verlorene Majestät. Die Prophezeiung und der Stand der Dinge . . . . 186—226

Neuntes Gespräch.

Vortheile des Unverheiratheten. Die gegenwärtige Literatur und das Publikum. Der „Erfolg". Der neue Souverän und die neuen Hofschranzen. Die Genußgier und ihre Befriedigung. Die Feuilletons und die Feuilletonisten. Die Kritik. Das literarische Faustrecht. Die Tartuffe's der Kritik und die Zaunkönige. Die Gefahr, welche den Klassikern droht. Edmund's Plaidoyer für Journale und Journalisten. Die Zeitschrift und das Buch. Letztes Wort Victor's . . . . 227—262

Zehntes Gespräch.

Der Erntemonat. Preis der Einsamkeit. Rückblick auf die Gesellschaft. Der „Aufgeklärte". Ein Gedicht Victor's. Ueber Höflichkeit und Titelwesen der Deutschen. Zusammenstoß. Grob und gröber. 263—280

Elftes Gespräch.

Weitere Proben der Lyrik Victor's. Kritik und Charakteristik der „neuen Poesie". Vortheile des Bösen, Aufgabe der Guten. Der Raufbold. Die giftige Feder. Preßfreiheit! Das Kloster und die deutsche Familie. Heirathsfrage. Erklärung Victor's über das Weib . . . . 281—314

Zwölftes Gespräch.

Poesie des Herbstes. Glück des Landwirths. Ueber

das Zeitungslesen und den Fortschritt. Was eigentlich in den Zeitungen steht. Die jetzigen großen Männer. Umfassende Erklärung Edmund's über die gegenwärtige Zeit, ihre Stellung in der Geschichte, ihre Aufgaben und ihre Ideale. Das Gesetz der Entwickelung des Menschengeschlechts. Ziele der Philosophie und der Empirie. Worin diese einig sind und es immer mehr werden müssen. Beweis, daß die Gegenwart die größte Zeit der Weltgeschichte. Das gegliederte Ganze. Blick auf die Geistesarbeiten unserer Zeit und Schluß. Victor entgegnet humoristisch. Er macht seinen Glauben abhängig von dem Verhalten der Deutschen. Forderungen, die er stellt: an die Fürsten, die Staaten und Stämme; an die Norddeutschen und die Süddeutschen; an die politischen Parteien und den Adel; an die Religionsparteien; an die Philosophen, die Männer der exacten Forschung und die Materialisten; an Künstler und Poeten; an Journalisten und Feuilletonisten; an die Jugend; an die Weisen und die geistigen Sommitäten der Zeit. Disput. Edmund's Ansicht über das Gute neben dem Bösen. Mittagessen. Sonst und jetzt. Reichthum und Schönheit des heutigen Lebens. Ein Lebehoch!... 315—383

Wie der Herausgeber zwei Universitätsgenossen wieder traf und in den Besitz des Manuscripts kam.

───────

Die deutschen Hochschulen haben das Gute, daß man auf ihnen Bekanntschaften unter Verhältnissen machen kann, die sonst kaum sich finden dürften. Die Studenten leben bei uns freier und idealer als in andern Ländern, verbinden aber mit einem höhern Sinn (der wenigstens einen guten Theil davon auszeichnet) alle Naturfrische, Keckheit und Derbheit germanischer Jugend. Wer dieses Leben nicht mitgemacht und nicht selber erfahren hat, was in ihm unter Mitwirkung des Humors alles zusammengehen kann, der gewinnt in der Regel einen falschen Begriff davon. Englische und französische Autoren lassen sich darüber auf rührender Unwissenheit betreffen, und auch die deutschen haben ihm sein volles Recht noch nicht widerfahren lassen.

Eine Zeit lang gewährten von allen Verbindungen die burschenschaftlichen den fröhlichsten Anblick. Indem sie pedantischer Dressur entsagten und ihren zahlreichen

Gliedern zur Entfaltung individueller Anlagen freiern Spielraum ließen, gaben sie dem jugendlichen Treiben durch den patriotischen Gedanken eine Weihe und zeigten so den deutschen Musensohn in seiner vollendetsten Gestalt. Wer innern Gehalt und Muth dazu besaß und durch einen gehörigen Wechsel unterstützt war, konnte sich hier zum Original ausbilden und als solches imponiren und glänzen wenigstens die Universitätsjahre hindurch. Andere, zu Charakterfiguren überhaupt bestimmt, konnten hier den Grund dazu legen.

Der Herausgeber gehörte einer dieser Verbindungen an, als sie eben zur höchsten, leider auch letzten Blüte sich entfaltete. Er war keiner von den Großen und überließ die hohen Posten gern den Ehrbegierigen, die sich einstweilen zur Herrschaft im Bunde, später zur Mitleitung deutscher Geschicke berufen hielten. Sein Bestreben war specifisch ideell; er trachtete nach dem Lorber des Dichters, wollte sich den gefeierten Namen der deutschen Literatur an die Seite stellen und in Bildung und Aufklärung der Nation unter andern auch den Ideen der Burschenschaft zur Verwirklichung helfen. Dieser schönen Gedanken voll, schaute er behaglich dem Kampfe derjenigen zu, welche die möglichst geehrten Rollen im Verein zu spielen sich mühten, und entschädigte sich für seine äußerliche Beiläufigkeit durch innerliches Emporschweben über die Höchstgestellten hinweg. Trotz seines, damit ohne Zweifel gerechtfertigten Selbstgefühls war er ein

guter Geselle, sang und trank, spielte Schlauch in Ex=
kneipen und baute auf dem hier gelegten Grunde in der
Kneipe selbst nicht selten das Gebäude vollkommener
Fröhlichkeit auf. Die poetischen Werke dagegen, die er
dem deutschen Volk zu schenken sich vorgesetzt hatte, deu=
tete er für jetzt nur in höchst allgemeinen Linien an.

Im Sommersemester traten zwei neue Mitglieder ein,
zu denen er sich bald näher hingezogen fühlte. Es waren
zwei Adeliche, so verschiedene Naturen, wie man sie nur
treffen kann, aber gleichwol durch ein gemeinsames Band
zusammengehalten. Victor, Freiherr von *** (warum
ich den Namen nicht ausschreibe, wird sich erklären), hatte
schon sieben Semester hinter sich und trat mit der Sicher=
heit eines vollkommenen Burschen auf. Er war über
mittelgroß, breitschulterig, von stolzer Haltung. Das
Haar dunkelbraun und etwas gelockt, die Stirn breit
und ziemlich hoch, die Nase etwas gebogen und von
mäßiger Ausdehnung, der Raum von der Nase bis zum
Mund etwas länger als gewöhnlich, aber die Lippen
schön, und wenn sie zusammengelegt waren, eine Zuver=
sicht ausdrückend, welche dem Nein einer ganzen Welt
gegenüber auf ihrem Ja zu bestehen verhieß. Nase und
Mund erinnerten mich an ein Bild, das ich einst von
Mirabeau gesehen; allein unser Bursche war hübsch, und
bei aller Stattlichkeit feiner gegliedert als der Koloß der
französischen Revolution.

Edmund von ** gehörte zu den schlanken, hoch=

aufgeschossenen Jünglingen. Er hatte blonde Haare, blaue Augen, rothe Wangen, und sein adeliches Gesicht war so schön wie das eines Mädchens. Er befand sich im vierten Semester, und nur ein Flaum keimte zunächst die Ohren herunter und übers Kinn hin. Sein Auftreten, bei äußerer Eleganz, verrieth eine innere, nie ganz zu besiegende Schüchternheit. Er erröthete öfter, als es ihm lieb war, und die Güte, die still glücklich aus seinen Zügen hervorsah, ließ ihn gewinnend, aber auch angreifbar erscheinen.

Victor zeigte gewöhnlich eine ernste, in ihrer Art behagliche Ruhe. Wenn er aber ein Unrecht wahrnahm und dahinter namentlich eine boshafte Absicht erkennen mußte, konnte er in rasender Leidenschaft aufflammen. Er sagte dem Thäter die Wahrheit nach dem Verlangen seines Herzens, und die Folge war, daß er eine gute Zahl von Duellen abzumachen hatte.

Edmund blieb in Hinsicht dieser hinter ihm zurück, obwol nicht allzu weit. Was jenem Heftigkeit und Strenge, das zog ihm sein liebenswürdiges Nachgeben zu. Gewisse Menschen sind nun einmal Freunde von wohlfeilen Siegen und gehen darum kühn gegen die Gutmüthigen an, die ihnen schon ein paar mal gewichen sind. Derartigen Ehrgeiz mußte auch Edmund zurechtweisen, und er that es zuletzt mit solchem Glück, daß man ihn nicht nur in Ruhe ließ, sondern mit Respect behandelte. Er selbst ließ aber darum seine Weise nicht und zeigte namentlich gegen diejenigen, die er gezeichnet hatte, eine rührende Artigkeit.

Was mich zu diesen Jünglingen hinzog, war ihr geistiges Streben, zu dem sie mitten im burschikosen Treiben doch auch noch Zeit fanden. Beide hörten Jurisprudenz; durch ihr zu erwartendes Vermögen sichergestellt, gaben sie sich aber mit Vorliebe allgemein bildenden Studien hin — historischen und philosophischen, ästhetischen und poetischen. Hier mußten wir uns finden. Unsere Gespräche, die wir oft bis tief in die Nacht fortsetzten, waren höchst genial und von der allermuthigsten Zuversicht eingegeben; denn hier überließ sich auch Edmund den kühnsten Hoffnungen. Wir kamen überein, daß der höchste Gipfel in deutscher Wissenschaft und Dichtung noch nicht erstiegen, sondern eine Aufgabe der Zukunft sei; und nie hab' ich mich glücklicher gefühlt, als wenn die beiden Freunde meinen eigenen Verheißungen in dieser Beziehung lauschten und ihnen zu glauben schienen.

Von Gesprächeslust, Getränk und Jugend durchwärmt, hat man in solchen Momenten ein Gefühl, als ob alle die mächtigen und holden Ströme des Lebens zu dichterischer Verklärung heranwogten und die Darstellung selber selig leicht wäre! — Später findet man, daß eben diese ihre Schwierigkeiten hat.

Das ausgehende Semester machte dem Bund im Bunde ein Ende. Victor ging in seine schwäbische,

Edmund in seine fränkische Heimat zurück. Ich bezog eine andere Universität, ging dann meinen Gang als Artikel- und Bücherverfasser durchs ganze Vaterland, und habe die Freunde in der ersten Hälfte des Jahrhunderts nie wiedergesehen.

Im Jahre 185—, im August, führte mich eine Reise nach dem deutschen Südwesten. Die Tage waren schön, die Abende köstlich, und ich genoß mit Wonne den Anblick des reizenden und fruchtbaren Landes, während sich meine Ohren an dem Klange des Dialekts, dessen Schönheit nicht eben jedem einleuchtet, wahrhaft gütlich thaten. Dem Leser soll gestanden sein, daß meine Gefühle sich immer noch in Extremen bewegen, und daß ich auch nach der schlimmsten Auffassung unserer Zustände auf deutsches Volk und Land wieder mit einer Genugthuung sehen kann, als ob sich alles in der vollkommensten Ordnung befände. Consequente Strenge und consequenten Zorn muß ich andern überlassen, da in mir die optimistische Betrachtung stets ohne Schwierigkeit wieder die Oberhand gewinnt. Ich war also auf dieser Fahrt in wahres Behagen getaucht und freute mich des Lebens um so mehr, als der Müßiggang des Wanderns mich auch leiblich erfrischt und gestärkt hatte.

Wirkte dabei die Ahnung einer herzerfreuenden Begegnung und eines unschätzbaren Fundes mit, welchen ich machen sollte?

Eines Morgens, als ich eben in dem Gärtchen eines

Wirthshauses Kaffee trank und den Rauch der Cigarre in die blaue Luft blies, trat eine Gestalt ein, die mir auffiel und mich alsbald an alte Zeiten gemahnte. Ich dachte nach, studirte das Gesicht — und siehe, die Züge Edmund's traten mir entgegen! Er war freilich noch schlanker geworden, seine Stirn war zartgefältelt und die Rosen auf seinen Wangen hatten einen gelblichen Schein erhalten; die blonden Haare waren zurückgetreten und enthüllten eine Stirn, die man früher unter ihnen nicht vermuthet hätte. Allein während ihm das vierjährige Kind der Wirthin freudig entgegeneilte, verklärte seine Physiognomie eine so holdselige Güte, daß ich mich erhob, vor ihn hintrat und ausrief: „Edmund von **, du bist es! Ich habe dich erkannt! Und nun rathe geschwind meinen Namen!"

Edmund, die Hand des Kindes haltend, schaute mich an, und mit einer Miene, die um Entschuldigung bat, sagte er: „Ich muß gestehen —"

„Du hast recht", entgegnete ich. „Ich habe vergessen, was mehr als zwanzig Jahre im Dienste der deutschen Literatur aus einem jugendlichen Gesicht machen können! Hoffentlich wirst du aber meinen Namen nicht vergessen haben!"

Als ich diesen genannt, hellten seine Mienen sich auf, seine Augen glänzten — und er gab mir den Bruderkuß mit der Inbrunst alter Zeiten, indem er in die frohen Ausrufungen des Wiedersehens gleich die angenehmsten

Worte über meine Schriften mischte, die er alle kannte. — Wir setzten uns zusammen, und es begann der Austausch der Erlebnisse.

Meine äußern Schicksale waren bald mitgetheilt. Es ging daraus hervor, daß meine Beschäftigung mehr im Herausgeben als im Einnehmen bestanden, aber eine unerschöpfliche Thätigkeit dem Ausbleiben des Glücks einigermaßen die Wage gehalten hatte. Der Freund ermangelte nicht, das deutsche Publikum anzuklagen und mir den reichsten Ersatz in der Zukunft zu prophezeien, was ich mit schon gewohntem ergebenen Achselzucken hinnahm.

„Aber du, mein Freund", rief ich endlich. „Was bist du? — In mehr als zwanzig Jahren! Du bist — Staatsrath, Präsident?"

Edmund lächelte. „Weniger!" entgegnete er.

„Solltest du nur Director — oder Obertribunalrath sein?"

„Weniger", wiederholte er.

„Nun —?"

„Ich bin gar nichts!"

„Ah", rief ich, „das ist was anderes! — Das heißt: du bist alles! Ein unabhängiger Mann!"

Edmund zuckte die Achsel mit einem Lächeln, das eine leichte Verlegenheit und eine Art von Selbstverspottung ausdrückte.

„Du bist wohlhabend!" fuhr ich zuversichtlich fort.

„Das bin ich", erwiderte er. — „Und das ist wenigstens etwas."

„Das ist alles", versetzte ich. „Das Mittel, der Weg zu allem!"

Der Freund warf einen Blick des Bedauerns und Tadels auf mich. „Bist du auch ein Verehrer der Materie geworden?" rief er. „Bist du ein anderer als Autor, ein anderer als Mensch?"

Ich schüttelte den Kopf. „Lieber Freund", entgegnete ich ihm, „ich rede zuweilen oberflächlicher und leichtfertiger, als ich denke. Zum Zeitvertreib! Was aber die Verehrung der Materie betrifft, so ist wenigstens eine humoristische in meiner Situation gerechtfertigt. — Fahren wir fort! Du bist — Gatte?"

Auf diese plötzliche Frage wurden seine Wangen so roth wie vor zeiten. „Nein!" erwiderte er dann mit ruhigem Nachdruck, zeigte aber in seiner Miene den Schein einer Trauer, daß ich nicht den Muth hatte, weiter zu fragen. „Also", begann ich nach einer Pause, „du lebst ganz dir selbst, ganz deiner geistigen Cultur?"

„Das", versetzte er, „kann ich von mir sagen. Ich hab' ein Haus in **" (er nannte eine alte Reichsstadt, die in der Nähe lag) „und darin eine schöne Bibliothek, aus der ich meine besten Freuden schöpfe."

„Bravo!" rief ich mit einem Blick der Anerkennung. „Nebenbei, wie ich gesehen, bist du Kinderfreund?"

Er lächelte. „Ein zärtlicher!" erwiderte er. „Ich

liebe die guten Geschöpfe, als ob's meine eigenen wären! Sie lieben mich auch, und das Tändeln mit ihnen gehört zu meinen schönsten Vergnügungen."

Meine Augen ruhten auf seinen edeln, gütevollen Zügen. „Du hast etwas von einem Heiligen an dir!" rief ich.

Nicht ohne Humor versetzte er: „In Ermangelung eines Bessern —!"

„Im Grunde", fuhr ich fort, „bist du noch der Alte! Und das ist gut. Du führst ein Dasein, das zu den glücklichsten gehört — trotz alledem! — Aber — was ist aus deinem Freund und Widerpart Victor geworden? Er hatte etwas Herrschendes in seinem Wesen! Regiert er das Land als Minister? In Deutschland gibt es deren so viele — und ich hab' ihn vielleicht übersehen!"

Edmund's Gesicht klärte sich auf bis zur Heiterkeit. Er schüttelte den Kopf.

Ich sah ihn an. „Sollte er sich herbeigelassen haben, auf einer untergeordneten Sprosse den Weisungen eines Höhern zu gehorchen? — Er ist —?"

„Aufs Haar, was ich bin", versetzte Edmund. „Ohne Weib, ohne Amt —"

„Auch nichts?" fuhr ich heraus.

„Auch alles!" verbesserte er mit wohlwollender Ironie.

Ich schwieg. Dann sagte ich ernsthaft: „Das überrascht mich! Er hatte etwas Hochstrebendes in sich — das Zeug zu einem politischen Reformator! Die Philosophie, wie fleißig er sie trieb, schien mir bei ihm nur Mittel zum Zweck einer großen Thätigkeit; — und nun sollte er ohne irgendeine Beschäftigung —"

Der gute Freund lächelte nicht ohne Schelmerei. „O", rief er, „die hat er doch!"

„Ich begreife", entgegnete ich. „Er verwaltet sein Gut; es stand ihm ja eins in Aussicht! — Er ist Landwirth — rationeller Landwirth —"

„Nebenbei!"

Ich besann mich. „Er gibt anonym Bücher heraus!" rief ich — „hab' ich's getroffen?"

„Keineswegs. Einen Versuch, den er vor zeiten mit offenem Visir gemacht, hat er nicht wiederholt!"

„Nun also — was thut er?"

„Er schimpft", erwiderte Edmund mit einer eigenen Mischung von Humor und Ergebung in seinen Zügen.

„Ah!" rief ich. „Er schimpft! — Das lass' ich mir gefallen! — Aber worauf?"

„Auf alles!"

Ich konnte nicht umhin, mit einem Ausruf des Vergnügens zu antworten: „Er schimpft! Auf alles! Das ist ein Metier, das den Tag ausfüllen kann!" Und indem ich mein Auge auf dem Freund ruhen ließ, fuhr ich fort: „Seht! seht! Also auch bei euch sind nicht alle Blütenträume gereift? Auch Sprößlinge hochedler Geschlechter und Besitzer von Renten können Mönche werden und ein ideelles Leben führen im Geiste des Jahrhunderts? — In Gottes Namen! — Aber wo haust der Wütherich?"

"Auf seinem Gute, zwei Stunden von hier."

"In der Nähe? — Du verkehrst mit ihm?"

"Oft", erwiderte Edmund.

Ich schüttelte ihm die Rechte. "Das freut mich", rief ich. "Also die Freundschaft hat ausgehalten und schlingt ihre Blütengewinde durch das kahle Lattengerüst des Alltagslebens! Bei dem alten treuen Kameraden thaut das Herz des Weltfeindes auf und öffnet sich den sanften Regungen der Liebe —"

Edmund verzog die Lippen mit einem sonderbaren Lächeln. "Das ist nicht ganz unser Verhältniß", entgegnete er. "Das Band, das uns zusammenhält und uns immer wieder zusammenführt, ist nicht der Friede, sondern der Streit! — Er schimpft hauptsächlich zu mir — und nicht selten gegen mich!"

"Ah", rief ich, "nun seh' ich klar! Ihr disputirt! Die Welt, die in ihm ihren Ankläger besitzt, hat in dir ihren Vertheidiger gefunden! Wie?"

"So ungefähr!"

"Das ist herrlich!" rief ich. "Ihr spornt euch geistig an, ruft im Kampf eure Kraft heraus und ergänzt euch wechselseitig! Die Welt stellt sich dem einen vor die Seele in rabenschwarzer Nacht, dem andern in morgenheiterm Sonnenlicht! Die Geister platzen aufeinander, und die Urgegensätze des Daseins treten sich grandios gegenüber!

Ihr lebt zusammen das Leben der ganzen Menschheit und führt im Grunde eine Art von Ehe! — Nun bin ich beruhigt! Ihr thut jeder nach seinem Genius — ihr erfüllt eure Bestimmung!"

Edmund hatte dieser Anrede mit einem Ausdruck von Resignation gehorcht und schwieg. Ich fuhr fort: „Der alte Bursche, der kein Unrecht litt und dessen Hiebe so oft Justiz übten! — Er ist heftig, scharf in Worten?"

„Er ist schonungslos", versetzte Edmund, „wenn die Leidenschaft in ihm tobt — maßlos — kurz, ein Grobian, der seinesgleichen sucht!"

Ich sah ihn an und konnte nicht ein Gelächter zurückhalten. „Ein Grobian!" rief ich. „Ein Grobian! Schärfste Kritik in den Formen ungebändigter Naturkraft! Ah! Jetzt haben wir ihn in seiner ganzen Bestimmtheit! — Nun", fuhr ich nicht ohne eine Regung von Schadenfreude fort, „eine gewisse Anlage dazu hat er immer gehabt, und unter Einwirkung entsprechender Schicksale — Du mußt wol manchmal was von ihm hinunterschlucken?"

„Mehr als mir lieb ist!" entgegnete er mit einem Seufzer, der einen humoristischen Klang hatte. — „Das ist aber eben das Dämonische! Zuerst, als ich ihn wiedersah, hat mir seine Manier Spaß gemacht! Im Grunde klingt jede Uebertreibung närrisch, komisch — es ist eine Art Idealisirung und läßt wie Dichtung! Ich ging zu ihm, um ein Schauspiel zu haben — einen Gegenstand zur Beobachtung, zur Correctur! Nach und nach hab' ich mich aber dran gewöhnt, und nun kann ich's fast nicht mehr lassen! Er scheint das zu wissen — und genirt sich immer weniger!"

„Reizend!" rief ich unwillkürlich.

„Für einen dritten? Das geb' ich zu. Aber der Getroffene hat ein etwas anderes Gefühl! — Wie oft hab' ich mir schon vorgenommen, die Höhle ein für allemal zu meiden! Und immer kehr' ich in sie zurück!"

„Niemand entgeht seinem Schicksal", erwiderte ich. — „Und hier wär's, bei Gott, schade! Sollst du deinen Part spielen, so muß er den seinen spielen — der eine bedingt den andern! Und je echter er losgeht, um so erfreulicher ist's dem Aesthetiker und Philosophen, der die Sache vor Augen hat und um ihretwillen ein Opfer bringen kann!"

„Du siehst's an, wie ich", entgegnete der Verstandene. — „Aufrichtig, mich bestimmt zur Fortsetzung des Verhältnisses noch etwas; — und wenn du mich nicht verrathen willst! — Hab' ich dein Wort?"

„Hier, meine Hand!"

„Ich schreibe die Gespräche nieder!"

„Sieh, sieh!" rief ich.

„Das Originale", fuhr er mit dem Ausdruck einer gewissen Selbstentschuldigung fort, „hat mich von jeher gereizt! Daß ich dabei verwünschte Reden zu hören bekomme, irrt mich nicht. Mir erscheint's in der That wie eine Komödie, wo auch ein Molière in seiner Rolle nicht nur Schmähungen, sondern Schläge hinzunehmen hatte. Im Grunde ist seine Grobheit rein formal — persönlich liebt und schätzt er mich; kurz, ich behandle die Geschichte, wie man sagt, objectiv. Zu reden mit ihm und zu streiten und Wort für Wort aufs Papier zu bringen, das ist meine hauptsächliche Beschäftigung!"

„Prächtig!" rief ich aus. — „Eine Antwort auf das die cur hic, wie es nur immer eine gibt — — wenn noch etwas hinzukommt!"

„Das wäre?"

„Du mußt diese Unterhaltungen der Oeffentlichkeit übergeben!"

Edmund fuhr mit Humor zusammen und lächelte. „Wie", rief er aus, „das proponirst du mir gegenüber ihm? — Die Ladung, die ich nach dieser Eigenmächtigkeit von ihm erhielte, dürfte selbst meine Tragkraft übersteigen! — Est modus in rebus, lieber Freund! Der Mensch ist ein endliches Wesen!"

„In dem Menschen", entgegnete ich, „liegen göttliche Ressourcen! — Und Wütheriche werden manchmal verkannt! — Weiß er, daß du die Gespräche mit ihm aufzeichnest?"

„Das freilich", antwortete er. „Einmal fuhr mir ein Wort heraus — und ich mußte bekennen!"

„Und er zürnte?"

„Zu meiner Verwunderung, nein! — Es schien ihn sogar mit einem gewissen Behagen zu erfüllen."

„Also! — Mein Freund", fuhr ich sicher fort, „das eisen wir noch los! Und es ist unsere heilige Pflicht! — Ich kenn' euch, und ich ahne, was ihr vermögt! Was werdet ihr anderes sagen als die Wahrheit? Jeder, was ihm Wahrheit ist, und zusammen erst recht die Wahrheit! Entstanden absichtslos, aus Urkräften des Hasses und der Liebe! Entstanden rücksichtslos, wie der Orkan über die Erde fährt, die Wogen peitscht und die Laube fegt! Ah! Der Gedanke daran erfrischt mich, wie an heißem Sommertag ein Sprung und Untertauchen im wogenden Strom! Ich möchte die Brust aufreißen und die Götter=kühlung herwogen lassen gegen mich! Erquickung! Er=quickung! — — Herr" (fuhr ich mich animirend fort), „glaubst du, ein solches Pfund dürfe in der Erde ver=scharrt bleiben? Das ist's ja gerade, was uns fehlt, und wonach wir alle lechzen! Ein Luther gegen die Traditio=nen der Gesellschaft! Ein Luther, unterstützt von einem Melanchthon! Anstürmend gegen die hohlen Formen der Epoche, daß sie in sich zusammenfallen und neuen Grün=dungen Raum gewähren! Schläge, Schläge für die Ge=meinheit, die Feigheit, den Verrath und die Dummheit! Und wenn's nichts hülfe — wenn die Niederträchtigkeit unerschütterlich aufrecht stünde, doch wär's ein göttlicher Gewinn! Ein Labsal für alle, welche dürsten nach der Züchtigung der Verkehrtheit! Eine Befreiung der Seele! Sausen zu hören das Schwert der Gerechtigkeit, klaffen zu sehen die Wunden, die es schlägt — Wonne, Wonne dem Braven!"

„Und blitzen zu sehen den Dolch der Rache, der durch die Brust fährt und das Leben hintilgt!"

„Um so besser!" entgegnete ich. — „Die Gerechtigkeit ist matt ohne Rachsucht, die den Gerechten durchtobt — kraft- und saftlos! Die elementaren Gewalten müssen wieder einmal durchbrechen und die Menschheit verheerend befruchten! Der Vulkan muß wüthen und der Mensch die Allmacht bewundern, die seine Werke zerstört! — Das Erhabene, das Furchtbare — wenigstens im Geist soll es wieder aufglühen und Entsetzen flößen in die Seelen, die in kindischer Sicherheit den Richter höhnen, weil sie ihn nicht mehr begreifen! — — Kann man ihn sehen, den Freund? Ihn sprechen?"

„Wenn du den Muth dazu hast —", sagte Edmund lächelnd.

„Pah", rief ich. „Ein deutscher Schriftsteller, der sich was aus Grobheit machte! — Besuchen wir ihn! — Du hast Zeit?"

„Nicht nur: ich bin auf dem Wege zu ihm!"

„Vortrefflich! — Das ist Fügung! — Bereiten wir uns — und fort ohne Aufschub!"

Ich übergab mein Reisegepäck dem Gastwirth; — und in wenigen Minuten saßen wir zusammen in der Droschke, die den Freund zu seinen Unterhaltungen zu führen pflegte.

Auf dem Wege erhielt ich über die Geschicke Victor's nähere Auskunft. Drei Unbilden von seiten der Menschen waren es hauptsächlich, die ihn aus der Gesellschaft vertrieben und den Humor ausgebildet hatten, womit er, sich in Rache sättigend, die ergrimmte Seele befriedigte. Zunächst hatte er die Laufbahn im Staatsdienst betreten mit dem besten Willen, sich hinaufzuarbeiten. Aber ein Vorgesetzter that ihm einmal kränkendes Unrecht; sie kamen in Streit; Victor bediente sich scharfer Ausdrücke — und sollte ihm Abbitte leisten! Eher hätte er sich die Zunge abgebissen; er beharrte bei seinem Wort und quittirte den Dienst. Nun lag unstreitig nichts näher, als daß er aus Publikum appellirte! Er überlegte seine Erfahrungen, stellte seine Gedanken zusammen und schrieb ein moralisch-politisches Buch, worin er bestehende Misbräuche kühn rügte und die nothwendigen Aenderungen energisch beantragte. Das Buch konnte verboten werden, und wohl ihm, wenn's geschehen wäre! Aber man that ihm den Gefallen nicht. Der Autor war damals lange nicht zu seiner jetzigen Stärke gereift, er glaubte noch mit Gerechtigkeit und würdevollem Ausdruck am besten zu fahren, — und die Folge war, daß man im ersten Jahre sein Product kaum beachtete, im zweiten es vergessen hatte. In der Gesellschaft war es für pedantisch und langweilig erklärt und beiseitegelegt worden. Neues Gift senkte sich in seine Adern; und wie der Bureaukratie, so drehte er nun dem Publikum den Rücken zu. Er war in sehr böser Laune! Was braucht aber ein junger Mann, dem eine schöne Besitzung zufallen soll, überhaupt Dienste zu thun? Was braucht er nach Kronen zu streben, die von despotisch eigenwilligen Mächten vergeben werden? Das Glück der Liebe und Ehe konnte er gewinnen ohne sie, und in glücklicher Häuslichkeit die dumme Welt fröhlich vergessen!"

„Nach Jahren einer nicht immer angenehmen Mitwirkung an der Administration eines Kreises", fuhr Edmund fort, „kehrte ich in die Residenz zurück, um einen Posten im Ministerium zu übernehmen. Wir trafen uns wieder und hielten in alter Freundschaft zusammen. Bald hatte jeder von uns ein Geheimniß, das man wenigstens in Ein Freundesherz niederlegen möchte; und einer machte den andern zum Vertrauten. Wir liebten — und wir hatten dabei ein sonderbares Schicksal!"

„Nun, ich will nicht hoffen, daß ihr eine und dieselbe Schöne geliebt habt!"

„Gott sei Dank, nein", versetzte Edmund. „Aber, wie wir sahen, umschlang die beiden, die wir liebten, doch ein verhängnißvoll gemeinsames Band!"

„Du machst mich neugierig! — Die Erwählten —"

„Liebten beide nicht uns, sondern einen Grafen und Diplomaten, der allerdings die glänzendste Erscheinung am Hofe war."

„Wehe, wehe!"

„Victor, von Leidenschaft übermannt und kein Hinderniß kennend, wagte trotz der bedenklichen Zeichen eine Erklärung — und erhielt einen Korb."

„Und die Schöne wurde Gräfin?"

„Die Schöne wurde Nonne." ․

„Und die deinige?"

„Ist Gräfin."

„Teufel!" rief ich. — „Armer Freund", fuhr ich fort, indem ich ihm theilnahmvoll die Hand drückte. „Arme Freunde! — Das ist ja ein Roman — eine Tragödie!"

„Lassen wir's", entgegnete Edmund, indem er mit der Hand über die Stirn fuhr. „Ich duldete — und ich fügte mich endlich!"

„Und Victor wurde Menschenfeind?"

„Nicht sogleich. Er wurde wüthend — und stürzte sich in den Strudel eines wilden Genußlebens. Bald nach dem empfangenen Korb fiel ihm von seinem Onkel die Besitzung zu, und mit einer anständigen Rente von Haus aus versehen, war er nun ein reicher Mann. «Behandeln wir die Welt», rief er, «nach ihren Fähig= keiten! Bezahlen wir sie für ihre Hulderweisungen! Dem, der ihr Gold in den Schos wirft, macht sie doch eine ganz gute Miene, die Dirne!» — Zwei Jahre vergingen unter tollen Vergnügungen. Mit einem mal brach er ab! Das Interesse war erschöpft, der Rausch verflogen, und er rächte sich an dem Leben, das er mitgelebt hatte, indem er es unbarmherzig zergliederte und seine Wüstheit und Hohlheit mit einer förmlichen Wollust der Verachtung preisgab. Eben in diesem Seelenzustande ward ihm die Genugthuung, daß die Stolze, die ihn verschmäht hatte, über den Vorzug, den der Graf der andern gab, untröstlich, den Schleier nahm! Wenn er's ihr gönnte, so fühlte er doch auch wieder Mitleid, und nach ihrem Abgang fesselte ihn nichts mehr an die Residenz. Er begab sich auf Reisen, sah die halbe Welt, und zog sich endlich, auch davon übersättigt, auf seine Besitzung zurück."

„Und hier fandest du ihn wieder? — Was führte dich in diese Gegend?"

„Ich beerbte meine gute Mutter — und überließ meine Stelle einem andern, der lange danach geschmachtet hatte."

„Eine Ahnung trieb dich, daß du zur Erfüllung einer höhern Pflicht bestimmt warst!" bemerkte ich.

„Müßte sehr unbewußt geschehen sein!" erwiderte er. „Ich hatte keinen Ehrgeiz, und ohne diesen macht die Arbeit müde! Die Süßigkeit der Ruhe winkte mir — ich folgte. — Victor war schon früher von seinen Reisen heimgekehrt. Man erzählte sich von ihm so auffallende Dinge, daß ich ihn zu sehen getrachtet hätte, wären wir auch nicht Jugendfreunde gewesen. Ich besuchte ihn sobald als möglich, und — trage nun meine Fessel!"

„Glücklicherweise", rief ich. „Offen gestanden, ich empfinde die lebhafteste Neugier, ihn zu sehen!"

„Sie ist sehr gerechtfertigt", entgegnete er. „Was

man auch gegen ihn sagen kann, er ist ein Mann. Thätigkeit ist sein Leben. Er verwaltet sein Gut und findet daneben Zeit zu den mannichfaltigsten Studien. Poeten, Historiker und Naturforscher, Theologen und Philosophen nimmt er abwechselnd vor, nicht um darin zu naschen, sondern um sie, wie er sagt, zermalmend klein zu kriegen. Besonders die Philosophen haben ihn beschäftigt, und er behauptet nun, gescheiter zu sein als sie alle!"

„Nicht mehr als billig", versetzte ich. „Das muß immer das Ende von unsern Studien sein! — — Nach seinen Lebenserfahrungen", fuhr ich dann fragend fort, „muß ihn besonders Arthur Schopenhauer angesprochen haben?"

„Sehr! — Außerordentlich — eine Zeit lang! Er schwelgte in ihm und schimpfte gegen Welt und Menschheit mit seinen Worten. — Aber jetzt hat er etwas an ihm ausgefunden, was ihn entrüstet — und er tritt ihn mit Füßen!"

„In Gedanken?"

„Höchst wirklich! D. h. den gedruckten Schopenhauer! — Letzthin komm' ich ungehört in sein Bibliothekzimmer und seh' ihn unter Flüchen heftig mit dem Fuße auf den Boden stampfen. Ich trete näher — es waren die mir wohlbekannten «Parerga», die er zerarbeitete. «Was ist dir?» rief ich betroffen. «Ich züchtige einen Narren und herzlosen Gesellen!» rief er, gab ihm noch einen

Stoß, daß er an die Wand flog, und reichte mir die Hand mit einer Miene grimmiger Zufriedenheit."

Während dieser Unterhaltung hatten wir das Ende des Waldes erreicht, durch den wir zuletzt fuhren — der Wagen rollte ins Freie. „Sieh!" rief Edmund. „Dort drüben liegt das Schloß! — Wie dünkt dich solch ein «Winkel der Erde»?"

Ich sah hin und in der Gegend herum und erwiderte: „Er könnte manchen verleiten, sich von der Welt zurückzuziehen!"

In der That ein reizender und heimlicher Anblick! — Unmittelbar vor uns lag ein Thal, durch dessen Krümmung ein Flüßchen ging. Ein wenig links, am Fuße der jenseits emporgehenden Anhöhe, war ein schmuckes Dorf gelagert, und unmittelbar über ihm thronte das Haus des Freundes. Es war ein stattliches Gebäude, weiß angestrichen, versehen mit Erkerthürmen, eingefaßt von Wirthschaftsgebäuden und Gärten. Das Ganze hatte einen zugleich romantischen und heitern Charakter.

Wir fuhren hinab, durch Wiesen und Felder. Mir fiel der gute glatte Weg auf und ein eigenes Air von Wohlhäbigkeit, das die Landschaft an sich trug. „Davon dankt man das meiste ihm!" bemerkte Edmund. — Im Dorf ergötzte meine Augen die verhältnißmäßige Sauberkeit der Häuser und Höfe und der heitere Gesichtsausdruck der Landleute, welche meinen Begleiter wie einen guten alten Bekannten grüßten. „Das sieht nicht aus wie der Eingang zu einem Menschenfeind!" sagte ich.

„Victor ist das auch nur auf seine Weise!" entgegnete Edmund. „Die Bauern haben bald gesehen, was ihr Vortheil ist; sie haben seine Rathschläge und seine Mahnungen befolgt, das hat ihm geschmeichelt, und er gefällt sich nun darin, ihnen Vergnügen zu machen und auszuhelfen. Hier ist's nicht, wo seine Feinde sind! Im Gegentheil, bei den Bauern erholt er sich, und wenn er sie auszankt, thut er's väterlich!"

Der Wagen ging durch ein Seitenthor, an das sich Wirthschaftsgebäude anlehnten; — noch einige Schritte, und wir hielten an der steinernen Vortreppe. — Ein Diener erschien, half uns herab und ging hinweg uns zu melden.

Als ich die Stufen hinanging, überkam mich trotz der Mittagssonne, die warm genug herniederschien, eine Art Frösteln, während auch die Züge des Freundes ernster und gemessener wurden. Ich sah ihn an, schüttelte den Kopf — und richtete in mein eigenes Innere einen Blick des Vorwurfs. „Schwachheit!" rief ich mir zu. „Soll ein Mensch, der sich vor niemand genirt, den Vortheil haben, daß man sich vor ihm genirt? Nimmermehr!" Ich stellte mich stattlich auf den Boden der Vorhalle, in die wir eingetreten waren, besah die Bilder an der Wand und war mit vollkommener Kaltblütigkeit ausgerüstet, als der Diener erschien und uns bat, in das Bibliothekzimmer zu treten: der Herr Baron wären noch beschäftigt, würden aber bald nachkommen!

Wir stiegen die breite Treppe empor und begaben uns in einen Saal, dessen Helligkeit durch Repositorien und Schränke mit meist dunkel gebundenen Büchern eine trauliche Dämpfung erhielt. Die Bibliothek war für einen Privatmann groß. Nachdem ich meine Augen hatte herumgehen lassen, sagte ich zu Edmund: „Der Besitzer ist ein Cavalier! — der Cavalier, wie er sein soll: er kauft Bücher! — Und gute Bücher, wie ich sehe", fuhr ich vor dem ersten Schranke fort, der die Historiker enthielt; — „Werke der besten Namen — auch der neuesten! — — Sollte er wol —"

Eine verzeihliche Neugierde trieb mich zu den Belletristen; und siehe: die Titel meiner Arbeiten in diesem Fache glänzten mir goldbuchstabig ins Auge! Kein Autor widersteht diesem Anblick. Ich theilte die Entdeckung dem Freunde mit und rief heiter: „Ein Barbar soll das sein? Ein Despot? Ein fühlendes Herz ist er! Und wenn er eine rauhe, stachelige Schale drübergezogen hat — möge er sie behalten — und mich damit stechen, — er kann viel wagen gegen mich!"

Ich fühlte mich in der Stimmung, ihm alles vergeben zu können.

Ferne, näher kommende Schritte richteten meine Aufmerksamkeit auf eine Seitenthür. — Sie ging auf — und ein trat der Erwartete.

Ein Blick belehrte mich, daß Edmund kein Märchen erzählt hatte. Die Erscheinung hatte etwas Herrschendes und das Gesicht einen Ausdruck, als ob der Inhaber auf andere nur dann Rücksicht zu nehmen pflegte, wann es ihm beliebte. Die Züge waren schärfer, die Stirn höher geworden; die dünnern Haare waren noch gelockt, aber die Farbe düsteres Dunkelgrau. Der Teint hatte geradezu etwas Dämonisches. Er war blaßgelblich, aber kräftig und gesund, und sein Glanz wirkte drohend. Ein stolz=ruhiger, sarkastischer Zug um den Mund vollendete eine Physiognomie, die unstreitig sehr bedeutend war, aber nicht ebenso vertrauenerweckend!

Da ich zur Seite stand, bemerkte er zuerst Edmund. „Nun", rief er ihm in ziemlich formlosem Tone zu, „wo ist der alte Bursche, den du mir gebracht hast?"

Ich trat vor, verbeugte mich und sagte: „Hier, Baron Victor!"

Er sah mich an.

„Bringst du ihn nicht mehr heraus?" fragte Edmund.

„Der Henker mag alle Gesichter behalten!" entgegnete er, mich fixirend, in einem Tone, der bei ihm gemüthlich sein mochte. „Das da hab' ich ein Vierteljahrhundert nicht gesehen!" — Edmund erhielt einen Blick, der Ant= wort heischte, und nannte mich, nannte die Universität, auf der wir zusammen den Sommer verbracht hatten. .

Das Gesicht des alten Kameraden klärte sich auf. Nicht ohne Freundlichkeit, ja mit einem gewissen Bestreben, höflich zu sein, reichte er mir die Hand und sagte: „Willkommen!" — Dann trat er ein wenig zur Seite und faßte mich ins Auge. Sein Lächeln erhielt einen Zusatz von Sarkasmus und er rief mit großer Natürlichkeit, fast lachend: „Der deutsche Literat, wie er leibt und lebt! — Kahl, kahl — und doch zufrieden, doch vergnügt! — Es ist eine unverwüstliche Gattung!"

„Das heißt", replicirte ich nach einem Moment, „stets dem Geschick überlegen! Mit den Schwingen des Geistes hoch emporschwebend über die Unbilden der Erde!"

Er lächelte. „Nun erkenn' ich dich ganz wieder", versetzte er. „Die alten Redensarten! Emporschweben! Hoch emporschweben! — Was hat's geholfen? Was ist dabei herausgekommen?"

„Meine Bücher", erwiderte ich. „Meine Werke, die, wie ich zur Ehre deines Geschmacks bemerkt habe, auch in deiner Bibliothek sich befinden!"

Ein kurz abgestoßenes, fast herzliches Lachen war die Antwort. „Echt, echt!" rief er. „Echt und rührend! — Ein alter Freund hat sich seine Ausarbeitungen angeschafft, die ihm ins Haus geschickt wurden, wie so mancher Schund auch — und das schmeichelt ihm, das macht ihn glücklich! Was ist nun größer bei euch guten Leutchen, die Eitelkeit oder die Genügsamkeit? — Gutmüthig!" — Eine Wolke ging über sein Gesicht. „Gutmüthig!" wiederholte er unmuthig.

„Das Größte zu wollen", entgegnete ich, „das Große

zu leisten, und in Ansehung des Erfolgs mit dem Kleinsten zufrieden zu sein, das möchte ich vielmehr groß nennen!"

„Freilich, freilich", entgegnete er mit spottglücklichem Lächeln. „Nun, wenn das Wort hilft, warum soll man sich nicht seiner bedienen?" Er schwieg, sah mich nickend an und sagte: „Wo stehen wir denn nun im Leben? Wo sind die schönen Besitzungen, die man sich zu erschreiben gedachte? Wie sieht es mit der musterhaften Häuslichkeit aus, die man zu gründen sich vorgesetzt hatte? O, dieser Schatten über deine Züge hin war gar nicht nöthig — ich hab' dir sofort angesehen, wie es mit dir bestellt ist! — Und das innige Verhältniß zur Nation? Das glückselige Geben von deiner, das freudige Nehmen von ihrer Seite? Die Wunder der Beglückung, der Veredlung, die dir gelangen? Gehen deine Bücher so reißend ab, wie du's früher anzudeuten liebtest? Werden sie verschlungen?"

„Verschlungen ist nicht ganz der Ausdruck!"

Die Art, wie ich dies entgegnete, zog mir ein heiteres Lachen und einen fast wohlwollenden Blick zu. „Glaub's wohl", versetzte er. Dann, mit einem Seitenblick auf den Schrank fügte er hinzu: „Solche Narren wie ich gibt's nicht viele!"

Ich sah ihn an. „Solltest du meine Bücher für schlecht halten?" rief ich.

„Schlecht, schlecht!" entgegnete er, den Kopf wiegend.

„Das wäre zu viel gesagt! — Aber sie könnten gar wohl besser sein!"

„Ein Schelm thut mehr als er kann!"

„Hm!" versetzte er. „Wie nennt man aber den, der weniger thut als er kann?"

„Bescheiden!" erwiderte ich.

„Bescheiden!" wiederholte er. „Ein sehr euphemistischer Ausdruck für einen andern — — darf ich ihn sagen?"

„Her damit!" rief ich entschlossen.

„Armselig!" entgegnete er. „Ja", wiederholte er mit Nachdruck, „armselig!" — Eine Vorstellung mußte ihn gereizt haben; sein Gesicht verdunkelte sich, er setzte sich in Bewegung und ging mit starken Schritten auf und ab. „Geht mir, ihr deutschen Schriftsteller", rief er, indem er einen Funkelblick aus seinem Auge gehen ließ. „Geht, geht! Ihr seid entweder schlechte Gesellen oder Feiglinge —"

„Erlaub mir!" fiel ich ein.

„Entweder Buben oder Memmen!"

„Herr!"

„Laß mich reden!" schrie er. „Ich hab's lange auf dem Herzen gehabt — es muß endlich heraus!" — Und sich vor mich hinstellend rief er: „Wo ist auch nur einer, der den Muth hat, Original zu sein? Der den Muth hat, er selbst zu sein?"

„O", entgegnete ich, „den hat mancher!"

„Dann ist nichts hinter ihm! Frech sein und sonst

nichts, das ist leicht! Aber wo ist der Mann von Talent Gehalt und Reife, der sich fühlte und sich gehen ließe rücksichtslos, einer Welt von Flachköpfen gegenüber! Die Masse der Flachköpfe, das ist das Publikum! Dieser ist aber die große Gottheit des Jahrhunderts — und ihm will man gefallen! Da wird nun hingeschielt, was der Bestie wol behagen möge! Da wird geschniegelt und gebügelt und geschminkt! Das Buch wird herausgeputzt wie eine Buhldirne, und mit dem Ehrgeiz der Buhldirn schickt es der Autor in die Welt! Gefallen, gefallen — und gut dafür bezahlt werden! Pfui über euch! Ist das ein Ziel? — Und was ihr verdient, das wird euch dann Ihr gefallt, man nascht euch ab und wirft euch verächtlich beiseite! — Von Rechts wegen! Von Rechts wegen!"

Nach diesem Ausbruch erwartete er offenbar keine Antwort. Die Mühle war im Gange. Er machte nach dem letzten Spruch ein paar Schritte, kehrte wieder zu mir zurück und fuhr fort:

„Wo ist einer unter euch, der den Stolz und den Ehrgeiz, ich will nicht sagen des Genius, sondern nur des tüchtigen Kerls hätte? Wo ist einer, der seine wahre Mission als Autor begriffen hätte? Streicheln und kitzeln wollt ihr! Aber ihr solltet überwältigen, — übermannen und befruchten! Die Welt, die Masse, das ist die Dirne Uebermüthig gegen den Schweifwedler, erwartet sie in stillen um so sehnlicher den Helden und schmachtet, von ihm unterjocht zu werden! Wo ist der Held? Wo ist der

Himmelssohn, der mit den Töchtern der Erde ein Geschlecht von Giganten erzeugt? Gott erbarme sich unser!"

Eine kleine Pause, die hierauf eintrat, benutzte ich, ihm zu entgegnen: „Wir haben einen, der sich ganz darauf einrichtet, diesem Bedürfniß abzuhelfen!"

„Kenn' ihn", erwiderte er; „bin Eigenthümer seiner sämmtlichen Werke! Gute Lust hätte er, ja wohl: aber 's langt nicht! Ein gewisser Sack, auf den alles ankommt, ist nicht voll genug!" — Mit aufgezogener Lippe, sobaß die starken weißen Zähne sichtbar wurden, stieß er einen Laut hervor, der halb Ingrimm, halb Schadenfreude ausdrückte, und fuhr dann fort:

„Wenn's damit gethan wäre, sich zu recken und zu strecken, gespreizt einherzutreten und kolossale Reden zu führen, dann wär' er der rechte Mann! Der Kerl will eigentlich auch nicht die That selber thun, sondern nur für einen gelten, der's kann! Die Ehre haben möcht' er! Und nun schneidet er Gesichter und nothzüchtigt sein Gehirn und zieht nie gehörte Phrasen aus ihm heraus und will uns glauben machen, das wär' Ursprünglichkeit, Ueberfluß, Genie! Gewalt ist's, die er sich selber anthut; im Hetzen und Peitschen der Mähre, die den Großmannssüchtigen zum Gipfel hinantragen soll, während ihr die Flanken zittern und die Glieder versagen. Er stachelt und quält die Natur, derweil der rechte Kerl mit dem unerschöpflichen Kraftstrom, der sich von selber versteht, in seligem Uebermuth die Menschen bezwingt und glücklich macht! — — Und doch ist mir dieser Geselle lieber als die andern alle! Er weiß doch, wo's uns fehlt; er hat den richtigen Ehrgeiz des Metiers, und zuweilen blitzt's in ihm und es schlägt ein, als ob er's wäre! 'S ist etwas! — Ihr andern aber duckt und drückt euch zusammen und macht euch winzig, daß man ja keinen Anstoß nehme an euch! Ihr setzt euch das Niedliche, das süß Eingehende, das kindisch Ergötzliche vor — und schwindet hin mit euern kleinen Zwecken!"

„Besser das Kleine treffen", warf ich ein, „als das Große verfehlen!"

„Nein!" schrie er mir entgegen. „Das Große muß man wollen, gewaltig wollen, und alle Kräfte dazu spornen! Was wißt ihr denn, wieviel ihr könnt, wenn ihr nicht einmal die Segel aufspannt und euch hinauswagt aufs hohe Meer? — So kommt das Geschlecht zurück! Einst haben die Menschen Thaten vollführt, daß Götter sie hätten beneiden müssen — und jetzt wollen sie nicht einmal kühn und hochherzig mehr sein in Gedanken!"

Er sah mich an, blinzte mit den Augen, als ob er mich völlig in seiner Gewalt hätte, und fuhr fort: „Ihr verleumdet euch selbst, ihr verleumdet eure Rasse! In dem ersten besten lebendigen Menschen steckt mehr als in all euern Musterfiguren! Laßt den Kerl nur in Leidenschaft gerathen, und ihr mögt Augen und Ohren aufreißen und euch glücklich schätzen, wenn ihr einige Züge erhascht! Seid etwas! Werdet etwas! Wollt etwas!

Dann schaut in euch selber, erkennt, was die Natur in euch gelegt hat, und laßt's heraustosen in die Welt! Wenn ihr Rosen schreiben wollt, so wartet, bis der Lenz gekommen ist in euch, dann schreibt sie, daß sie glänzen und duften! Wenn's euch aber nicht danach zu Muthe ist, schreibt Dornen und Stacheln! Wenn's nicht süßer Geruch ist, gebt uns heftigen und scharfen! Tobt das Gewitter aufs Papier hin, das im erzürnten Herzen rast, und laßt euch nicht beschämen von den Thieren! — von dem Hirsch, der brüllt, von dem Wolf, der heult, ja nicht von der Gans, die schnattert! Denn diese schnattert wenigstens echt und unbefangen und schielt nicht auf die Zuhörer, ob sie die Hände zum Klatschen erheben!"

Er schwieg, indem er einen Blick auf mich richtete wie auf einen vollkommen Abgefertigten. Ich, meinerseits gereizt, entgegnete nicht ohne geringschätzigen Ton: „Diese Zumuthungen können nichts fruchten! Denn es kommt nicht darauf an, ein Gewitter aufs Papier hinwerfen zu wollen, sondern es muß auch motivirt sein; — es muß in der Sache liegen, sonst wird's albern und lächerlich!"

Den Ausdruck von Hohn, der hierauf sein Gesicht, ich möchte beinahe sagen, verteufelte, werde ich nicht vergessen. „Richtig bemerkt!" rief er. „Motivirt muß es sein! Und darum fruchten meine Zumuthungen nichts — weil ihr nicht motiviren könnt! — Autoren, Dichter,

schöpferische Geister: ihr seid demnach eurer Impotenz
geständig? — Ihr wollt Genien sein, Führer der Nation
sein — und könnt nichts? — Jämmerliche Gesellen!"

Ich stand über die Grobheit des Ausdrucks und
Tones ordentlich erstarrt, indem übrigens die Unzurech=
nungsfähigkeit der Leidenschaft zugleich auch ein Gefühl
des Komischen in mir erweckte. Er, völlig unbekümmert
um den Effect seiner Worte, ging auf und ab. Dann
blieb er wieder vor mir stehen und fuhr schneidend fort:
„Ihr laßt das Beste ungewagt, aus Verzweiflung, es
natürlich und schön durchführen zu können — und wollt
das nicht einmal versuchen und lernen! Furchtsam haltet
ihr zurück und leise geht ihr vor; ihr stoßt nicht an,
aber ihr greift auch nicht an — und derweil macht die
Keckheit Carrière und nimmt euch den Ruhm vor der
Nase weg! Wer hat nach unsern großen Poeten die
Deutschen behext? Die Männer, die es gestehen, die
Weiber, die es verheimlichen? Der Jude, der die lachende
Frechheit zu seiner Göttin erkor! Er ließ sie Ach und
Wehe schreien und sich bekreuzigen — sandte mit heiterer
Unverschämtheit seine Pfeile hinaus — und er traf! —
Schämt euch, Germanen! Schämt euch, Deutsche! Euch
hat die Natur höher und tiefer und reicher ausgestattet
als den Semiten, und ihr wagt's nicht, Speere zu
schmieden und im Großen und Guten leuchtender und
besser zu thun, was jener mit seinen Künsten euch vor=
gethan? Auch hier muß ich euch sagen: was könntet ihr

sein — und was seid ihr! — Zu Herren wart ihr berufen — Lakaien seid ihr geworden!"

Trotz der beleidigenden Uebertreibung, die er sich zu Schulden kommen ließ, konnte ich nicht umhin, die Wahrheit in seinen Worten zu empfinden. Mein Gefühl mußte sich in meinem Gesicht andeuten; denn er betrachtete mich, seine Augen blitzten überlegen, und er sagte: „Wir scheinen getroffen zu sein! Das Gewissen, scheint's, rührt sich, und Reue, Reue pocht ans Herz, daß man zum Besten, das man liebesmächtig hätte zeugen können, feige den Moment versäumt hat! Ja wohl, versäumt! Wo ist in euern Büchern Mark? Wo ist Größe, Hoheit, unwiderstehliche Gewalt? Wenn einer Hunger hat nach einer Mannesmahlzeit, wo kann er ihn stillen? Wenn einer wüthend ist auf die Welt und ihre Misère, wen soll er lesen? Wo findet er die Rache, nach der ihn dürstet? Wer schwingt ihn empor über die Erde, daß er auf sie niedersehen kann mit der heitern Verachtung eines Olympiers? — Man muß zu den altberühmten Häuptern gehen und sich an ihnen erholen, obwol sie nicht die Narren und Schufte geißeln, denen wir die Schläge zudenken! Der wahren Sättigung muß das Herz entbehren, weil die Jetzigen — —" Er sah mich an, und plötzlich schien sich ihm eine Erwägung aufzudrängen; er lächelte, wenn auch immer noch spöttisch, und sagte mit dem Tone eines Gefaßten: „Doch ich will enden! Es ist ein schlimmes Kapitel! Wenn ich darauf komme, bleib' ich nicht immer meiner Herr — und am Ende, was hilft's? Lassen wir's!" — Indem er hierauf einen ruhigen, fast artig fragenden Blick auf mich richtete, sagte er: „Du wirst heute mein Gast sein?"

Ich, mit entsprechendem Mundverziehen, erwiderte: „Mir scheint's, das bin ich schon gewesen! — Ich bin regalirt — — wie mir's vorkommt!"

Er lachte, und ein ungeheucheltes Wohlwollen sprach aus seinem Gesicht. „Wohl bekomm's, alter Geselle", rief er mir zu. „Das Tractament war nicht von den stärksten — es wird dir nicht schaden! — Indessen", fuhr er mit einer anmuthigen Kopfneigung fort: „Du sollst nun sehen, daß ich auch noch anders zu bewirthen verstehe! — Die Zeit ist gekommen — gehen wir!"

Edmund, der sich während dieses Ideenaustausches still zur Seite gehalten hatte, indem er nur gelegentlich ein verschämt schadenfrohes Lächeln blicken ließ, trat jetzt herbei. Victor hieß uns vorausgehen, und wir begaben uns in den Speisesaal.

Er lag im Erdgeschoß, auf der Gartenseite, war hell und sehr anheimelnd. Wir aßen einfach, aber vortrefflich, und tranken desgleichen. — Victor machte den Wirth mit einer Courtoisie, daß man ihn für den höflichsten der Menschen gehalten hätte! Edmund brachte ihn auf Oekonomie, in der er für einen Kenner zu gelten liebte, und unsere Aufmerksamkeit bei seinen Mittheilungen versetzte ihn in so gute Laune, daß er förmlich cordial wurde. Als ich ihn so menschlich sah und meines Zwecks gedachte, hatte ich das Gefühl des Ueberlegenen. „Du sollst mir in die Schlinge gehen", dacht' ich, „und mir zu Diensten sein! Sind dir die Tränke, die ich braue, nicht kräftig genug, so wollen wir dem deutschen Publikum von den deinen vorsetzen und sehen, was es für ein Gesicht dazu macht! Es ist eine Probe, was man ihm bieten kann! Dir, der du im Zorn dich gehen ließest und ins Gelage hinein schimpftest, war es leicht, Natur und unverkümmerte Kraft hinzuströmen! Fassen wir sie! Nutzen wir die Leidenschaft, die sich im Erguß genügte — und leiten wir den Schlamm auf die ausgetrockneten Wiesen, daß sie wieder fett und saftgrün werden!"

Von den Bildern, die meinem Geist sich darboten, gereizt, wollte ich meinen Mann sofort entern.

„Freund Victor", begann ich während einer Pause des Gesprächs, „den heutigen Tag werd' ich mir merken! — Ich hab' lange kein so eigenthümliches, in seiner Art grünbliches Vergnügen gehabt!"

Seine Miene erhellte sich mit satirischem Licht. „Wenn daran ich einigen Antheil habe", erwiderte er, „soll mich's freuen!"

„Du!" rief ich; — „allen!" — Und ernsthaft fuhr ich fort: „Du bist ein Mann! Dein Geist hält an der Wahrheit; und wenn du dir im Ausdruck ihres Bekenntnisses keinen Zwang anthust, — wenn du die geselligen

Rücksichten, aus welchen man sonst eine Milderung des Spruchs eintreten läßt, beiseitesetzest —"

„Nun?" fragte er mit gerunzelter Stirn.

„So ist das nur um so besser!" schloß ich.

„Das lass' ich gelten!" versetzte er begütigt.

„Ich könnte nur Eins bedauern!" fuhr ich fort.

„Eins —"

„Und das ist?"

„Daß du nicht Schriftsteller bist!"

Ein geringschätziges Achselzucken war die Antwort. Ich fuhr fort: „Ich könnte es; aber ich thu's nicht — denn du bist etwas Besseres!"

„So!" rief er. — „Ist nicht eben schwer!"

„Schriftsteller", begann ich wieder, „produciren absichtlich; und diese Lichtseite hat ihre Schattenseite!"

„Wohl!"

„Du producirst absichtslos, aus heiligem Dunkel der Leidenschaft — und das ist das Bessere!"

„Halt' es auch dafür!" erwiderte er.

„Daß dieses Bessere existirt, ist eine Lust; daß es der Welt nicht zugute kommen soll, hoch bedauerlich. — Wenn wir nun ein Mittel fänden, es der Welt dennoch in all seiner Urgewalt, seiner ungekränkten Eigenthümlichkeit —"

Des Mannes Augen hatten sich erweitert, er sah mich an. Edmund schaute erröthet auf den Tisch.

„Die Sache ist diese", fuhr ich fort, indem ich meinen

ganzen Humor zusammennahm. „Unserm Freund Edmund ist gegen mich das Wort entfallen, daß er die Gespräche, die er mit dir geführt, aufs genaueste zu Papier gebracht habe. Ermächtige ihn, das Manuscript mir zu über=
geben, und mich, es ohne Nennung eurer Namen, zweck=
mäßig redigirt, dem Publikum vorzulegen!"

Bei diesen Worten hatte sich die Röthe Edmund's nicht gemindert; das Gesicht Victor's glänzte Staunen und erhabenen Unmuth. Allgemach wandelte sich aber dieser in einen Ausdruck von Spott — und er brach in lautes Lachen aus. „Literate!" rief er. „Ich hätt' mir's doch denken sollen, daß du nicht umsonst einen alten Freund aufgesucht hast! Witterst du Stoff und Nahrung für die ausgepumpte Seele? Glaubst du, an dir verzweifelnd, dich durch mich ergänzen und die stum=
pfen Geschmacksnerven des Publikums durch mein Gewürz zu deinen Gunsten aufreizen zu können?"

„Diese Vorwürfe", erwiderte ich kalt und fest, „lassen mich unberührt. Nicht reizen will ich das Publikum durch deine muthig ausgedrückten Ideen — erschüttern will ich es, zur Erkenntniß will ich es bringen und zu edlerm Denken und Handeln befreien. Der Moment ist ernst; — laß deine Galle jetzt in Ruhe und rufe den Verstand allein an! Ich biete dir die Freuden der Autor=
schaft ohne ihre Leiden. Ich gebe dir Gelegenheit, der Nation einen unberechenbaren Dienst zu leisten, ohne daß dir ein Theil derselben zum Dank dafür seine un=

berechenbare Gemeinheit in den Bart wirft. Ich setze dich in den Fall, dir die letzte Genugthuung zu verschaffen!"

Nach kurzem Bedenken rief er mir entgegen: „Du profanirst die Aeußerungen eines ehrlichen Mannes; — und es wird doch alles umsonst sein!"

„Werden sie nicht gebessert", erwiderte ich, „so werden sie gepeitscht und gezeichnet! Die Hiebe werden sitzen! Es wird Freude sein unter den Gerechten, und Heulen und Zähneklappen unter den Sündern! Das nenne ich, nach einem Lieblingsausdruck der Epoche, Verwerthung, nicht Entweihung! Forderst du nicht selber, daß der Geist die Welt fassen, bezwingen und befruchten soll? Und du willst dich für deine Person von dieser Pflicht dispensiren und nur dir selber Genüge thun? Das nenn' ich Profanation! Die Heilighaltung der Flamme, die vom Himmel in den Geist niederzuckt, besteht nicht im Verschließen, sondern im rechten Herauslassen! Der Segen, den sie stiftet, das ist die Sanction!"

Durch die Wahrheit dieser Worte getroffen, schwieg der Angeredete, und der Ausdruck des Widerstrebens ging in den des Besinnens über. Edmund ergriff das Wort und sagte: „Wenn sich einer von uns gegen die Veröffentlichung der nahezu wörtlich notirten Unterhaltungen zu sträuben hätte, dann wär' ich es!"

Victor sah ihn an; ein Lächeln der Genugthuung umspielte seinen Mund und er sagte: „'S ist wahr! —

Du bist dabei nicht immer zum besten weggekommen!"

„Abscheulich bin ich hier und da weggekommen!" entgegnete der Gute. „Aber einerlei! Ich mache mir nichts daraus — ich opfere mich für die Sache!"

„Bravo!" rief ich. „Und du, Held und Wolf, du willst dich von dem Lamme beschämen lassen? Willst der Welt Schlachtberichte vorenthalten, die ebenso viele Triumphe für dich und deine Waffen sind? — Was kannst du noch für einen Grund haben, der sich sehen lassen dürfte?"

„Ich verachte die Welt", entgegnete der Gedrängte. „Sie hat mich geärgert, geplündert und gepeinigt, und ich will nichts mit ihr zu thun haben! — Wer steht mir gut dafür, daß mein Name nicht doch in die Oeffentlichkeit gelangt und mir dann Störungen zukommen, die mich aus der Haut fahren machen?"

„Dich sichert mein Wort!" rief ich. — „Im übrigen seh' ich nach meinen Erfahrungen die Sache ganz anders kommen. Wenn ich zur Orientirung der Leser unsere alte Freundschaft und unser Wiedersehen schildere und die Gespräche mittheile, wie sie sind, dann wird man's ohne viel Besinnen für eine Fiction — für eine bloße Einkleidung halten, und annehmen, daß das, was du gesprochen hast, von mir gedichtet sei!"

Diese Worte machten einen seltsamen Eindruck auf das Original. Er sah mich an und maß den Schrift=

steller, dem man sollte zutrauen können, daß er ihn und seine Aeußerungen zu dichten vermöchte, mit einem Blick stolzer Geringschätzung. Dann lächelte er verächtlich und sagte: „Wenn die Leser solche Esel sind — um so besser!"

„Sie sind im Gegentheil allzu scharfsichtig, allzu klug — und das kommt auf dasselbe heraus. — Ich sehe, du hast deine Zustimmung innerlich schon ertheilt —!"

Der Wackere drehte sich auf seinem Sitz herum. Dann grinste er in seiner Manier, fixirte mich höhnend und rief: „Also nicht nachgeben? Nach jeder Schlappe immer wieder ins Feld rücken? Dem Publikum, das niemals dümmer war, als es jetzt ist, in einem Moment, wo es gierig den Rüssel öffnet, um Kleie zu verschlingen, Perlen hinwerfen — Perlen, die man noch dazu einem andern gestohlen? — Nun, ich hab' so meine Gedanken, — Gedanken, die mein Gemüth ergötzen — und auf Grund derselben will ich dir die Erlaubniß ertheilen!"

„Bravo!" rief ich aufspringend und ihm die Hände drückend. „Preis dir, Fernhintreffer! — Für mich die Arbeit, und wenn's nicht fruchtet, der Schimpf; — für dich die Ehre, der Ruhm und das Bewußtsein, eine Welt gezüchtigt — und vielleicht einigermaßen gebessert zu haben!"

„Gut, gut!" rief er aufstehend, als einer der genug hat. „Ich hab's hingeworfen nach meinem Plaisir; der Optimist hat's aufgehoben und bewahrt — der Literat gibt's heraus! — Werkzeuge, thut, was ihr nicht lassen könnt!" —

Wir blieben noch zwei Stunden bei dem Freunde. Er zeigte uns die ganze Besitzung; und die poetischen Lobsprüche, die mir aus der Seele quollen, versetzten ihn doch in großes Behagen. Ich gewährte ihm das beglückende Gefühl des Beneidetwerdens und schärfte ihm die Freude an den traulichsten Plätzen seines Anwesens und der nächsten Umgegend so, daß er beinahe eine Art von Zärtlichkeit gegen mich entwickelte. Seine gute Laune schlug nur einmal, aber da vollkommen ins Gegentheil um. Wir standen auf einem Hügel zur Linken des Schlosses; er warf einen Blick auf das Nachbardorf — Zorn glühte in seinem Auge, er stieß einen grimmigen Fluch aus und stampfte den Boden. Als ich ihn fragend ansah, versetzte er mit Indignation: „Dort ist das Haus eines Menschen, der mir ein Fleckchen Land abstreiten will, weil er's brauchen kann! Egoismus, Ungerechtigkeit — Scheusale der Menschenbrust! Und wenn sich's um den Werth einer Stecknadel handelt, man darf euch nicht siegen lassen! — Ich werde den Kerl zu Tode processiren!"

Nachdem er die letzten Worte mit dem Accent eines unabänderlichen Entschlusses gesagt, ward er still, wich fernerm Gespräch aus, in seinen Gedanken offenbar unwiderstehlich dem Gegner zugewendet. — Es gelang erst im Garten, in den wir dann wieder eintraten, im An=

gesicht der heitern und holden Fülle der Natur, sein
Phantasie von dem Gegenstand abzulenken. —

Beim Abschied hielt ich's für meine Pflicht, meinem
Verhältniß zu ihm eine würdigere Form zu geben, — und
ich sagte: „Mein lieber Victor, ich wiederhole dir mein
Freude, dich wiedergesehen zu haben, und meine Ver
sicherung, daß du deinen Lebenszweck eigenthümlich —
rühmlich erfüllst. Von deiner Manier unterrichtet, hab
ich mich ihr geliehen, und meine Hingebung nicht bereut
sie gewährte mir eine schöne Probe deiner Ergießungen
Glaub' nicht, daß ich dich nicht im Grunde deines Wesens
verstehe! Glaub' nicht, daß du die Menschen und ihre
Erbärmlichkeiten gründlicher verachten kannst als ich
Was du auch Widerliches und Bitteres erfahren haben
magst, das Uebelste ist dir erspart worden: du bist kein
deutscher Schriftsteller! — Gebrauch' also deine Gall
und laß sie deinen Geist zur Wuth aufregen: in mir
hast du ein sympathetisches Herz, das all deine Rasereien
aufs innigste zu den seinen machen wird!"

Ein eigener Blick, erst einen gewissen Verdruß, dann
Billigung und eine Art von Achtung ausdrückend, war
die Antwort. Er erwiderte: „Es freut mich, daß ich
dich zum Abschied auch noch einigermaßen schätzen lerne
Warum drückt sich das nicht mehr in deinen Büchern
aus? Warum zeigst du in ihnen diese verfluchte Zahm
heit? Warum bist du immer wieder der gute Kerl, der
die Welt schöner und die Menschen besser lügt und alles

krumme gerade zu schreiben sucht? — — Die Ent=
schuldigung ist dir geschenkt! Fahr' hin — und bessere
dich!"

Diesen Zuruf erhielt ich, als wir bereits im Wagen
saßen. Von ihm erheitert, rollten wir fort und legten
den Weg zur Wohnung Edmund's unter frohen Ge=
sprächen, wie sie gute Gesellen zu führen pflegen, aufs
unterhaltendste zurück.

Die nächsten Tage verbrachte ich bei Edmund im
Studium des Manuscripts und in vorläufiger Anord=
nung desselben. Wie es bei so gründlichen Menschen
natürlich ist, waren die Gespräche der beiden in der
Regel zur Erschöpfung des Themas gediehen. Die Geg=
ner und Freunde, indem sie ihre Ansichten geltend machten,
blieben bei der Sache, bis jeder sein Herz völlig ausge=
schüttet hatte. Für die nöthigen Sprünge und Episoden
sorgte übrigens die Leidenschaft Victor's, die sich nicht
selten höchst unbändig ausließ.

Ich bin noch mild, wenn ich ihm den Namen „Gro=
bian" gebe; und die Art, wie er mich bei meiner Ein=
kehr behandelt hatte, erfüllte mich bei der Lektüre fast
mit einer nachträglichen Genugthuung. Man muß ein
Deutscher und an Gewissenhaftigkeit und Gutmüthigkeit
ein Edmund sein, um alle die Extravaganzen einer rück=
sichtslosen Natur mit solcher Objectivität buchen zu können.

Er hat freilich zugleich Anlaß gefunden, seine eigene Weltanschauung zu entwickeln, deren Consequenz über den Gegner wiederholt stille Siege feiert.

Und der Hingebende hat noch eine andere Entschuldigung.

Es gibt verschiedene Grobians.

Ein Versuch, die Arten zu charakterisiren, wird uns zur genauern Bezeichnung derjenigen Victor's dienen — und in ihr liegt Edmund's letzte Rechtfertigung.

Führen wir, in aller Kürze, die Reihe vorüber!

Den Anfang macht am besten der Naturgrobe, der sogenannte Lümmel. Dieser ist grob, indem er sich in blindem Triebe gehen läßt. Fleisch an Leib und Seele vollzieht er die Grobheit mit dem Instinct des Thieres — brutal. — Es ist der Ehrgeiz auf der niedrigsten Stufe; der rohe Gebrauch einer angeborenen Waffe gegen den Schwächern und Friedliebenden, oder in höherm Schwung gegen den Ebenbürtigen, wo dann ein Zweikampf mit Schimpfworten oder Fäusten die Entscheidung herbeizuführen hat.

Den verwandten Protz modificirt das Bewußtsein des gefüllten Geldsacks. Es ist der Lümmel auf einer höhern Stufe bürgerlicher Cultur, wo die Naturstärke, durch Geldstärke ergänzt, das Wonnegefühl erzeugt und lebendig erhält: daß man nach niemand was zu fragen habe!

Der Dummgrobe ist grob, um seine Dummheit, von der er eine gewisse Ahnung hat, vor Entlarvung zu

…ützen. So einer fürchtet sich vor keinem Disput; denn …nn ihm die Gedanken ausgehen, fängt er an zu schim=
…en und setzt dadurch den vernünftigen Gegner in die
…ge, wiederschimpfend oder mit ihm sich raufend an
…emeinheit ihm gleich zu werden, oder aber, sich zu=
…ckziehend ihm das Feld und den Triumph zu lassen.

Der boshafte Grobian gebraucht seine Fähigkeit, um
…dere zu ärgern. Verbindet sich mit dieser Absicht eine
…wisse Stupidität, was gar nicht unmöglich ist, so dürfte
…en er an Widerlichkeit den Preis davontragen. Unter
…n Arten moralischen Ungeziefers gehört er unstreitig zu
…n bedenklichsten, und die Frage, warum man so einen
…i herumgehen läßt, dürfte schwer zu beantworten
…n.

Der Grobian aus Eitelkeit und Vornehmheit will be=
…isen, daß er einen höhern Rang einnimmt und daher
…gen andere nach seinem Belieben verfahren kann. Er
… besonders zu Thaten gereizt, wenn er Zuschauer hat.
…tschlossen geht er vor und sucht nach einer tüchtigen
…istung seinen Lohn im Beifall des Publikums. Trifft
… auf einen Stärkern, der ihn beschämt, so bringt ihn
… Empfindlichkeit von Sinnen; die Wuth der Rache
…rgiftet ihn, und wer ihn nicht zermalmen kann, der
…ut wohl, ihm aus dem Wege zu gehen.

Der Grobian aus Rechthaberei ist nicht im Stande,
…nand einen Satz aussprechen zu hören, ohne durch
…iderspruch beweisen zu wollen, daß er die Sache besser

versteht. Er macht ein vorwurfsvolles Gesicht und legt seine gegentheilige Meinung mit einem Ausdruck dar, als ob er die Behauptung, die er vernommen, geradezu nicht begreifen könne! Ihm erscheint jede Behauptung umstoßenswerth, und damit jeder, der sie vorbringt, strafwürdig. Die Dummheit der Menschen setzt ihn in Erstaunen, und er ist der Ansicht, daß man sie das nicht deutlich genug fühlen lassen kann.

Eine besondere Abzweigung bildet der vorsichtige Grobian. Dieser genügt seinem Hang nur da, wo er Aussicht hat, daß es ihm ungestraft durchgehe. Der feine Takt, der ihn hierbei leitet, ist bewundernswerth. Nicht nur weiß er sich immer den rechten Mann auszusuchen, sondern auch den rechten Moment; und immer bringt er ein Maß von Grobheit in Anwendung, das der Betreffende noch zu verschlucken Aussicht gewährt. So geht er durchs Leben, ohne daß die vielseitigste Befriedigung seines Bedürfnisses ihn irgend in Händel verwickelte oder ihm gar Schläge eintrüge! — Er ist der Lebenskünstler der Gattung.

Ihm ähnlich, aber bösartiger, ist der Grobian aus Berechnung. Auch er zeigt sich nur anmaßend, wo er es durchsetzen zu können sicher ist; aber ihn leitet dabei eine kalte, egoistische Absicht. Er will emporkommen, gebieten, und er hat gesehen, daß die richtig angebrachte Grobheit dazu ein trefflliches Hülfsmittel ist. Er flößt Furcht ein und ängstigt, um auf den Nacken der Feigen und Schwachen oder der Untergebenen, die gehorchen müssen, seinen Fuß zu setzen. Nach oben ist er aus demselben Grunde gefällig, zuweilen aber, wo es von Nutzen ist, auch stolz und charakterfest; und die Artigkeit eines solchen Mannes weiß man hier natürlich zu schätzen, daher ihm ein Wunsch nicht leicht abgeschlagen wird. In der Hierarchie des Beamtenstandes und der Armee, in der Nähe des Throns, pflegen diese gefährlichen Menschen eine bedeutende Rolle zu spielen. Die Nemesis kommt ihnen in der gewöhnlichen Ordnung der Dinge selten an und muß in der Regel auf eine allgemeine Aenderung warten. Wer sich ihnen widersetzt, ist in den meisten Fällen das Opfer seines Muths.

Einen humoristischern Eindruck macht derjenige, welchen der Volkswitz als „kleine Kratzbürste" charakterisirt hat. Die pygmäenhafte Figur gehört zur Sache. Denn wenn die Dreistigkeit, beziehungsweise Frechheit des Bürschchens auch aus seinem innersten Wesen stammt, so trägt die Kleinheit der Gestalt doch zu ihrer Ausbildung und Schärfung bei. Das Gefühl, von oben angesehen oder gar übersehen zu werden, empört den Ehrgeiz des Zwerges, und er trägt nun Sorge, sich den andern gleichsam in ganzer Figur unter die Nase zu stoßen. Seinem Längenmaß eine Elle zusetzen, das kann er nicht; aber unverschämt sein, das kann er, und darum ist er's. Wie die Menschen nun einmal sind, gelingt es auch der „Kratzbürste" nicht selten, ihre Zwecke zu erreichen; ja

wenn sie zufällig eine gewisse Macht, Geld oder Einflu[ß]
besitzt, kann sie förmlich imponiren. Auf der ander[n]
Seite jucken uns aber gerade ihr gegenüber die Finger[.]
Man kann sich oft nur sehr schwer enthalten, ihr Ohr[=]
feigen zu geben, und gibt sie ihr denn zuweilen auc[h]
wirklich. Dadurch läßt sich aber die rechte Kratzbürst[e]
nicht abschrecken; der Trieb ist stärker in ihr als da[s]
Ehrgefühl, und so erträgt sie lieber die Folgen, als da[ß]
sie sich das Vergnügen der Arroganz nehmen ließe.

Harmloser, aber oft lästig genug, ist der Grobian au[s]
Verlegenheit. Im Begriff, einen mitleidswerthen Anbli[ck]
zu bieten, rafft sich dieser auf, schafft sich ein grimmige[s]
Gesicht an und stößt eine Grobheit hervor, die den an[=]
dern in ihrer Unmotivirtheit verblüfft. Wiederholt e[r]
dies hier und dort, so kann er zum Ruf eines Flegel[s]
gelangen und gescheut werden, bis man endlich erfährt[,]
daß er, der in Wolfskleidern gekommen, inwendig ei[n]
gutes Schaf ist. Nach dieser Entdeckung pflegt er in[s]
Leben einen schwierigen Stand zu haben.

Den Grobian aus Unfähigkeit, Widerspruch zu er[=]
tragen, darf ich nicht übergehen. Er ist in der Rege[l]
gutmüthig und im Umgang nicht offensiv; da ihm abe[r]
seine Gedanken heilig sind und an Wahrheit und Tief[e]
wunderwürdig erscheinen, so erwartet er, wenn er si[e]
mittheilt, den hingebendsten Beifall. Bleibt dieser au[s]
und wird ihm gar eine andere Ansicht entgegengestell[t,]
dann erfaßt ihn Staunen und aus dem Staunen entbinde[t]

ich eine Wuth, die ihn zu niederwerfenden Schmähungen
fortreißt. Der Gutmüthige ist plötzlich so böse gewor=
den, daß er es mit den Schlimmsten aufnimmt; und
wenn man sieht, daß derselbe Zorn unwiderstehlich im=
mer dieselben Wirkungen äußert, so kann es für ihn die
angenehme Folge haben, daß man ihn in Ruhe läßt und
ihm sogar zu Willen redet; worauf er dann stolz und
glücklich durchs Leben schreitet.

Den Uebergang zu den positiven Arten macht der
drollige Grobian. Zu seinen Kundgebungen natürlich be=
gabt, hat er ein Talent, sie ansprechend herauskom=
men zu lassen, und wirkt ergötzlich auch auf die da=
von Getroffenen. Ist das nicht seine bewußte Absicht,
so ist's doch sein Instinct, und er wird im ganzen
mehr Wohlthäter der Gesellschaft als Störenfried. In
Stadt und Land würde diese Art nicht wohl zu ent=
behren sein.

Ueber ihm, als eine höhere Form, erhebt sich der
humoristische — der witzige Grobian. Er schlachtet mit
dem Schwerte des Geistes die Narren — stetige und
zeitweilige — als Opfer zur Ergötzung des Publikums.
Diese Ergötzung ist ihm Hauptzweck, und er macht daher
nicht viel Federlesens, ob der Ausersehene ein wirklicher
Narr und Wicht ist, oder nur ein vermeintlicher. Sein
Metier zu üben darf er durch keine Rücksicht abgehalten
werden. Verletzt er jemand ungebührlich, so ersetzt ihm
die dankbare Schadenfreude der vielen die verlorene

Freundschaft des einen tausendfach. — Unter den Auto[ren]
ren ist der witzige Grobian der beliebteste der Epoch[e]
die sich darin treu bleibt, daß sie dem Vergnüge[n]
welches ohne Anstrengung zu erlangen ist und nur z[u]
fällig nützen kann, vor allen den Preis zuerkennt.

Es versteht sich, daß die verschiedenen Weisen d[er]
Grobheit nicht an ebenso viele Individuen vertheilt se[in]
müssen, sondern auch in Einem vergesellschaftet sein kö[n]nen.
In diesem Fall wird aber doch eine die vorher[r]schende
und nach ihr der Mann zu benennen sein.

Zu welcher Art von Grobians gehört nun aber d[ie]
unsrige? — Zu keiner der bisher geschilderten. Er bi[l]det
eine neue als Grobian der Gerechtigkeit.

Jede Seite des Manuscripts bezeugt, daß dieser Gei[st]
ein Ideal menschlicher und männlicher Tugend, ein Z[iel]
edeln und schönen Lebens vor Augen hat und die Wah[r]nehmung
des Gegentheils im wirklichen Leben ihn auß[er]
sich bringt. Er sieht, daß die Welt verkehrt ist, tr[otz]
aller Ermahnungen verkehrt bleibt, und versucht nun, [sie]
in die richtige Stellung zurückzuschimpfen. Jedes Un[recht]
empört ihn, ob es ihm selbst, ob es andern wide[r]fährt;
er hält sich zum Richter und Rächer berufen -
und wehe dem Sünder, der ihm in die Schußlin[ie]
kommt! Von einer Scharfsichtigkeit ohnegleichen sie[ht]
er Gebrechen und Schuld, wo man sie kaum noch wah[r]genommen
hat. Was man infolge steten Wiederhol[t]werdens
als selbstverständlich hinnimmt und gar kein[e]

Beredung mehr würdigt, kann ihm unter Umständen
ntsetzlich erscheinen, und er geißelt es mit nicht ge=
ingerm Fanatismus als die außergewöhnlichsten Frevel.
— Man kann sagen, daß die Kehrseite des menschlichen
Wesens mit solcher Consequenz und solch allseitiger Um=
cht noch niemals aufgedeckt worden ist.

Was unter diesen Voraussetzungen ihn und seine Er=
üsse vor dem Schicksal, widerlich zu erscheinen, rettet,
t der tiefe melancholische Ernst als Quell derselben —
uf der andern Seite die subjectiv motivirte, gesunde
lebertreibung und der Humor, der mit dem ehrlichsten
Zorne so eins wird, daß beide nicht mehr voneinander
u unterscheiden sind. Der Gereizte kann ein kleines
lnrecht so extravagant strafen, daß er selber ein unver=
leichlich größeres begeht; aber darin liegt eben der
Spaß, und ich wenigstens hab' es ihm niemals übel
ehmen können. Genug, daß er im Unrecht nie die Ini=
iative ergreift, immer wartet, bis ein anderer es begeht,
nd dann nur ungerecht wird im Namen der Gerech=
igkeit!

Daß ein solcher Genius interessant ist und gehört zu
verden verdient, liegt außer allem Zweifel. Wie die
Dinge in diesem irdischen Leben stehen, ist eine maßlose
Züchtigung ein unvermeidliches Erziehungsmittel des
Menschengeschlechts. Denn nur sie macht sich bemerklich,
ur sie kann auf Herzen, die mit „siebenfachem Leder
iberzogen" sind, eine Wirkung äußern! Und wenn sie

zu viel thut — welch ein Vortheil für die Gepeitschten, daß sie den Ankläger durch ihre Besserung widerlegen und tief beschämen können!

Geben wir ihm, oder vielmehr seinem Geschichtschreiber ohne weiteres das Wort!

Einleitung und erstes Gespräch.

Edmund erzählt:

Ich war eben mit der Einrichtung meines Hauses beschäftigt, das ich kurz zuvor in Besitz genommen hatte, als ein ehemaliger College, der jetzige Kreisdirector O., mich besuchte. O. ist ein humoristischer Mann; wir unterhielten uns über verschiedene Bekannte, und er ließ seiner Zunge freien Lauf, indem er die Stadt rühmte, in der eine so schöne Zahl amusanter Geschöpfe herumliefe.

„Apropos", rief er dann, „wissen Sie denn schon, daß der Baron *** von seinen Reisen zurückgekehrt ist und auf seinem Gute sitzt — wenige Stunden von hier?"

Aufs angenehmste überrascht rief ich: „Das erste, was ich höre! — Der alte Freund, mit dem ich so viel durchlebt habe! Ich freue mich über die maßen, ihn wiederzusehen!"

Der Kreisdirector betrachtete mich und verzog seine Miene bedenklich. „Man hört sonderbare Dinge von ihm. Er scheint ein gewisses Talent, das er immer be=

saß, zur höchsten Vollendung ausgebildet zu haben. Kurz, er hat Manieren angenommen, die ihn so ziemlich vom geselligen Verkehr ausschließen!"

„Ei!" entgegnete ich.

„Er ist von schreckeneinflößender Aufrichtigkeit geworden! — Ich weiß davon ein paar Geschichten —"

„Erzählen Sie!" rief ich begierig.

Jener begann: „Nicht lange nach seiner Zurückkunft besuchte er eine benachbarte Edeldame, Frau von Z.; eine entfernte Verwandte von ihm und ehemalige Schönheit, die sich noch immer für schön hält. Er wurde freundlich empfangen und benahm sich so gut, daß man ihm in Begleitung von Gemahl und Töchterlein einen Gegenbesuch abstattete. Seine Höflichkeit war hier, trotz des Ernstes, den man im stillen an ihm rügte, so vollkommen, daß die Dame die Zahl ihrer Anbeter um einen neuen vermehrt zu haben glaubte und nun der Meinung war, daß sie über den chevaleresken Hagestolz verfügen könnte. Sie gab ihm einen Auftrag, welchen besorgen zu dürfen er sich höchst glücklich fühlen mußte. Er besorgte ihn, empfing Lob, aber zugleich ein paar neue Commissionen. Nun war seine Gedult erschöpft. Höchst ernsthaft erwiderte er, daß er dazu wol keine Zeit finden dürfte! «Keine Zeit?» rief ihm die Gebieterin mit einigem Unwillen zu. «Die Pflichten der Galanterie gehen allen andern vor. Thun Sie Ihre Schuldigkeit, Herr Ritter!» — «Die Galanterie, meine Gnädige», entgegnete er nach diesem Befehl, «verpflichtet mich Sorge zu tragen für das wahre Beste eines weiblichen Wesens, und wenn eine Dame im Begriff ist, sich durch Prätension lächerlich zu machen, so muß ich ihr aus Galanterie mich versagen, um sie, wenn's noch möglich ist, vor alberner Selbstüberschätzung zu bewahren!» — Man kann sich denken, welche Augen die Frau machte, die sich für unwiderstehlich hielt. Zornroth entgegnete sie: «Sind Sie ein Cavalier?» — «Mehr als das», entgegnete er, «ich bin ein Mensch, der seinen gesunden Verstand hat!» — «Sie sind ein Grobian!» rief die Dame außer sich. — «Am rechten Ort und zu rechter Zeit», versetzte er, «kann man nichts Besseres sein! Aber Sie sind etwas, das an jedem Ort und zu jeder Zeit höchst fatal ist. Aus Achtung vor dem weiblichen Geschlecht, welchem Sie immerhin noch angehören, will ich es nicht näher bezeichnen. Sie können's jedoch errathen!» — Er entfernte sich. Andern Tags ging ihm vom Gemahl eine Forderung zu."

„Das ist arg!" rief ich. „Und es kam wirklich zum Duell?"

„Hören Sie! — Um dieselbe Zeit hatte er einen zweiten Handel. Er verließ eines Abends die angesehenste Familie in dem Städtchen L. mit der Gattin eines Beamten, die er heimzuleiten übernommen hatte. Die Frau, eine böse Zunge, hob unterwegs an der Dame des Hauses nicht nur ein paar komische Züge hervor, son=

dern legte ihr auch eine sehr bedenkliche Neigung zu einem jungen Menschen bei, durch die sie sich noch schwer compromittiren würde. Unser Baron fragte, warum sie ihr das nicht selber sage, da sie doch, wie er bemerkt habe, ihre beste Freundin sei! — «Ich werde mich wohl hüten!» rief die Frau. «Sie würde mich hassen!» — «Sie könnten ihr aber einen Dienst leisten», fuhr er fort, «und später würde sie es Ihnen um so mehr Dank wissen!» — «Geht mich nichts an», rief jene. «Sie ist alt genug, um für sich selber zu sorgen. Wenn sie die Thorheit begeht, mag sie's büßen.» — «Der Gedanke», versetzte der Begleiter, «daß Ihre Freundin sich zu Grunde richten könnte, scheint Sie nicht eben sehr zu betrüben?» — Die Frage schien der Frau einen humoristischen Klang zu haben. Sie lachte und entgegnete: «Wer kann sich um alles kümmern? Es ist ihre Sache!» — Der Baron schwieg; dann sagte er: «Wissen Sie, welche Eigenschaften in Ihrem Benehmen gegen jene Dame mir besonders entgegengetreten sind?» — «Nun?» — «Bequemlichkeit, Feigheit und boshafte Schadenfreude», erwiderte er gelassen. — «Erlauben Sie», fuhr sie auf, — «das mir ins Gesicht zu sagen!» — «Beweist Ihnen, daß ich für meine Person mehr in Aufrichtigkeit und erlaubter Schadenfreude mir gefalle!» — «Aber das ist ein abscheuliches Benehmen! Sie sind —» — «Ein Flegel oder ein Mensch, der die Wahrheit sagt — eine bekannte Sache!»"

Der Kreisdirector schwieg, und ich schüttelte den Kopf.
"Das ist freilich die Art, jeden Tag Händel zu haben!"

"Der Gemahl dieser Gekränkten", fuhr jener fort, "ein alter Corpsbursche, dachte in der That ebenfalls daran, Satisfaction zu verlangen. Unterdeß ging aber das Duell mit dem Freiherrn vor sich, und unser Menschenfeind sah sich in die Nothwendigkeit versetzt, dem Gegner, der es sehr ernsthaft nahm, einen Schuß beizubringen, der dem Kampf ein Ende machte und jenen vier Wochen aufs Zimmer gebannt hat. Der Staatsdiener beschloß, die Ungehörigkeiten eines offenbar nicht Zurechnungsfähigen zu ignoriren. Er konnte dies um so mehr, als die Frau sich mit ihrer Zunge hinter dem Rücken des Sünders nach und nach die sättigendste Genugthuung verschaffte!"

Ich sah bedenklich für mich hin. Jener fuhr fort:

"Die Folge der beiden Affairen war, daß bald niemand mehr nach der Ehre seines Umgangs begierig erschien."

"Das ist begreiflich!"

"Gleichwol fand er noch Gelegenheit, eine dritte That auszuführen, von der ich Zeuge war. — Es war hier, in dem Weinhaus am Hauptmarkt. Wir saßen beisammen, Offiziere, Beamte, Gelehrte und Kaufleute — die gewöhnliche Gesellschaft — und zwei Gäste: nämlich der Baron, vom Obersten Helm eingeführt, und ein junger Doctor und Privatdocent, welchen ein Verwandter mit=

gebracht hatte. Das Gespräch wendete sich auf Literatur, dann gar auf Philosophie, und der alte Regierungsrath Merz, der immer noch studirt, sprach mit Hochachtung von den großen Namen, die in seiner Jugend galten, und meinte, daß wir ihnen jetzt keine gleichbedeutenden an die Seite zu stellen hätten. Der Privatdocent schüttelte den Kopf und verzog den Mund sehr geringschätzig. «Mit den großen Namen», bemerkte er, «ist es eine eigene Sache. Diese Männer haben zu ihrer Zeit Aufsehen gemacht, können aber jetzt nicht mehr genügen. Ihnen hat nichts Geringeres als die rechte Methode der Forschung gemangelt. Jetzt baut man auf einen wirklichen, festen Grund, alles muß neu gemacht werden, und von der Hinterlassenschaft jener großen Lichter ist nur sehr wenig zu brauchen!» — Man widersprach, der junge Mann erhitzte sich, drückte sich immer kecker aus und kam endlich dahin, unsere ersten Geister für Ignoranten und Charlatans zu erklären, welche, ohne alle Kenntnisse in der Naturwissenschaft, die Menschen nur in der Irre herumgeführt hätten! — Durch diesen Ton gereizt, indignirt, gönnte man dem anmaßenden Burschen eine tüchtige Lection, als der Baron das Wort ergriff. Er sagte: «Herr Doctor, ich getraue mir, Ihnen zu beweisen, daß Sie keineswegs das Recht haben, über jene Männer so schlimm zu urtheilen!» — «Wie so?» versetzte der Privatdocent. — Der Opponent stand auf, trat zu ihm, faßte seine Rechte und führte ihn, halb mit Gewalt, vor einen großen Spiegel an der Wand. «Sehen Sie», rief er, auf das Bild des Betroffenen deutend, «diese Gestalt und diese Physiognomie! Sehen Sie diese niedrige Stirn, die gemein aufgeworfene Nase, den formlosen Mund! Sehen Sie diesen Ausdruck ohne Idealität, Geist und Würde! Sehen Sie die ganze Fratze eines dummen Jungens und sagen Sie mir als ein studirter Mensch, ob ein solcher Kerl über die Zierden unserer Nation absprechen darf!» — Trotzdem daß der unerhörte Einfall auf die Anwesenden zunächst eine lähmende Wirkung übte, rief das verdutzte Gesicht, womit der junge Mann auf den Meister sah, doch ein Gelächter hervor. Dieses brachte den Beleidigten wieder zu sich. «Mein Herr», rief er, zitternd vor Wuth, «wer sind Sie? Nennen Sie mir Ihren Namen!» — Der Baron gab Namen und Wohnort an. «Gut!» rief der Doctor mit dem Ernst eines zu tödlichem Austrag Entschlossenen, und nahm dann seinen Platz wieder ein. Der Baron ergriff seinen Hut und verließ mit dem Obersten, den die Scene sehr ergötzt hatte, nach höflichem Abschied von uns allen die Stube. Der Privatdocent schüttete hierauf sein entrüstetes Herz rückhaltslos aus und erklärte, nicht von der Stelle weichen zu wollen, bevor ihm die vollkommenste Genugthuung geworden sei. Wir belehrten ihn, daß der Baron ein Sonderling wäre, der eigentlich gar nicht beleidigen könne; daß die Tollheit seines Benehmens auf einen Kopf deute, in dem nicht alles richtig sei —

und kurz, die Ferien gingen zu Ende, der Gekränkte reiste ab, ohne seinem grimmigen Entschluß Folge gegeben zu haben, und docirt jetzt nach der neuen Methode nach wie vor."

„Das letzte Stückchen", bemerkte ich, „gefällt mir noch am besten. Die Anmaßung heutiger Jugend an einem Repräsentanten abgestraft zu haben, ist nicht ohne Verdienst!"

„Auch meine Ansicht! Leider kommt das Original jetzt gar nicht mehr in die Stadt, wenigstens nicht mehr in Gesellschaft. Er wird Bauer, wie ich höre; — das heißt Oekonom!"

„Wenn uns die Menschen ärgern", versetzte ich, „schließen wir uns gern an die Natur an, die den großen Vorzug hat, daß sie uns nicht mit Einreden lästig wird. — Ich werd' ihn sobald als möglich aufsuchen!"

Der Kreisdirector, seinen Hut ergreifend, sagte mit einem gewissen Lächeln: „Adieu! — Und viel Glück! — Vergessen Sie nicht, mir zum Ersatz dann auch einige von Ihren Erlebnissen mitzutheilen!" — — —

Zwei Tage nachher, bei mildem Aprilwetter, führte ich meinen Vorsatz aus. Es war nachmittags, als ich im Schloß ankam, und der Eremit natürlich zu Hause. — Sein Empfang war über alles Erwarten herzlich.

„Ah!" rief er, als ich ihm mittheilte, daß ich meinen Wohnsitz in der Nähe hätte, „nichts Angenehmeres konnte mir begegnen! Ich bin allein, will allein sein;

aber Eine Seele muß man haben, gegen die man sein Herz zuweilen entlasten kann — und wo fänd' ich eine treuere als dich? Auf der ganzen Erde kenn' ich niemand, zu dem ich das Vertrauen der Freundschaft hätte, die zu dir!"

Die gemüthvollen Worte rührten mich — die Augen wurden mir feucht. Er sah mich an und nickte mit einem spöttischen Lächeln, als ob er sagen wollte: es ist der Alte!

Wir setzten uns in seiner Arbeitsstube zusammen. Nach einigen wechselseitigen Mittheilungen über unser etziges Leben gerieth die Unterhaltung ins Stocken, und ich bemerkte an dem Freund eine eigene melancholische Müdigkeit, die seinem Gesicht einen neuen Zug verlieh. Unwillkürlich nach einem ergiebigern Gesprächsthema trachtend, sagte ich: „Seit unserm Abschied hast du die Welt gesehen! — Du bist weit umhergewesen!"

Er sah mich an und zuckte die Achseln. „Leider!" versetzte er.

„Hat dich das Reisen nicht amusirt?" fragte ich. „Man sollte glauben, die neuen Gegenstände, das frische bunte Treiben —"

„Lieber Freund", fiel er ein, „das Reisen hat seine Annehmlichkeiten. Aber um sie zu genießen, fehlt mir die Hauptsache: ich bin nicht dumm genug dazu!"

Ich sah ihn verwundert an.

„Zuerst", fuhr er fort, „ergötzt es uns, Städte und

Länder und Menschen zu sehen, die uns mit neuen Physiognomien erscheinen, so appetitlich, als ob sie sich eben für uns interessant gemacht hätten. Es beschäftigt die Phantasie und bereichert uns wenigstens mit sinnlichen Erfahrungen. Wer sich aber in der guten Stimmung erhalten will, der muß auf der Oberfläche der Betrachtung bleiben! Von außen haben die neuen Figuren etwas Eigenthümliches, Pikantes; dringen wir tiefer in sie ein dann ist's die alte Geschichte und dieselbe Misère! Wir durchlaufen und durchforschen alle Welttheile — und finden überall den Menschen: das egoistische, habsüchtige eitle, jämmerliche Geschöpf!"

„Ein schlimmes Resultat!" versetzte ich.

„Für unsereinen", begann er nach kurzem Schweigen wieder, „vollendet das Reisen die Enttäuschungen des Lebens! Wenn man zu Hause bleibt, so kann man sich wenigstens einbilden: da draußen sind sie besser, oder unterhaltender, oder interessanter! Geht man aber hinaus und erlangt nach und nach die Ueberzeugung, daß sie da fast noch langweiligere Bestien sind als bei uns dann hat man eine desperate Empfindung. Das letzte ist einem genommen! Man trachtet wieder in die Heimat zurück, wo die Narren wenigstens unsere Sprache reden; und ich will dir nur bekennen, daß ich nach meiner Heimkehr im lieben Vaterlande extra noch einige Wochen herumgezogen bin, anfangs mit Vergnügen und sogar mit patriotischer Genugthuung! Zuletzt ergriff mich allerdings auch hier der Widerwille. Ich war's müde und flüchtete mich in mein Asyl mit dem festen Entschluß, es Reisens halber nie wieder zu verlassen!"

Ich schwieg. Dann, mit einem verständlichen Blick, sagte ich: „Zu kleinen Ausflügen und geselligem Verkehr mit den Nachbarn hast du dich aber anfangs doch noch verstanden?"

Er fixirte mich. „Du spielst auf einige Thorheiten an, die ich mir hier noch zu Schulden kommen ließ? — Aufrichtig, ich rühme mich ihrer nicht!"

„Gegen die beiden Frauen, falls man mich recht beichtet hat, bist du allerdings hart gewesen!"

„Ich schäme mich", erwiderte er mit einer Grimasse, die neben dem Verdruß doch auch noch eine gewisse Schadenfreude ausdrückte. „Die eine ist zwar eine unausstehliche Närrin und die andere eine boshafte Kröte; — aber es sind doch immer Weiber! Ich hätte etwas mildere Formen finden sollen! Indessen, es gibt ein Benehmen — eine Dummheit und eine Gemeinheit, die mich immer wieder toll macht! Die Galle geht mir über und es muß heraus! — Es ist eine verfluchte Eigenschaft!"

„Zuweilen führt sie dich indessen richtig!" bemerkte ich. „Den Privatdocenten hast du grausam, aber gut widerlegt!"

Das Gesicht des Anerkannten hellte sich auf. „Gegen die Sottisen der heutigen Jungens", bemerkte er, „dünkt mich die Argumentation beweisend! — Sie klemmen sich auf ein paar Quadratschuhe Land, und wenn sie hier einige Lappalien aufgraben, die frühere weltüberblickende Geister noch nicht gesehen haben, dann kennen sie sich selbst nicht mehr vor Uebermuth, prahlen und lästern! — Die Execution reut mich nicht; und am Ende auch die Unart gegen die beiden Weiber hat für mich ihre guten Folgen gehabt! Es wäre mir schwer geworden, von der Gesellschaft, die mir schon bedeutend lästig zu werden anfing, mich wieder loszumachen! Nach jenen Extravaganzen behelligte mich kein Mensch mehr, und ich schlürfe nun die Süßigkeit ungestörter Ruhe Tag für Tag. Du glaubst nicht, welche Lust ich empfinde, wenn ich in meinem Hause allein bin und an die Menschen denke, die mich quälen könnten und würden, aber mir nicht anzukommen vermögen! Ich hab' einen unglückseligen Scharfblick! Ich sehe durch die Künste der Höflichkeit hindurch auf den Grund ihrer Herzen! Ich schaue die Kluft, die zwischen ihnen und mir besteht; ich fühle den Haß, der sie gegen mich, ihren unbarmherzigen Richter, stacheln muß; ich habe die gemeinen Naturen vor Augen, die boshaft sind ohne allen Anlaß — und sie kommen mir vor wie eine Meute wüthiger Hunde, die mit geöffneten Rachen gegen mich anrennen, um die giftig scharfen Zähne in mein Fleisch zu hacken. Ich aber bin in einer dreifach umgürteten Burg; die Bestien umheulen die Mauern, stoßen die Schnauze daran blutig — und können nicht zu mir durchdringen! Die Ohnmacht der Gemeinheit, deren Lärm ferne verklingt — es ist eine Wonne für den Geschützten!"

„Eine angenehme Vorstellung", bemerkte ich.

„Sieh hier herum", fuhr er auf das schöne, bequem eingerichtete Zimmer deutend fort, „wie die Sonne so still hereinscheint — wie draußen der Fink sein lustig Liedchen pfeift und die Amsel ihre vollen Töne flötet! Friedlich und reizend!" — Er sah behaglich umher, dann fuhr er fort: „Ich kann mit niemand besser sympathi= siren, als mit jenen Männern des Mittelalters, die, nach= dem sie ein halbes Leben lang mit menschlichen Wölfen, selbst Wölfe, sich herumgebissen hatten, die Stille eines Klosters aufsuchten, um in einförmigen Uebungen den Schmuz der weltlichen Befleckungen von sich zu waschen und die Seele zur Sammlung und Klärung zu befreien. Der Ort ist etwas — die nächste Umgebung muß uns zu Hülfe kommen — und wohl uns, daß wir auch schon auf dieser Erde Stätten finden, wo das wüste Geschrei des Säculums nicht hinzugelangen vermag! Mir ist's zu Muthe wie jenen müde gewordenen wüsten Gesellen! Mein Haus ist meine Burg und mein Kloster! Und das soll's bleiben! Niemand soll mir hier herein, den ich nicht mag! — Ich bin dessen sicher" (fügte er mit einem grimmigen Lächeln hinzu); „denn ich selbst werde den Wächter machen!"

„Die Einsamkeit", sagte ich nach einer Weile, „das

völlig zurückgezogene Leben hat unstreitig sehr viel für sich! — Aber man macht dabei keine Erfahrungen!"

„Erfahrungen!" rief er mit Heftigkeit. „Erfahrungen!" wiederholte er geringschätzig, indem er mich von der Seite ansah. „Fehlt's mir etwa an Erfahrungen? — Wie oft soll man denn noch erfahren, daß die Erfahrung zu nichts führt als zu einer neuen Anschauung der längstbekannten menschlichen Erbärmlichkeit!"

„Das ist die eine Seite!" entgegnete ich. „In den Menschen steckt aber auch etwas Gutes! Sie sind liebenswürdig, geistreich, witzig —"

„In ihren Büchern", fiel er ein. „Durch diese setz' ich den Umgang mit ihnen auch fort — und erfahre da noch immer viel mehr, als mir lieb ist! — In ihnen sind sie aber doch wenigstens erträglich! Und wenn man nichts mehr davon wissen will, kann man das Product in eine Ecke werfen!"

Er ging im Zimmer auf und ab. Dann mit ruhigem Accent fuhr er fort: „Die Bücher genügen vollständig! — Es läßt sich nicht leugnen, daß die Schreiber sich Mühe geben, das Beste von sich zusammenfassen und so anziehend als möglich vorzutragen suchen. Dieselben Kerls, die im Umgang hohle Reden führen und armselige Possen treiben, zeigen hier wirklich, daß sie auch Geist, ja, daß sie ein Herz haben, und daß sie einen Gedanken ernsthaft zu entwickeln vermögen. Was an

Annehmlichkeit und gutem Willen in ihnen steckt, das geben sie hier von sich. Sie spornen sich an und steigern sich, arbeiten sich aus und bilden sich durch — kurz, sie idealisiren sich in ihren Büchern selbst — und nur so kann sie unsereiner genießen!"

Ich schwieg. Dann sagte ich: „Man behauptet freilich, das lebendige Wort —"

„Ist den Menschen gegeben", fiel er ein, „um Trivialitäten zu sagen, anmaßend zu widersprechen oder servil beizustimmen!"

„Du bist fest in deiner Ansicht", erwiderte ich mit einem Achselzucken, „und ich kann dich nicht bekehren wollen! — Indessen ich bin freilich auch nur ein Mensch! Ich bin so recht einer von den gewöhnlichen, unzulänglichen Sterblichen, und wenn ich dir, wie ich bin, ohne alle Idealisirung entgegentrete —"

„Seht!" rief er; — „ein Versuch im Ironischen! — Ist's ein Product der Empfindlichkeit? — Geh! Du bist zwar auch ein Mensch; aber du gehörst zu der bessern Sorte — — und ich hab' dir schon gesagt, wie sehr du mir gelegen kommst! — Soll's denn das lebendige Wort sein, gut, wir beide wollen uns damit regaliren! Du genügst mir — und an mir wird's nicht fehlen! — Du repräsentirst für mich die Menschheit, die ich geflohen habe, und alle Neigung, die ich ihr hätte zuwenden sollen, will ich auf dich übertragen!"

Der Blick, den er bei diesen Worten auf mich rich=

tete, schien mir hinter seiner Freundlichkeit auch eine Drohung zu verbergen. Ich hatte eine Ahnung, daß die Unterhaltungen mit ihm nicht immer so wohl verlaufen möchten wie die heutige, und daß die Repräsentation der Menschheit ihm gegenüber ihre Dornen haben möchte!

Für heute kam es zu keinem beachtenswerthen Gespräch mehr. Er zeigte mir sein Haus, und der Abend mahnte mich zur Heimkehr. Beim Abschied drückte er mir die Hand und rief: „Komm bald wieder!"

Zweites Gespräch.

An einem der nächsten Tage überraschte mich Victor mit seinem Gegenbesuch, auf den ich nicht gerechnet hatte. Er sah mein Haus, lobte die Einrichtung, erging sich mit Anstand über verschiedene Themata, wie der Moment sie bot, und empfahl sich, indem er seine Einladung wiederholte.

Zu meinem zweiten Besuch wählte ich mir einen sehr angenehmen Tag. Wir konnten im Freien sitzen — in dem gegen das Dorf hin sich absenkenden Blumengarten vor dem Schloßhof. Eben die Schönheit der Umgebung und das behagliche Gefühl des Landlebens brachte den Freund wieder auf seinen Rückzug aus der Welt, auf die Charakteristik der Menschen, und er sagte: „Ich möchte nicht übertreiben. Wenn ich aber so überlege, wie schlecht im Grunde die Menschen sind — wenn ihre Denkart und ihr Benehmen mir so recht lebhaft wieder vor die Seele tritt, dann erfaßt mich ein wahres Staunen. Eine unglaubliche Möglichkeit ist in ihnen verwirklich! Man könnte einen Preis darauf setzen, sie schlechter zu machen — niemand würde ihn gewinnen!"

Ich konnte nicht umhin, über die Bemerkung zu lachen. Er fuhr fort: „Sie könnten bösartiger, diabolischer sein — allerdings! Aber dann wären sie respectabler! Um ebenso erbärmlich zu sein, wie sie sind, mußte ihre Bosheit nothwendig durch den Zusatz von Bornirtheit und Schwäche gedämpft werden, den wir thatsächlich in ihnen antreffen!"

„Du bist ein raffinirter Ankläger!" entgegnete ich.

„Ich spreche nur gewissenhaft aus, was ich klar mit meinen Augen gesehen habe und sehe! — — Lassen wir die Exemplare beiseite, die im Zuchthause sitzen oder zu sitzen verdienten — — es ist eine stattliche Zahl?"

„Das wohl —"

„Sie gehen mich nichts an! Die Diebe, die Räuber und Mörder, die ehrlosen Betrüger, die niederträchtigen Hunde, die infamen Schweine kann jeder für schlecht erklären! — Ich weise die Schlechtigkeit nach an den Anständigen — an den Guten, ja an den Besten!"

„Das muß ich sagen!" rief ich, nicht ohne einen gewissen Verdruß, den ich empfand, merken zu lassen.

„Zunächst", fuhr er fort, indem sein Auge zu funkeln begann, — „jeder ist Egoist! Jeder! Es gibt keine Ausnahme! — Jeder nimmt an, daß es ihm in der Welt so gut als möglich gehen müsse, daß es aber andern gar wol so schlecht als möglich gehen könne. Und da-

nach handelt er. Wenn er nun die Hand ausstreckt nach
dem Vortheil, thut er nur was ihm zusteht! Wenn
er den Concurrenten beiseiteschiebt, erfüllt er seine Pflicht! —
Und so bietet uns auch das gesittetste menschliche Leben
nichts als das Schauspiel eines Kriegs aller gegen alle!"

„In gewisser Beziehung", entgegnete ich, „ist das
wahr. Aber es ist dergestalt in der Natur der Dinge
begründet —"

„Wird's dadurch besser?" versetzte er. Und mit
einem geringschätzigen Ausdruck fuhr er fort: „Den
Oberflächlichen mag der Wirrwarr dieses Handgemenges
ergötzen, unsereinen betrübt er und ekelt er an. — O,
es sind ausgezeichnete Menschen! Gute Gatten, gute
Väter, treffliche Freunde! Sie thun ihre Pflicht — weil
sie müssen! Sie vertragen sich untereinander — weil
sie nicht anders können! Dabei haben sie aber die Eigen=
heit, daß ihnen an andern verächtlich, verwerflich er=
scheint, was sie an sich selber bewundernswürdig und
rühmlich finden. Der eine sieht, wie der andere sich
etwas anmaßt — er ist empört. Er maßt sich selber
etwas an — er hat ein glückliches und stolzes Gefühl.
Ist ihm damit nicht der Beweis gegeben, daß der andere
unrecht hat, er dagegen recht? Kann sein Gefühl ihn
täuschen? — Ich habe Menschen gekannt, die vom Den=
ken Profession machten und denen es doch nicht einmal
eingefallen ist, die Beweiskraft dieser ihrer stupiden Ge=
fühle zu beanstanden!"

Ich schwieg und zuckte die Achsel. Er schien den Ausdruck für Zustimmung zu nehmen und fuhr fort: „Daß die Menschen selbstsüchtig handeln, das wundert mich nicht — es ist ihnen angeboren. Daß sie aber, wenn sie es thun, keine Ahnung davon haben und ihre Gemeinheit, blos weil sie ihnen mundet, für Tugend halten, das könnte man doch einigermaßen befremdlich finden! — Alles ist gut, was dem Betreffenden gut schmeckt! Das ist der große Grundsatz!"

„Lieber Freund", entgegnete ich, „du bezeichnest Thorheiten und Verkehrtheiten, die allerdings vorkommen! Aber du ignorirst das Gute in den Menschen! — Betrachte sie einmal in Situationen, wo die bessern Regungen zu Tage treten; z. B. wenn sie zusammenkommen, sich zu unterhalten!"

Ein Blick des Erstaunens war die Antwort. „Wenn die Menschen zusammenkommen, um sich zu unterhalten", rief er, „da kommt ihr Gutes zum Vorschein? Ich habe gefunden, daß sie eben hier eclatante Schlechtigkeit bemerken lassen!"

„Geh doch", rief ich unwillig.

„Halt, mein Freund", erwiderte er. „Prüfen wir genau — und betrachten wir den normalen Verlauf! — Man kommt zusammen und beginnt damit, sich Artigkeiten zu sagen."

„Und das ist freundlich!" bemerkte ich.

„Aber die Artigkeiten sind gelogen!" rief er mir entegen. — „Der Beste würde sich hüten, das, was die Junge spricht, zu beschwören; und die meisten werden on dem, was sie sagen, das gerade Gegentheil denken!"

„Um so gütiger ist ihr Benehmen!"

„Und um so schädlicher sind die Wirkungen! — Man äuscht den andern zugleich über die Gesinnung gegen ihn und über seinen Werth. Man macht ihn auf einen Moment glücklich und für die Dauer, so weit es auf den Höflichen ankommt, zum Narren. Das ist allerdings sehr gütig!"

Ich hatte meine Gedanken und sah heiter für mich hin. Er betrachtete mich und rief: „Was bedeutet das leise Lächeln? Stellst du den verdummenden Effect dieser Artigkeiten in Zweifel? Er ist mit Händen zu greifen! Jeder, der seinerseits den andern mit bestem Wissen belügt, schenkt dennoch der höflichen Gegenlüge Glauben und läßt sich von ihr ergötzen, ja stolz machen. Eine geradezu unbegreifliche Schwäche, die uns aber an tausend Beispielen entgegentritt — in der Gesellschaft, wo die Menschen so gut sind!"

„Ob es eine so schlimme Sache ist", erwiderte ich, „in einer angenehmen Täuschung befangen zu bleiben, das fragt sich noch! Unter allen Umständen bleibt aber meine Behauptung stehen. Man kommt zusammen, um sich durch wechselseitige Freundlichkeit wohlzuthun: es geschieht, und es gelingt!"

„Schön", erwiderte er. „Indessen entspinnt sich ein Gespräch, und es werden darin entgegengesetzte Meinun=

gen laut. Was bemerken wir in diesem Fall? Daß de[r] eine das Recht und die Ehre des andern wahrnimmt[?] Vielmehr, daß er den Beweis zu führen strebt, er selber s[ei] der Gescheite, der andere der Dummkopf; daß er alle Seg[el] aufspannt, der Gesellschaft dies Verhältniß so klar als mög[]lich zu machen und sein Opfer unauslöschlich zu blamiren!"

„Das ist, von dem starken Ausdruck abgesehen, natü[r]lich", wendete ich ein. „Ein solches Gespräch ist ei[n] Kampf, und da muß jeder nach dem Siege trachten!"

„Aber die Mittel", versetzte er, „wodurch er de[n] Sieg herbeizuführen sucht, sind nicht immer natürlic[h,] am wenigsten immer anständig! — Der Vortheil ist auc[h] hier auf seiten des Gewissenlosen. Dieser verdreht de[n] andern das Wort im Munde, gewährt den Zuhörer[n] durch boshaften Witz die Genugthuung der Schadenfreude[,] bekommt, wie man zu sagen pflegt, die Lacher auf sein[e] Seite — und steht als Triumphator vor dem Beschäm[]ten. Je perfider er dem Redlichen gegenüber manipulirt[,] um so gewisser ist ihm der Sieg. — O", rief er, indem ein Blick des Zorns ihm aus dem Auge ging und un[]willkürlich seine Faust sich ballte, „ich habe Disputer[n] und Triumphen beigewohnt, wo ich einen Stock hätte nehmen und mich an dem Hund von Sieger und an der Canaille, die ihm Beifall zollte, müde hätte prügeln mögen! — Der Frechheit, der Malice, der Büberei ge[]hört das Publikum in der Gesellschaft!"

„Du regst dich auf", rief ich.

„Ich will's!" entgegnete er entrüstet. „Wen der
Gedanke des siegenden Unrechts kalt läßt, der ist ein
Nicht!" — Nach einer Weile fuhr er fort: „Einander
gelten lassen zum Schein; aber wenn's ein bischen ernst
wird, sich gegenseitig womöglich an den Pranger stellen,
das ist der Brauch in den Versammlungen, wo man so
gut ist! — Ich habe die Menschen in der Gesellschaft
nur dann wahrhaft glücklich und harmonisch gefunden,
wenn es galt, einen Abwesenden zu lästern. Da trug
allerdings jeder seinen Stein zu dem Gebäude des Hohns
mit Eifer bei! Da lauschten alle begierig der neuen
boshaften Kunde! Sicherheit glänzte aus den Mienen,
wenn die Pfeile so consequent ihre Richtung hinaus in
die Ferne nahmen, und die Gefühle der Kameradschaft
erhöhten sich zu förmlicher Zärtlichkeit! Sie waren tief
zufrieden alle — und wirklich Ein Herz und Eine Seele!"

„Ich", versetzte ich nach einem Moment, „habe die
Menschen auch schon so warm und einig gesehen im Lobe
eines Abwesenden!"

„Mag sein", entgegnete er. „Ging's aber auch so
von Herzen? War die Befriedigung so tief, das Glück
so innig, wie bei der Verurtheilung und Beschimpfung?
Ließen die Leute jenes Entzücken, jene Zuckungen der
Herzenswollust bemerken, wie sie hier vorzukommen pfle=
gen? Ich zweifle sehr! Das Lob anderer widersteht
uns bald und klingt dann als Phrase ins Ohr. Der
Hohn aber mundet uns, wie dem echten Zecher der

Wein: er wird nur um so erquickender, je länger
fließt!"

„In Gottes Namen!" rief ich. — „Wenn's so i[st]
können wir's nicht ändern!"

„Ich will's auch nicht ändern", entgegnete er, -
„ich will's nur constatiren und strafen! — — Die B[e]
deutung, welche die Absprecherei und die höhnende Ve[r]
dammung anderer für die Menschen hat, charakteris[irt]
das Geschlecht. Sie können nicht existiren ohne si[e.]
Wenn man's einrichten könnte, daß sie acht Tage la[ng]
ohne diese Ergötzung bleiben müßten — sämmtliche B[e]
wohner unsers Planeten würden vor Langeweile berst[en]
— und der Erdboden wäre mit Leichen bedeckt!"

Die kolossale Vorstellung imponirte mir, — u[nd]
ich schwieg. Victor sah mich an, nickte und sagt[e]
„Du gibst die Vertheidigung auf — und du thu[st]
wohl daran! Mit Menschen umzugehen, muß man eben[so]
frivol sein wie sie, oder dummgläubig und blind. Ler[nt]
man sie durchschauen, dann ist's aus. Wenn sie nic[ht]
in Bosheit activ sind, werden sie nichtig — über al[le]
Begriffe hohl und leer! Und die Besten —"

„Die Besten?" rief ich, als er ein wenig innehiel[t.]

„Sind faul, bequem, ziehen sich in sich selbst zurüc[k,]
behalten alles, was einigen Werth hätte, für sich un[d]
geben in der Gesellschaft die Rechenpfennige des Alltag[s]
gewäsches aus gerade wie die Geistlosen! Ich habe zw[i]
schen den Schlechtesten und den Besten selten viel U[n]

erschied bemerkt. Die Seichten haben wirkliches Interesse
an Lappalien, die Gescheiten, die sich der Mehrheit
fügen, affectiren es — das ist die Verschiedenheit. Ich
frage: wann lassen sich die kenntnißreichen, fähigen
Köpfe herbei, das Gespräch zu beherrschen, dem genuß=
süchtigen Pack etwas zuzumuthen und die Bessern im
geselligen Verkehr angenehm zu belehren? Wann thei=
len sie aus der Fülle ihres Reichthums mit, was uns
erfreuen und nützen müßte? Sie fürchten die Perlen
vor die Schweine zu werfen und ziehen es vor, grun=
zend mit diesen im Tageskehricht herumzuwühlen! Man
ißt und trinkt oder man frißt und säuft, man lügt, hechelt,
witzelt und faselt; die Zeit vergeht, der Hauptzweck ist
erreicht — man geht nach Hause und ist froh, das Ver=
gnügen hinter sich zu haben. — — Der Vernünftige
sieht ein, daß er besser thut, lieber gleich zu Hause zu
bleiben!"

Einen Redner, der sich selber gern hört, durch eine
Einwendung zu unterbrechen, ist nicht gerathen. Ich
schien mit dem Gesagten einverstanden, und er fuhr fort:
„Wenn aber alle bisherigen Widerlichkeiten der Gesell=
schaft unvermögend gewesen wären, mich in die Flucht
zu schlagen — der ärgsten Pein, die ich darin erfuhr,
hätte ich doch endlich weichen müssen!"

„Der ärgsten Pein?" versetzte ich. „Was schuf sie
dir?"

„Der unerträgliche Zwang der guten Lebensart!"

erwiderte er höchst ernsthaft. — „Du siehst, wie ich bin und wie ich zu sein mich rühme! Jedes Unrecht, das ich sehe, versetzt mir einen Stich ins Herz! Die Dummheit, die ich höre, gibt mir eine Ohrfeige! Die Albernheit, die mit Frechheit gepaart auftritt, macht mich rasend. Und nun mitten in dem Haufen zu stehen, der in Dummheit und Bosheit arbeitet! — — Der Esel demonstrirt; ich fühle ein unendliches Verlangen, ihm zu sagen: Herr, Sie sind ein Esel! — und ich darf es nicht! Der Bube schmäht; ich möchte ihn nehmen, zu Boden werfen und ihn mit Fußtritten regaliren — es geht nicht an! Die Gans reckt den Hals gegen mich und schnattert; ich gerathe in Verzweiflung; es drängt mich auszurufen: Lassen Sie mich gehen, Sie sind eine Gans! — und ich muß es unterlassen!"

„Nun", erwiderte ich — „zuweilen kommt's doch vor, daß man's einer wenigstens andeutet!"

„Nun ja!" entgegnete er, nicht ohne Schmunzeln. „Man kann's auch dem Esel und dem Buben zuweilen andeuten, ja ins Gesicht sagen, daß er's ist. Aber allen? Dieser Arbeit wären Halbgötter nicht gewachsen! — Der Mensch, der arme, schwache Sterbliche, erwägt seine Kräfte, seine Zeit — und zieht sich zurück!"

Er hatte sich bei den letzten Worten erhoben. Wir gingen in den Hof zurück. Hier sagte der Einsiedler: „Ich habe mich von den Menschen zurückgezogen, um mich durch den Umgang mit bessern Geschöpfen zu ent-

(schädigen! — Achill!" rief er einem großen, schöngebau=
ten Hunde zu, der bei einem Diener stand und der Ar=
beit desselben aufmerksam zu folgen schien. Der Hund
lief wedelnd herbei, sprang an ihm hinauf und schmiegte
sich liebkosend an ihn. „Sieh diesen Burschen!" rief
er. „Wie schön seine Gestalt, wie treu der Blick seiner
Augen, wie echt die Freude, von mir gestreichelt zu wer=
den! Er winselt vor Lust! — Und er bewacht mein
Haus, er ziert meinen Hof — kann er sich nicht bekla=
gen, daß wir das schlechteste Exemplar von einem Men=
schen mit seinem Namen belegen?"

„Dafür hast du ihm den Namen des schönsten Men=
schenideals gegeben", bemerkte ich.

„Den verdient er auch", erwiderte er. „Er ist
muthig mit Leidenschaft, schnellfüßiger Renner und All=
zeiger im Streit!"

Er gab dem Liebling einige zärtliche Schläge mit der
flachen Hand und sagte zu mir: „Laß uns weiter
gehen!"

Schweigend führte er mich in die Schweizerei, wo
denen gefüttert wurde. Wir gingen den mittlern Gang
hin, und er sagte: „Sieh diese Thiere! Hier die
Ochsen und Stiere — dort die Kühe! Schau, wie sie
essen; wie es ihnen schmeckt; wie wohl sie sich fühlen,
und wie ehrlich sie ihr Vergnügen an den Tag legen!
Ist's nicht liebenswürdiges Rindvieh? Und man darf
ihnen diesen Namen geben ohne die geringste Gefährde!

— He, Ochs", rief er einem der stattlichsten Exemplare zu, indem er ihm einen Stoß gab. Das Thier, das eben seine Portion verschlungen hatte, erhob den Kopf, glotzte ihn an, streckte die Zunge und leckte sich behaglich Maul und Nase. „Siehst du", fuhr er fort, „weit entfernt, meinen Zuruf übel zu nehmen, scheint er sich im Gegentheil dadurch geehrt zu fühlen! Er behauptet eine olympische Ruhe und läßt auch mich in Ruhe! Wie hoch steht er über seinen Brüdern in der menschlichen Gesellschaft!"

Es war unmöglich, bei dieser Posse ernsthaft zu bleiben.

Wir traten heraus. Vor dem offenen Thor der Scheune trieb sich eine Anzahl von Sperlingen herum, die mit Eifer Körner pickten. Victor ging mit mir in ihre Nähe, was sie keineswegs beirrte. „Auch sie gehören zu den Meinen!" sagte er. „Es sind Gäste! — Schau, wie gierig sie sind — wie keck und wie unverschämt! Aber es steht ihnen an! Es sind ergötzliche Taugenichtse, lustige Tagediebe! — Was von den frechen Spatzen unter den Menschen keineswegs zu sagen ist!"

„Ich liebe die Thiere", fuhr er weiter gehend fort. „Sie sind, was sie sein sollen; und wo's fehlt, können wir ihnen und in anderm Sinne uns selber helfen. Auch unter ihnen ist ein Unterschied. Es gibt Ungeziefer, das uns belästigt; aber wir haben gegen sie das Recht über Leben und Tod und können es vernichten. Wir tilgen die Ratten und die Mäuse, die Bremsen und die Hornissen u. s. w.; — die gerechte Entrüstung über die Störenfriede kann sich genugthun! Wenn wir uns aber ähnlich helfen wollten gegen das Ungeziefer des Menschengeschlechts, man würde Mord und Zeter schreien, und es würde unsinnige Weiterungen nach sich ziehen!"

Ich zuckte lachend die Achsel. Er, mit Humor, setzte hinzu: „Du begreifst endlich, warum ich mich in die Sphäre zurückzog, wo ich nach meiner Neigung verfahren kann! — Ein Bauer zu werden, lieber Freund, das ist meine Rettung gewesen; und ich danke meinem Schöpfer täglich, daß mir dieses Los vorbehalten war."

Auf eine solche Erklärung war nichts zu entgegnen. Ich stimmte zu, pries ihn glücklich, und er führte mich zu Tische.

Drittes Gespräch.

Die nächste Zusammenkunft fand an einem lauen, trüben Tage statt. Ein solches Wetter hat seinen eigenen Reiz. Die feuchte Wärme verheißt ein fruchtbares Jahr, und die Phantasie, durch die Grundlagen erregt, genießt die künftigen Ernten im voraus. Die Natur waltet in geheimnißvollem Brüten, welches die Keime und Anfänge zu glänzendem Leben der Schönheit entfalten wird. Der Landmann hat das Gefühl zu hoffenden reichen Segens.

Ich traf den Freund auf seiner Stube in bester Stimmung. Er schüttelte mir die Hand und schaute mir ins Gesicht.

„Du bist vergnügt!" sagte ich.

„Ich fühle mich wohl", erwiderte er, „und ich genieße mein Dasein. — Es ist eine wahre Freude, ein Gut eingerichtet zu haben wie ich das meine, sobaß es an der Schnur geht. Ich habe brave Leute vom Verwalter an bis herab zum Hirtenjungen. Natürlich! Ich bezahle und halte sie gut, und sie sind brav, weil sie's nirgends besser bekommen als bei mir. Das Motiv kümmert mich aber gar nicht: wenn sie nur sind, wie ich sie haben will! Ich liebe die Ordnung und den Anstand um mich herum — den ruhigen Gang, den zufriedenen Gehorsam — und alles das hab' ich. Meine Leute, wie dir nicht entgangen sein wird, haben Respect vor mir —"

Ich lächelte. „Allerdings", versetzte ich.

„Und zugleich wahre Anhänglichkeit! — Sie würden für mich durchs Feuer gehen!"

„Ich bin's überzeugt!" entgegnete ich. — „In deiner nächsten Nähe", fuhr ich, ihn ansehend, fort, „scheinen die Menschen fast wirklich gut zu sein?"

„Aus guten Gründen", entgegnete er lachend. — „Die Menschen sind gut, wenn sie dem Thierreich näher stehen und von einem überlegenen Willen richtig geleitet werden. Ich behandle sie großmüthig — glücklicherweise kann ich's! — und wenn ich einem gelegentlich einen Dummkopf an den Kopf werfe, so weiß er, daß es nicht bös gemeint ist!"

„Bah!" versetzte ich. „Kräftige Aeußerung eines natürlichen Gefühls!"

Er lächelte. Dann sagte er ernsthaft: „Es kommt aber selten vor; ich beleidige nicht gern, wo man sich nicht wehren kann! — Ist im Grund auch nur selten nöthig!"

„Du lebst eigentlich wie ein Patriarch!" bemerkte ich.

„Auf moderne Manier!" ergänzte er. — „Auch die Bauern, obwol die Herrschaft über sie verloren gegangen ist, halt' ich noch an gewissen Fäden. Sie sind mir zugethan — und mir ein geradezu angenehmes Volk!"

„Du hast für sie eine Vorliebe!"

„Es ist natürlich. Die Leute gehen einen gesetzlichen Gang — den Gang der Natur. Sie sind beschränkt; aber was sie verstehen, das verstehen sie recht. Sie wollen nicht alles wissen und sprechen um so besser über das, was sie können. Wenn frühere Poeten idyllisch über sie gefabelt haben, so macht ihr Leben und Treiben gleichwol den Eindruck einer Idylle, nur einer kräftigern und derbern, als jene guten Herren sich's träumen zu müssen glaubten. Die Aeußerungen menschlicher Leidenschaften, die unter ihnen alle vorkommen, haben etwas bewußtlos Frisches und relativ Unschuldiges; die Offenbarungen menschlicher Gemeinheit haben etwas Komisches und Ergötzliches. Es ist für mich ein Schauspiel, das ich gern betrachte!"

„Die Leute", erwiderte ich, „rivalisiren nur unter sich und nicht auch mit dir! Sie lassen dich droben in Ruhe, und du kannst behaglich auf sie heruntersehen!"

„Weislich erklärt!" versetzte er. „Doch möcht' ich behaupten, sie sind in ihrer Art wirklich besser als die sogenannten Gebildeten. Sie haben nicht den dummen Ehrgeiz im geselligen Verkehr; wenigstens ist er nicht so raffinirt. Dort ist alles zugespitzt — und nicht selten ist die Spitze vergiftet. Sie haben dort auch viel mehr Zeit, andern unangenehm zu werden, als hier, wo sie, unter der Last ihrer Arbeit keuchend, gut thun müssen."

Er versank in Nachdenken. Dann, wie von einer Vorstellung aufgeregt, rief er: „Was haben mir die Leute — ich meine die gebildeten — für Aerger bereitet! — Sie verleugnen ihre Natur auch nicht bei Kleinigkeiten! — Ihre Harmlosigkeit — ihre Freundlichkeit hat noch etwas Bösartiges!"

„Lieber Freund", entgegnete ich, vor der Wendung des Gesprächs mich sträubend.

„Es ist eine verwünschte Rasse!" fuhr er mit dem Tone des Verdrusses fort.

„Lassen wir sie!"

Er betrachtete mich, eine gewisse Schadenfreude ging in seinem Gesichte auf, und er fuhr entschlossen fort: „Ist es dir nie aufgefallen, wie die Menschen eben die wohlfeilsten Gelegenheiten benutzen, sich über andere zu erheben und sich im Traum einer eingebildeten Superiorität zu wiegen?"

„Um das zu bemerken", erwiderte ich mit einem Blick auf ihn, „braucht man nicht eben in große Städte zu gehen!"

Er lächelte boshaft. Dann sagte er: „Fassen wir einige Exemplare ins Auge! — Ein Kerl ohne Ideen, der nur anderer Leute Bücher gelesen hat, kann dich fragen, ob du eine gewisse Ausgabe eines gewissen alten Schmökers kennst. Wenn du darauf mit Nein antwortest, dann bist du für ihn ein Ignorant und in seinem Gesichte beginnt ein so boshaft selbstgefälliges Lächeln zu glitzern, daß du ihm Ohrfeigen geben möchtest!

„Kann vorkommen!" erwiderte ich.

„Ein Geck sieht, daß dein Rock nicht so modern ist wie der seine — er betrachtet dich mit einer Miene des Triumphs und der Geringschätzung. — Ein Bursche, der zwei Zoll größer ist als du, sieht auf dich herab wie auf einen Zwerg. Ein Lümmel, der sich plumpe Glieder angefüttert hat, erklärt dich, weil du schlanker bist als er, für einen Schneider oder für einen Hering!"

„Meinetwegen!" rief ich. „Ich für meine Person mache mir nicht das mindeste daraus!"

„Kommst du in eine Gesellschaft von Säufern, so wird jeder, der sechs Maß durch die Gurgel schüttet, einen Blick des Mitleids auf dich richten, wenn du nur bei einer bleibst. Sind sie unternehmend, so werden sie dich quälen, noch eine und dann wieder eine zu trinken; und wenn sie dich taumeln sehen, werden sie glückselig lächeln und über den jämmerlichen Gesellen mit erhabenem Selbstgefühl die Achsel zucken."

„Natürlich", rief ich. „Jeder freut sich seiner Stärke!"

„Wenn du nicht wohl bist und in Gesellschaft Wasser trinkst, so wird jeder, der Wein säuft, dich mit Verachtung, wo nicht gar mit Indignation ansehen!"

„Und wenn ich verständig bin, werd' ich ihn aus=
lachen!"

„Wenn du Recht und Gerechtigkeit liebst, wird es
dich vielmehr wüthend machen!" rief er mir entgegen.
— „Hier haben wir die klare menschliche Gemeinheit!
Ein Unglück — die Krankheit — wird behandelt, als
ob's ein Verbrechen wäre! Es ist niederträchtig von den
gesunden Lümmeln, in so stupider Empörung sich aufzu=
recken, und sie verdienten dafür geprügelt und die Treppe
hinuntergeworfen zu werden!"

Er war unwillkürlich aufgestanden und ging erregt,
mit einer Röthe des Zorns, auf und ab. Ich enthielt
mich kaum des Lachens.

„In ihren gewöhnlichen Reden, in ihren Phrasen",
fuhr er fort, „offenbaren sie ihre dumme Ungerechtigkeit;
— natürlich, ohne zu wissen was sie thun! Wenn du
schlecht aussiehst und einem sogenannten Freund auf Be=
fragen erklärst, du seist unpäßlich, kann dir der Kerl
entgegnen: «Aber was machen Sie denn?» Machen!
Verfluchte Bestie! Wenn man das machen könnte, würde
man's anders machen! Aber du willst haben, daß ich
an meinem Leiden selber schuld sei, Hund von einem
Bekannten. Du willst mir einen Vorwurf machen kön=
nen, Auswurf der Menschheit — du willst anklagen, wo
du beklagen solltest!"

„Victor!" entgegnete ich; — „sei doch klug!"

Er hörte nicht mehr auf mich und ließ dem Strom,

der überwallte, freien Lauf. „Sie benutzen sogar die Tugend, um böse zu werden und ihrem erbärmlichen Hoffartskitzel zu fröhnen! Was gibt es Schöneres als menschlichen Antheil an dem Geschick anderer, als Mitleid? Erzähl' aber einem Frauenzimmer von einer gewissen Sorte den Unfall eines ihrer Bekannten, und sie wird ausrufen: «Der arme Mensch!» mit dem Ton und der Miene eines Bedauerns, das von der innigsten Hoffart durchdrungen ist. Die Vorstellung des Unfalls hat nichts bewirkt, als daß sie den Betroffenen unter sich erblickt und in schadenfrohem Beileid sich selbst genießt. Manche gewöhnen sich diese albernen Ausrufungen so an, daß sie sich ihrer bei den kleinsten Anlässen bedienen, und wenn dich eine Mücke gestochen hat, dich mit ihrem Erbarmen beschütten."

„Wenn auch!" rief ich mit Ungeduld.

Er, ohne darauf zu achten, fuhr fort: „Was gibt es Schöneres, als Gastfreundschaft, gütigen Empfang in einem geselligen Hause? Aber die Prätension benutzt die Sitte, um die Menschen egoistisch zu quälen und zu verbrauchen. Eine Dame, die ein Haus macht, ladet dich ein, bei ihren Abendthees zu erscheinen. Du hast weder Neigung noch Zeit und verschiebst es. Bei dem nächsten Zusammentreffen wird sie schon ziemlich unangenehm. «Wir haben noch nicht die Ehre gehabt? — So kommen Sie doch endlich einmal!» — Du gehst hin, und es gelingt dir, das Gespräch zu beleben. Du kommst wieder und erneuerst den Versuch mit demselben Glück. Nun glaubst du die nächste Zeit anderer Unterhaltung widmen zu dürfen. Aber das ist nicht die Ansicht der Donna! Sie begegnet dir einige Tage später und sagt: «Wirklich! Sie sind noch am Leben? Ich hätt's beinahe nicht geglaubt! Warum hat man denn gar nicht mehr das Vergnügen? Lassen Sie sich doch wieder einmal sehen!» — Ein Wort drängt sich dir auf die Lippe, das du nicht aussprechen darfst! Du denkst es; aber das kann deine Empörung nicht stillen. Während du nun in verhaltener Wuth ein Gesicht schneidest, ruft sie dir mit der Miene einer Gebieterin zu: «Also morgen!» und geht mit Hoheit von dannen. — Man möchte ihr einen Stein nachwerfen!"

Ich lachte — halb widerwillig. Dann sagte ich: „Wenn du diese Dinge so genau im Gedächtniß behalten hast, dann müssen sie dir ja bedeutend erschienen sein!"

„Das sind sie auch", war die Antwort.

„Dann", fuhr ich fort, „läßt aber das auf eine fast unglaubliche Verletzlichkeit schließen! — Wer wird derlei Tröbel so hoch aufnehmen?"

„Derjenige", erwiderte er mit strengem Blick, „den Unrecht und Anmaßung kränken, wie und wo sie ihm entgegentreten, weil er immer vor Augen hat, was sein sollte!"

„Es ist noch sehr die Frage", entgegnete ich, „ob's

anders sein soll in diesem Leben! — Wir müssen's er=
tragen lernen!"

„Ich hab's ertragen!"

„Aber zu viel daraus gemacht!"

„Nicht um ein Atom! — Eben weil man dergleichen
einfältigerweise als Kleinigkeiten in den Kauf nimmt
und sich anstellt, als ob es nichts wäre, stech' ich's auf
und leg' es bloß! Wird etwa die Dummdreistigkeit da=
durch besser, daß sie sich täglich auf allen Punkten dieser
Erde wiederholt? Verdient sie weniger Strafe, weil sie
gewöhnlich ist? Im Gegentheil! Eben in ihrer Tri=
vialität, welche das richtende Gewissen stumpf macht,
liegt ihre Gefahr, und es ist Pflicht des Scharfsichtigen, sie
aufzuspießen und sie den Blinden unter die Nase zu stoßen!"

„Ein Geschäft, worüber man, wenn man es so grim=
mig betreibt, das bessere, und mit diesem den höhern
Gewinn versäumt!"

„Worin besteht dieser?"

„In der Anschauung des Liebenswürdigen und Schö=
nen, das an denselben Personen wieder hervortreten kann,
die wegen einiger Menschlichkeiten von dir bereits zu
Verbrechern gestempelt sind! Nimmst du die unbedeu=
tenden Schrullen an ihnen so hart auf, so werden die
Leute dir odiös; siehst du darüber hinweg, so enthüllen
sie dir zum Lohn ihre guten und schönen Eigenschaften.
Und wenn du deinen Scharfblick auch darauf richtest,
wirst du eine ganz andere Ernte machen!"

„Es ist seltsam", erwiderte er. „Ich habe von diesen schönen Dingen so wenig bemerkt! — Ich muß Unglück gehabt haben!"

„Wer in guter Absicht eine Zeit lang mit Menschen umgeht —"

„Der wird auch allerlei Gutes wahrnehmen! — Das versteht sich von selbst. Denn etwas davon müssen die Leute natürlich in sich haben, sonst könnten sie gar nicht existiren, also auch nicht schlecht sein. Ich leugne dieses gute Beiwerk nicht; aber ich leugne, daß es einem denkenden Menschen Vergnügen machen kann! — Warum nicht? Weil es jeden Augenblick in sein Gegentheil umzuschlagen bereit ist und wirklich umschlägt! Freue dich nur der dankbaren Anerkennung, die man deiner Unterhaltungsgabe zollt; bist du ein und das andere mal nicht in der Laune, so wird man dich für einen ennuyanten Gesellen erklären. Freue dich nur des gütigen Blicks aus schönem Aug! Eine unvorsichtige Rede, welche die Title verdrießt, und von demselben Bogen schnellen vergiftete Pfeile gegen dich! Entweder Langeweile oder Händel! Man läuft umeinander herum und wird sich nichts und fühlt im besten Fall, daß man sich schicklicherweise noch unendlich viel mehr werden könnte und sollte. Oder man sitzt unter empfindlichen reizbaren Gesellen wie zwischen Pulverfäßchen. Ein Funke, der hineinspringt, und sie gehen los und fahren mit dir in die Luft. Balgerei aus den dümmsten Gründen und noch dazu im

Namen der Ehre! — Wer das und noch mehr erfahren hat, wie ich, der darf's endlich satt haben, und er wäre berechtigt, sich nicht nur aus der Gesellschaft, sondern aus dem Leben selber hinauszuwünschen! — Ach!" schloß er mit einem tiefen Seufzer, — „hinweg mit den verwünschten Bildern!"

Er sah mich an. „Gehen wir in den Garten und aufs Feld hinaus", sagte er dann, „und laufen wir uns zum Mittagessen noch einigen Appetit herbei! — Wie sind wir nur wieder auf dieses leidige Thema gekommen? — Welcher böse Dämon —? Man wird's nicht los! Entgeht man dem Unsinn durch die Flucht, dann trägt man ihn im Kopfe mit fort. — Zum Henker damit!"

Er ging voran; ich folgte kopfschüttelnd.

Viertes Gespräch.

Der Mai kam in seiner ganzen Lieblichkeit. Die Blumen blühten und die Vögel sangen, Insekten schwirrten und summsten, Buben wälzten sich im Gras und jauchzten, und trotz des frohen Lärms hatten die sonnigen Tage jene holde Stille, bei der wir so gern in den Traum der Natur versinken und in süßer Gelassenheit die ganze Welt glücklich fühlen.

Es war mir interessant und lieb, daß ich in diesen Tagen Victor wiederholt besuchte, ohne daß er seinem friedenstörenden Hange folgte. Er streifte mit mir in Feld und Wald umher, plauderte mit den Landleuten und gefiel sich darin, zu dem Gange der Natur und der Landwirthschaft Anmerkungen zu machen, die sich eben auch nicht durch besondere Neuheit auszeichneten. Bei gewissen Vorfällen, wo dieser und jener seiner Leute sich eine Blöße gab, lächelte er drohend; aber er ließ Gnade für Recht ergehen. Er freute sich mit den Fröhlichen und streichelte seine Lieblingsthiere, den Hund Achill und sein schönes Reitpferd Hektor, mit behaglicher Zärtlichkeit.

Aber Friede und Freude können in diesem Leben nicht dauern. Die Wiederkehr des Reizenden stumpft unsere Empfänglichkeit dafür, und aus der Gleichgültigkeit erzeugt sich eine Oede des Gefühls, wo die bösen Geister wieder ihr Spiel haben.

Bei einem neuen Besuch überraschte mich auf dem Wege ein Gewitter. Ich ließ den ärgsten Sturm in einem Dorfwirthshaus vorübergehen, das ich glücklich noch erreichte, und fuhr zum „Kloster" (wie wir das Schloß zu nennen liebten!) auf einem soliden Landwagen. Victor war in der Bibliothek; er saß am Pult, ein Buch vor sich. Als ich ihn grüßte, hellte seine trübe Miene sich nur flüchtig auf; — melancholisch sah er mir ins Auge.

„Was liest du?" fragte ich. „Es scheint mir nicht ganz angenehm zu sein!"

„Einen Philosophen!" war die Antwort, „den Schopenhauer!"

„Das ist freilich kein Mittel zur Aufheiterung!" entgegnete ich lächelnd.

Er nickte zustimmend. „Aber zur Genugthuung!" versetzte er dann ernsthaft. — „Von Zeit zu Zeit nehm' ich ihn gern wieder vor! Seine Ansicht ist beschränkt und trostlos, aber das jetzige Dasein schildert er mit wohlthuender Grausamkeit. Scharfsichtigkeit und ein gewisses Rachegefühl geben ihm wahrhaft geniale Wendungen ein. Er ist hier ein Urmensch und erinnert an Luther — an Shakspeare in seinen tiefsinnigsten Aussprüchen!"

„Das geb' ich zu", erwiderte ich, — „die Leidenschaft drückt sich immer genial aus! — Aber er ist einseitig und hat etwas Gehässiges!"

„Das schadet ihm bei mir nichts", versetzte jener.

„Er sieht nur das Ueble", fuhr ich fort, „das er sehen will und aufsucht; nicht das Gute und Schöne, wie es liebevoller Betrachtung sich darbietet!"

„Das ist sein geringster Fehler!" entgegnete Victor. — „Ich table an ihm, daß er das Uebelste und Allerübelste nicht kennt, oder wenigstens nicht zu taxiren weiß und darüber nicht außer sich geräth! — Im Grund ist er doch ein flauer Pessimist! Mit einer erklecklichen Dosis Hoffart und Selbstsucht verurtheilt er Welt und Menschen hauptsächlich nur, weil sie ihm nicht genug huldigen! Er brennt nicht für Recht und Gerechtigkeit! Er hat nicht das Ideal des Lebens vor Augen und ist mithin unfähig, das Böseste im Menschen auch nur zu sehen, geschweige denn als Racheengel die Schalen des Zorns darüber auszugießen! Wer will das gegenwärtige Dasein richten vom Standpunkte des Nichtseins aus, das der Hanswurst als letztes Ziel uns aufreden möchte? Ist das menschliche Leben bestimmt, nichts zu werden, dann ist seine jetzige Schlechtigkeit in der Ordnung und es ist im Grunde lächerlich, sich darüber zu ereifern. Nicht neben dem Nichts, für welches nur Feiglinge und Faulpelze schwärmen können, sondern neben dem vollkommenen Sein erscheint dieses Leben in seiner wahren Misbildung und steht entlarvt in seiner ganzen Ungestalt!"

Ich stimmte zu — der Wahrheit in seinen Worten, nicht der Uebertreibung; — er fuhr fort:

„Nur derjenige, der das Ideal des Seins zu denken vermag, hat in ihm den Maßstab für das Elend der Welt, und den Blick für das Schlimmste darin! Thierheit und thierisches Leiden ist nicht das Schlimmste! Die Bosheit ist's und der teuflische Sinn, der in der Sphäre des Geistes seine Triumphe feiert! Wer will aber den Teufel beurtheilen — wer will ihn auch nur bemerken, vor dessen Seele nicht der gute Geist in seiner ganzen höchsten Herrlichkeit steht!"

„Schopenhauer", versetzte ich, „kennt allerdings nur die Wirkung, den jetzigen Thatbestand, nicht das Princip —"

„D. h. er bleibt im Vorhof stehen — und seine Weltverurtheilung ist keine edle! Ihn kränkt in der That mehr das Leid als die Sünde; mehr der Mangel des Glücks als der Ehre! Darum lebt er melancholisch gemächlich seinen Tag und schafft sich durch Beschmähung der Welt sein egoistisches Wohlbehagen! — Mir", fuhr er mit einem Seufzer und mit düsterm Ausdruck fort, „ist ein andrer Geist zutheil geworden! Ich werde von Unrecht und Bosheit gemartert — und eine unselige Phantasie bringt sie mit rasender Geschäftigkeit immer wieder vor meine Seele! Ich will den Bildern entfliehen — es hilft nichts! Trotz meiner Protestation erzeugen sie sich in mir; ich sehe sie, ich fühle sie und Wuth kocht in mir auf! — Dämonen sind's, die auf mich losstürmen und mich in die Hölle hetzen!"

Er war aufgestanden und ging, von seiner Erregung getrieben, durch den Saal. — Draußen prasselte der Regen — ein unheimlich graues Licht erfüllte den Raum. Wir schwiegen.

Nach einer Weile kam er zu mir heran, blieb stehen und sagte: „Der Mensch ist dem Menschen ein Wolf! — ein altes, ein schreckliches Wort! Aber es reicht nicht einmal hin! — Der Mensch ist dem Menschen ein Teufel! — und das ist noch ganz was anderes! — Die Naturwesen sind darauf angewiesen, einander zu fressen; sie müssen, wenn sie existiren wollen — es ist abscheulich, daß sie es müssen, aber weil sie müssen, kann man sich drein finden! Als man die Infusorien entdeckte und beobachtete, war das erste, was man sah, daß die größern die kleinern verschlangen! — C'est tout comme chez nous! In derselben Art hilft man sich weiter und weiter hinauf, bis zum denkenden Raubthier, das alles frißt — und sich unter anderm auch schon seinesgleichen hat wohlschmecken lassen! Welch ein Greuel das aber ist und von wie vielen Greueln begleitet — die Schuld fällt auf die Einrichtung, nicht auf die Geschöpfe, die sich helfen, wie sie können!"

Ich schwieg, neugierig, wohin er kommen würde. Er fuhr fort:

„Daß die Weltgeschichte nichts ist, als ein Kampf, worin das Recht des Stärkern zur Geltung kommt; daß Jahrtausende hindurch der Mächtige den Wehrlosen, der Sieger den Ueberwundenen vergewaltigte und ihn zum Sklaven, zu einer Art von Hausthier machte, das recht= los und ehrlos war — es ist schrecklich, wenn man sich in den gehudelten Theil der Menschheit hineindenkt, aber doch natürlich! Und es ging lebhaft her in dem Kampf um die Herrschaft, Thaten wurden verübt, die uns schau= dern machen, wenn wir nur davon hören! Unzählige solcher Greuelthaten! Die Rachgier führte die Bestiali= tät zur scharfsinnigsten Erfindung, und in den Mitteln, andere zu peinigen, hat der menschliche Geist eine Schöpferkraft bewiesen, die wir bestaunen müssen! — Es ist aber alles begreiflich!"

„Das schwer Begreifliche der Einrichtung selber vor= ausgesetzt!" warf ich dazwischen.

„Allerdings! — Wozu die Noth antrieb, was in ent= flammter wüthender Leidenschaft geschah und geschieht — es kann mir Grauen einflößen, mich aber nicht ingrim= mig und unglücklich machen. Wenn Zweie kämpfen, und der Sieger schaut nach empfangenen und gegebenen Schlägen auf den Gefällten mit tiefer Genugthuung —

es ist menschlich! Wenn aber einer ohne erregte Leidenschaft und ohne Aussicht auf Gewinn den Schaden, die Schändung, den Untergang des andern mit wollüstiger Befriedigung vernimmt, dann faßt mich Entsetzen! — Hier ist der Böse selber!"

„Kommt das wirklich vor?" erwiderte ich zweifelnd.

„Unschuld!" entgegnete er mit einem Blick des Mitleids. — „Hast du dich noch nicht selbst auf einem solchen Gefühl ertappt und bei dieser Gelegenheit erfahren, wem deine Seele eigentlich gehört? — Denk' nach!"

Ich, nach einigem Besinnen, erwiderte: „Ich kenne das Gefühl der Schadenfreude! Aber diese hat man doch nur bei unbedeutenden Schäden, welche der Betroffene meist verdient und sich selber zugezogen hat!"

„Das ist die Komödie!" entgegnete er. „Wo aber diese ist, da fehlt auch die furchtbare Schwester nicht! — Hast du dich in der That niemals wehren müssen gegen Anwandlungen eines schrecklichen Wohlgefühls, das die Seele nicht bei leichten Schäden, sondern bei dem größten Unheil, ja bei der Vernichtung anderer zu ergreifen lüstet? — Ich habe Menschen gekannt", fuhr er nach kurzem Innehalten düster fort, „die bei der Nachricht von dem unseligsten Geschick, das einen andern getroffen, während ihr Mund Worte der Klage log, einen Schimmer in ihrer Miene zeigten, als ob ihnen Heil widerfahren wäre! — Und der Unglückliche, den das Verderben ereilt hatte, war nicht irgendeiner, sondern es war einer ihrer Freunde!"

„Das waren Ungeheuer!" rief ich.

„Nein", entgegnete er. „Es waren Menschen, die zu den Besten gerechnet wurden; und die Thatsache beweist nur, daß in gewissen Momenten auch die Besten des Teufels sind! — — Erkennen wir den Teufel in uns", fuhr er mit feierlichem Ausdruck fort. „Schämen wir uns nicht, seine Macht einzugestehen! Nur wenn wir ihm, der töblichen Gefahr uns bewußt, ins Auge blicken, haben wir Hoffnung, ihn zurückzubrängen in uns und in andern!"

Ich war erregt. „Du bist ein Dämon!" rief ich. „Du zwingst mich, mit deinen Augen zu sehen, mit deinem Herzen zu fühlen!"

„Wird dir kein Schade sein!" versetzte er mit ernstem Selbstgefühl. „Solche gutmüthige Menschen, wie du einer bist, fallen immer wieder in kindische Selbsttäuschungen zurück — sie müssen aufgeschreckt werden durch die Trompete der Wahrheit!"

„Nun wohl", sagte ich. „Der böse Geist kann die Menschenseele versuchen und zum Bösen reizen; er hat es oft gethan und thut es — ich will's nicht leugnen!"

„Aber? Denn du hast doch ein Aber in petto!"

„Aber es gibt auch einen Engel im Menschen — in jedem Menschen!"

„Wer leugnet das?"

„Und dieser Engel, der gute Genius —"

„Pflegt im Kampfe mit dem Gegner in der Regel den kürzern zu ziehen!" fiel er ein. — „Oder er hat das Nachsehen! Er rafft sich erst auf, wenn der Teufel seine Tücke schon verübt hat, und hilft der guten Seele Reue fühlen und Entschlüsse fassen, die nicht ausgeführt werden! — Gehen wir weiter! — Verderben wir nicht die Zeit mit Hervorhebung dessen, was sich jeder selber sagt!"

Ich behielt die Entgegnung, die mir über die Lippe wollte, für mich, und er fuhr fort:

„Daß Beschädigung und Kränkung Haß erregt, daß wir den Verfolger, wenn wir können, zurückschlagen und verfolgen, ist durchaus natürlich. Von dem hochmüthig Empfindlichen wird eine kleine Verletzung unsinnig übertrieben gerächt; ein Scherz ist für ihn eine Majestätsbeleidigung, die er mit Rad und Galgen strafen möchte — es ist auch noch begreiflich. Aber daß der Mensch haßt, wo er lieben sollte, daß er seinen Wohlthäter, dem er Dank schuldig ist, mit Haß bezahlt — daß er ihm zu schaden, sich ihn aus den Augen zu schaffen trachtet, das ist offenbar etwas weniger natürlich! Kommt aber vor — und häufiger, als man's denkt!"

„Erklärlich", erwiderte ich nach einigem Besinnen, „ist das auch! Die empfangene Wohlthat und der pflichtmäßige Dank ist eine Last, welche drückt; und der Mensch haßt denjenigen, der ihm einen Druck auflegt!"

„Vortrefflich erörtert!" versetzte er mit bitterm Lächeln, um sogleich mit strenger Miene hinzuzufügen: „Die empfangene Wohlthat ist eine Last für die giftig eitle, neidische, bübisch eifersüchtige Seele! Anstatt daß der Hund mit seiner ehrlosen Wuth im Herzen sich nun selber zerfleischte, straft er den Edeln, Guten und Reinen, der ihn unwissentlich an seine Schuld und Gemeinheit erinnert! Welch eine Welt, in der das möglich ist! Ein einziges Beispiel davon, und die Sphäre, in der es vorgekommen, ist geschändet für immer!"

Er schwieg und sah mit erregtem Gesicht für sich hin. „Motivirt, begreiflich!" rief er dann. „Das ist eben das Schändliche, daß so etwas begreiflich ist! Es ist begreiflich aus der maßlosen Selbstsucht des Menschen! Und wenn die gewöhnlichen Menschen sich nun des infamen Hasses nicht selber schuldig machen, so begreifen sie ihn doch und finden ihn natürlich — und gleichen dem Geist, den sie begreifen! — Begreifen — d. h. kalt bleiben und unerschreckt! Das Ehrloseste, Schmachvollste wird begriffen, weil der schwärzeste Egoismus bei dem Menschen als Natur vorausgesetzt wird! Die Menschen sind also wirklich Spottgeburten der Hölle? Wirklich böse durch und durch? — Mehr hab' ich nicht beweisen wollen!"

Er schwieg und schien eine Bemerkung von mir zu erwarten. Ich sah mich nicht veranlaßt, etwas einzuwenden, und er fuhr fort: „Es gibt etwas ähnlich Begreifliches wie den Haß des Wohlthäters — es ist der Haß, welchen der in uns erregt, dem wir unrecht gethan haben! Auch eine alte Beobachtung — eine viel citirte! Dieser Haß ist nun freilich ganz und gar motivirt! Ich habe den Menschen gekränkt, beschädigt, einen Act der Niederträchtigkeit gegen ihn begangen; — und er, so oft er mir begegnet, erinnert mich daran! Ich muß ihn jedesmal als den unschuldig Verletzten, mich selber als den Schurken denken, der gegen ihn gefrevelt hat! Der Teufel mag da etwas anderes fühlen, als Haß! So ein Kerl ist mir natürlich der odiöseste Dorn im Auge! Nicht nur hassen muß ich ihn, sondern aus dem Weg räumen, vertilgen — bei der ersten guten Gelegenheit! Einen Menschen vor mir herumlaufen lassen, der mir immer vorhält, daß ich eine Pestbeule der Menschheit sei: das ginge mir ab! — In die Hölle mit ihm — sobald als möglich! — — — Du lächelst?"

„Ueber den Humor, womit du deinen Mann bloßlegst!"

„Ich hab' unrecht, es zu thun", versetzte er mit Ernst. „Es ist ein Kunstgriff des Satans, das, was Grauen einflößen und Wuth erregen sollte, in ergötzlichem Licht erscheinen zu lassen und dadurch seine Spitze abzustumpfen. Die Menschen lachen von dem Bösen die Häßlichkeit hinweg — und üben es nun selbst ohne viel Scrupel! — Unsereiner sollte nicht auch den Verbrecher zu einer komischen Person idealisiren!"

Er schwieg und versank in Nachdenken. Dann sah er auf und sagte: „Die schönen Arten des Hasses, die wir kennen gelernt haben, charakterisiren das Geschlecht. Sie mögen in reinster, schärfster Entfaltung Ausnahmen sein — auch zum Bösen gehört eben die Kraft des Genies, die nicht gewöhnlich ist! Aber im Grunde sind sie doch so recht menschlich und passen ganz in die verkehrte Ordnung der Dinge, in der wir leben! Es ist ein allgemeiner Hang, das Gute zu bestrafen und das Böse zu lohnen!"

„Ein allgemeiner Hang?" versetzte ich.

„Allerdings — wo die Menschen nach ihrer Natur sich gehen lassen!"

„Das ist paradox und verlangt Erklärung!"

„Ich will meinen Satz beweisen durch Thatsachen; — die Erklärung besorgst du dann selber!" — Nach kurzem Innehalten fuhr er fort: „Unstreitig ist dir in der Gesellschaft auch zuweilen ein gutmüthiger, liebenswürdiger, fröhlicher, unterhaltender Mensch vorgekommen?"

„Gottlob", erwiderte ich. „Mehr als einer!"

„Was war sein Schicksal?"

„Man liebte ihn und freute sich seiner!"

„Fürs erste — zugegeben! Man liebte ihn, man freute sich seiner und man rühmte ihn. Hat er sich aber eine Zeit lang als denjenigen bewiesen, der die Gesellschaft erheitern kann, so rechnet man darauf, daß er so fortfährt. Bald, wenn er liebenswürdig ist, thut er nur seine Schuldigkeit, und niemand braucht es ihm Dank zu wissen. Ist er aber zufällig nicht bei Humor und still, so hat man sehr wohl das Recht ihm zuzurufen: «Was ist denn das heute mit Ihnen? Sie sind ja langweilig? Munter, munter, unterhalten Sie uns!»"

Ich konnte nicht umhin, auf eine gewisse Weise zu lächeln.

"Ah", rief er, "die Geschichte klingt dir bekannt! — Aber das ist nicht alles! — Gemeine, dumme Personen in dem Cirkel wollen auch zeigen, daß sie Geist haben, und gehen plump vor — eben gegen den Liebenswürdigen, von dem sie wissen, daß er Spaß versteht und sich den Einfällen anderer anmuthig zu leihen weiß. In der Meinung, zu scherzen, werden sie grob, und der Liebenswürdige muß all seinen Geist anstrengen, um den rohen Sarkasmen eine nur halbwegs erträgliche Wendung zu geben. Der Unverschämte triumphirt — denn eben so einen pflegt man in der Gesellschaft nicht gern mit Einreden zu behelligen! — Der Liebenswürdige ist das Opfer!"

Er sah mich an. "Eine leichte Röthe?" rief er. "Auch das hat man also schon erlebt!"

"Nun ja", versetzte ich.

"Dann", fuhr er fort, "ist dir vielleicht auch das Weitere nicht ganz und gar unbekannt! — Der Charmante Mensch, von dem man nur erfahren hat, daß er darauf studirt, wie er den andern etwas Angenehmes sage und Vergnügen mache, ist für diese in keiner Art Gegenstand der Furcht und der Sorge — und man entzieht ihm nach und nach den letzten Respect. Warum sollte ich einen Menschen, der sich mir so freundlich hingibt, nicht in die Tasche stecken? Warum sollte ich ihn nicht hudeln? Offenbar hab' ich dazu das Recht; und wenn mich ein Gelüsten anwandelt, kann ich's auch befriedigen!"

"Die Bessern werden das aber doch nicht thun!" versetzte ich.

"Nein", entgegnete er; "die Bessern und die Besten werden's nicht selber thun. Aber sie werden es mit ansehen, und wenn das Gespräch auf den «Freund» kommt, das Wort hinwerfen: Ah das ist eine gute Seele! — mit einem Ton, der eine tiefere Beleidigung in sich schließt als die gröbste Grobheit, die der ehrliche Flegel ihm in den Bart wirft!"

Ich konnte nicht widersprechen; denn dieser Ton hatte mich selbst schon zuweilen im Innersten verletzt.

"Es kommt endlich so weit, daß der Liebenswürdige in der Gesellschaft, die er seit Jahren ergötzt hat, die geringgeschätzteste Persönlichkeit ist! Daß jeder über ihn verfügt und sich aus seiner Meinung und seinen Gefühlen nicht das Allergeringste macht! Ja, daß sogar Fremde, die nur von seiner Art gehört haben, ihm bei der ersten Begegnung Impertinenzen sagen! Dagegen der dumme und langweilige Kerl, dessen rohes Aufbrausen man scheut, wird mit Hochachtung und Zuvorkommenheit behandelt — und holde Augen suchen ihn mit süßen Blicken zu ködern! — Wenn der gute Gesell nach dieser Erfahrung nicht in sich geht und sich bekehrt und den Gesellschaftsbestien nicht die Seite zuwendet, welche die Natur für sie bestimmt hat, dann ist er ein Schaf und verdient nicht nur, daß man ihn schert, sondern daß man ihm das Fell über die Ohren zieht!"

Er sah mit grimmigen Augen für sich hin. Das Benehmen, das er geschildert, mußte ihn in der Vorstellung noch heftiger reizen; denn das Blut stieg ihm ins Gesicht und er rief mit wachsender Erregung: „Die Menschen sind feig! Sie fürchten den Bösen und schmeicheln ihm! Sie verachten den Guten und mishandeln ihn! Sie fürchten den Guten und meucheln ihn! — Die Wohlthäter der Menschheit werden ans Kreuz geschlagen, die Verführer im Triumph getragen! Es ist ein Geschlecht von Hunden — die Besten taugen nichts!"

Er bebte und schnaubte vor Zorn. Seine Augen blitzten, und sein Mund, in abgebrochenen Sätzen, stieß die Worte hervor: „Verkehrt, verkehrt ist alles! Der Freche, der ein Bube ist, geberdet sich als Mann; und die Elenden, die vor ihm zittern, preisen ihn als Halbgott! Der Ehrlose nimmt mit unglaublicher Anmaßung die reinste Ehre für sich in Anspruch. Du willst sie bezweifeln? Er fordert dich, schießt dich nieder — und er hat dich widerlegt! Lüge, Lüge! Der Muth, der der

Gerechtigkeit dienen sollte, dient der Thierheit, ja der Ruchlosigkeit — und die Welt beugt sich vor ihm! Dafür erscheinen ihr Tugend und Weisheit lächerlich. Der brave Mensch, der den unedeln Vortheil verschmäht, ist ein Narr, und der Denker, der die Tiefen der Dinge enthüllt, ein Verrückter! Mitleidig sieht der Schuft auf den Edeln, mitleidig der Dummkopf auf den Weisen. Und der Dummkopf ist fast noch gefährlicher als der Schuft! Ihm thut der überspannte Bruder leid, er will ihm helfen — er brennt vor Eifer, ihn aufzuklären und auf den rechten Weg zu leiten! Er fühlt sich so sicher und so glücklich — er gönnt es auch seinem Mitmenschen, sucht ihn zu belehren — und quält ihn zu Tode! — Pfui, pfui über die Welt! Ihr Lauf ist vom Bösen gelenkt, und sein Wille geschieht! Der Gewissenhafte, der seine Ehre wahrt und Unrecht meidet, bleibt arm und machtlos; den Gewissenlosen führen die Mittel der Schande zu Ehren und Reichthum, und der wackere Mann, den die Noth erdrücken will, kann sich gezwungen sehen, bei dem mächtig gewordenen Schurken um eine Gnade zu betteln! Entsetzliches Geschick! Diesen Fall, der im Weltleben Regel war und noch ist, muß man sich vorstellen, um über die Ordnung der Dinge und die Geschöpfe, die sie machen, die rechte Wuth und die vollgebührende Verachtung zu empfinden! Zermalmen sollte man sie! Eine neue Sündflut sollte unser Herrgott herbrausen lassen und ersäufen das ganze Geschlecht!"

Er hielt inne, am ganzen Leibe pulsirend und mit einer Miene, als ob er über eine zerstörte Welt hinsähe! — Ein Ausbruch so dämonischen Zorns ist wie ein Naturereigniß; man kann so wenig eine Einwendung dagegen machen wollen als gegen den Sturm, der gegen dich anrast. Ich schwieg. Endlich ergriff ich doch das Wort. „Eine neue Sündflut", erwiderte ich. „Gut. Da sie Gott aber gleichwol nicht schickt — was mag er für einen Grund haben? Warum duldet er das Geschlecht?"

Der Beredete sah mich an. „Er kann's!" entgegnete er. „Er ist so glücklich, drüberzustehen, und zwar am allerhöchsten! Er wird nicht, mitten unter den wüthenden Bestien, zerstoßen und zerquetscht, wie der arme Mensch — er kann seine Geduld behalten und Langmuth für Recht ergehen lassen!"

„Ich glaube", versetzte ich, „das ist noch nicht der rechte Grund! — Gott läßt die Welt bestehen, weil es die beste Welt ist — was man auch sage!"

„Ah", rief er, „das ist beherzt! — Wirklich? Die beste Welt? Erkläre dich näher!"

Ich begann: „Die Menschen sind böse — ich will's zugeben!"

„Scharmant!"

„Die Bösen überwiegen; die Niebriggesinnten und Selbstsüchtigen sind in der Mehrheit!"

Er lachte. „Mehrheit nennt er das! — Weiter!"

„Aber der edle Mann freut sich unter ihnen zu sein!"
Er betrachtete mich. — „Der Grund?"

„Sie geben ihm", fuhr ich mit Nachdruck fort, „Gelegenheit, sich zu bewähren — kämpfend und richtend sich zu bilden und zu vollenden!"

„Ah!"

„Sind die Bösen seine Feinde —"

„Ein Hauch, und sie verschwinden —"

„Das wäre schade! — Viel Feind, viel Ehr!"

„Seht, seht!"

„Der Insolente geht gegen ihn an; er schlägt ihn zurück — streitend erstarkt er und gewinnt Ruhm!"

„Teufel!"

„Das Unrecht, das sich ihm vor Augen stellt, muß ihm Gewinn bringen, so oder so!"

„Entweder —?"

„Er kämpft dagegen, hilft dem Bedrängten, bezwingt, straft und womöglich — bessert den Uebelthäter!"

„Oder?"

„Er erträgt, was er nicht ändern kann — er unterwirft sich und lernt, sich selbst bezwingend, Geduld!"

„Welches auch eine schöne Tugend ist!"

„Eine wahre und eine große! Keiner ist vollendet und keiner ganz ohne sie! — Den Edeln muß alles fördern! Handelnd und leidend lernt er die Welt, die Menschen und sich selber kennen; er erlangt zur Stärke die Einsicht, die Klugheit, die Weisheit —"

„u. f. w., u. f. w. — Das heißt, wenn er's aushält! Wenn er aber bis dahin schon lange aus der Haut gefahren ist?"

„Mein Freund", erwiderte ich nach kurzem Schweigen, „solche Repliken klingen in einem ernsthaften Gespräch, um es offen zu sagen — läppisch!"

Er sah mich mit großen Augen an. „Du bist nicht höflich!" entgegnete er.

Ich zuckte die Achsel. Eine Pause trat ein.

„Sprich zu Ende!" fuhr er fort. „Ich will mich auch in der Geduld üben! — — Dein Schluß?"

„Diese Welt", versetzte ich mit Ernst, „ist die beste Welt zur Erziehung, zur Selbstbildung und Selbstvervollkommnung des Menschen. Gegen jeden Fehler, der wider ihn begangen wird, gegen jeden Mangel des Lebens kann der Gute und Tapfere eine Tugend aufrufen und bethätigen, die ihm selber und der Welt zugute kommt. Schonung und Strenge, Vorsicht und Muth, Verträglichkeit und Schlagfertigkeit, Liebe, Güte, Frohsinn kann er abwechselnd beweisen, um endlich als ganzer Mann zu scheiden aus dem Kampfe des Daseins!"

„Es sei!" erwiderte Victor nach einem Moment. „Aber die andern, die ihm dazu gedient haben?"

„Sind, was sie aus sich zu machen wußten!"

„Das heißt: Lumpenhunde!"

Die Entgegnung frappirte mich. Ich schwieg, er fuhr fort: „Du hältst dich für menschenfreundlich —

ich bin es mehr als du! Ich bin menschenfreundlicher
wie die Guten und Frommen, die stets nur an sich und
ihresgleichen gedacht und die andern dem Teufel über
geben haben. Ich für meine Person will haben, da[ß]
auch die Lumpenhunde etwas taugen; ihre Niederträch[ig]
keit peinigt mich, und ich verwünsche die beste Welt, w[o]
ich sie immer tiefer in den Schlamm sinken sehe! Ic[h]
möchte sie retten und kann es nicht, und ich wüthe un[d]
tobe wenigstens gegen sie und zeige dadurch mein Her[z]
für sie! Ich geb' ihnen die Titel, die ihnen gebühre[n]
— ich schimpfe, wie gerechter Zorn und rasende Gall[e]
mich's heißen — ich suche sie in Selbsterkenntniß hinein
und zur Besserung hinzuschimpfen!"

„Auch eine Aufgabe!" warf ich dazwischen.

„Wenn's mir nicht gelingt", fuhr er fort, „so hab' ic[h]
wenigstens die Absicht gehabt, etwas für die Verlorene[n]
zu thun — und ich gleiche nicht denen, die aus der
allgemeinen Schiffbruch mit ihrem Profit ans Lan[d]
schwimmen. Ich rede, ich geißle und reiße die Wunde[n]
auf, an denen sie kranken und hinsiechen in der beste[n]
Welt! Ich bilde das Gegengewicht gegen die gutmüthi[=]
gen Vertuscher, die schwächlichen Bemäntler und die fei[=]
gen Schönlügner — denen man überall begegnet und di[e]
mir widerlich sind, wo ich sie antreffe!"

Wenn die letzten Worte auch auf mich gemün[zt]
waren, so lag darin eine Ungerechtigkeit — die zu de[n]
gröbsten gehört! Indessen, ich wollt' es nicht urgire[n]

und begnügte mich zu sagen: „Schade, daß die Leute, die du bessern willst, dich nicht hören!"

Mit Selbstgefühl entgegnete er: „Sie haben mich schon gehört — und können mich wieder hören! — Es steht bei mir!"

„Nun", versetzte ich nach einem Schweigen, „auch das, was du an mich gewendet hast, ist nicht verloren! Es steht —"

Bedenkend, was ich sagen wollte, hielt ich inne, konnte aber nicht verhindern, daß mir das Blut ein wenig ins Gesicht stieg.

Er sah mich eine Zeit lang durchbringend an. — ‚Du hast's aufgeschrieben!" rief er dann mit Bestimmt=heit. — „Es ist so — die ehrliche Seele kann nicht lügen! — Sieh da, sieh da! Du sammelst von mir einen Schatz, um das Vernommene noch öfters zu ver= nehmen? — Nun", setzte er mit boshaftem Behagen hinzu, „mir kann's recht sein!"

Er schwieg, seine Züge wurden ernst, und er sagte: ‚Wahr ist's, es wär' schade, wenn's verloren ginge! Tausende von Manuscripten sind nicht so werth zu exi= stiren wie dieses, wo wir beide zusammen, Shakspeare's Mahnung befolgend, der Zeit den Spiegel vorhalten, der Tugend ihre eigenen Züge, der Schmach ihr eigenes Bild und dem Jahrhundert und Körper der Zeit den Abdruck seiner Gestalt zeigen. — Fahren wir fort — und legen wir uns keinen Zwang an!"

8*

Fünftes Gespräch.

„Im Grunde theilen sich die Mensch[e
Menschen und in Thiere. Die letztern sin
Majorität!"

Victor sprach diese Worte im Speise[z
an etwas kühlem Tage nach Tisch behagl
saßen — in Bezug auf eine „Dorfgesch
der Bediente als neuestes Ereigniß in nä
Humor erzählt hatte.

Als ich nichts erwiderte, betrachtete e
„Was sagst du dazu?"

„Ich müßte zunächst wissen", entgeg
du die Behauptung meinst und begründes

Er zuckte die Achseln. „Es gibt W[o
setzte er, „von denen unsereiner glaubt,
nur aussprechen, um in dem erfahrenen
mung und eine Fülle beweisender Beispiel

„Das wäre für den Aufsteller der T
entgegnete ich. „Auch sollte man gla
wirkliche Wahrheit Beweisgründe zu geb
das Angenehmste!"

Den Rauch seiner Cigarre in die Luft blasend, sah er in seiner Art vergnügt auf den Tisch und begann: "Man erhebt den Menschen über das Thier und nimmt zwischen ihm und dem Thier eine Kluft an — weil dieses blos seinem Instinct folge! Was thun denn aber die meisten Menschen anders? Ich möchte fragen: was thun überhaupt die Menschen anders?"

"Der Mensch", entgegnete ich, "folgt aber menschlichen Instincten!"

"Das versteht sich von selbst", rief er. — "Du wirst doch nicht glauben, daß ich so dumm bin, den Menschen dem Thier in jeder Hinsicht und eigentlich gleichzusetzen?"

"Ich meinte nur —"

Er winkte mir ab — und schwieg. Dann, wie von einem Gedanken getroffen, rief er: "Im Grunde sind sie gleich! Ganz gleich! Denn es gibt ja auch verschiedene Thiere! — — Sie gehören zusammen — und zwischen Mensch und Thier ist nur der Unterschied wie zwischen Thier und Thier!"

"Demnach hätt' ich dir vorhin keine Dummheit angedichtet, als ich meinte, du wolltest den Menschen dem Thier eigentlich gleichsetzen?"

Er sah mich an. "Weiser!" entgegnete er verdrießlich und spöttisch. — "Du spähst nach Widersprüchen!"

"Scheint mir unnöthig, wo sie auf der Hand liegen!"

"Geh!" rief er. "Du hast keinen Humor — und capirst mich nicht!"

Ich schwieg — zufrieden. Er, mit dem komischen Lächeln eines Beschämten, der ausweichen will, schaute zunächst in die Luft; dann fuhr er fort: „Und es sind dennoch Thiere! Thiere sind's! Sie entstehen, und wissen nicht wie! Sie werden geboren, und begreifen es nicht! Sie wachsen auf, ohne auch nur darüber nach=zudenken, auf welche Weise! Sie gehorchen ihren Trie=ben, lieben und hassen, jauchzen und jammern, suchen ihren Vortheil und haben keine Ideen — accurat wie die Thiere! Sie pflanzen sich fort, die Brut entwickelt sich, wie die Alten jungen zwitschern die Jungen — und so geht's fort am Gängelbande der Altmutter Natur, welche die Menschen wie die Thiere leitet!"

Auf einen solchen Halbmonolog wird niemand mit einer Einwendung entgegnen. Ich begnügte mich, ein Gesicht zu machen, als wär' ich unterhalten. — Er fuhr fort:

„Thiere sind's! Die Leidenschaften herrschen und ziehen sie hierhin, dorthin — wohin sie wollen! Wie gierige Hunde laufen sie umher, ihren Fraß zu erschnap=pen. Wie erboste Hunde bellen sie sich an, fallen in stupidem Zorn übereinander her, zausen sich das Fell und beißen einander die Zähne ins Fleisch. Streut eine freigebige Hand Futter hin, so fahren sie zu wie hunge=rige Hennen und Hähne — packen was sie kriegen, hacken den Concurrenten mit dem Schnabel weg, auf=geregt von Habsucht, Eifersucht und Neid! Oder sie stolziren einher wie Pfauen, welche die Hinterseite prunkend entfalten u. s. w., u. s. w., alles ohne zu wissen, was sie thun, einzig ihr Bedürfniß befriedigend und blind nach Vergnügen trachtend — aufs Haar wie die Thiere!"

Hartnäckiges Schweigen von meiner Seite.

"Hast du", fragte er mich nach einer kurzen Pause, "wol schon recht bedacht, wie deutlich und bestimmt in den Menschen die Thiere wieder erscheinen? Von außen und innen, nach ihrer Physiognomie und der Grundrichtung ihrer Seele! Weswegen man die Menschen auch von Urzeiten her Fliegen, Hunde, Katzen, Schafe, Büffel u. s. w. genannt hat. Jetzt ist das leicht; aber wer's zuerst gethan und treffend gethan hat, war ein schöpferischer und ein freier Geist! Wer zuerst eine wirkliche menschliche Gans eine Gans nannte, war ein Genie! Denn was fehlt hier zur Charakteristik? Die alberne Schönheit, das zarte weiße Gefieder, die flaumige Brust, das leichtwiegende Gehirn und der Schnabel, der ein Geschnatter vollführt, welches uns desperat macht — alles das ist im Bilde begriffen und tritt uns vor die Seele!"

Ich wollte dieses Wiederzurückkommen auf den schon öfters gehörten feindseligen Vergleich nicht durch eine Bemerkung ehren; — ich hütete mich sogar zu lächeln!

Er, nach kurzen Worten, fuhr fort: "Auch die guten Eigenschaften der Thiere treten im Menschen wieder hervor, und die Inhaber sind sich dessen mit ungemeinem Stolz bewußt. Willst du einem Säbelhelden die wirksamste Schmeichelei sagen? Nenne ihn einen Löwen — und der dankbarste Blick wird dich lohnen. Auch der Adler macht einen trefflichen Effect; und ich habe einen und den andern Herrn gekannt, der vergnügt schmunzelte, wenn man ihn einen Bären hieß. Wer gilt nicht gern für einen Fuchs? Sogar der Wolf ist noch wohlthuend. Die Sängerin hat kein höheres Ideal, als Nachtigall zu werden, und ich kenne lyrische Poeten, die drei Nächte nacheinander vor Entzücken nicht schliefen, wenn sie ein Recensent mit dem Vogel auf Eine Linie stellte!"

„Et caetera, et caetera", fiel ich ein. „Das alles ist nicht gerade neu, beweist aber nur, daß die Menschen die Künste der Thiere auch können, nicht, daß sie Thiere sind! — Im schlimmsten Fall sind's Thiere eigener Art — höhere Thiere, d. h. Menschen."

„Höhere Thiere?" rief er. „So ist's! Aber leider ist für die meisten damit nicht nur nichts gewonnen, sondern sehr viel verloren! Dieselbe Fähigkeit, die dem Menschen ein Anrecht gibt, in sich ein höheres Thier zu sehen, macht ihn in der Regel zum verdorbenen Thier!"

„Arme Menschen!" rief ich spottend.

„Das Thier", fuhr er mit einem stechenden Blick auf mich fort, „ist naiv, sein Thun und Treiben hat jene Nothwendigkeit, wodurch alles schmackhaft wird.

Der Mensch aber kann fade werden, am unrechten Ort
ironisch, höhnisch — und bin ich nicht berechtigt, den
faden Menschen ein verdorbenes Thier zu nennen?"

Meine Antwort bestand in einem leichten Achselzucken.
Der Grobian fuhr fort:

„Das bischen Bewußtsein, das den Menschen ge=
geben ist, hat meist nur üble Folgen. Die Fehler, die
sie damit begehen, erhalten etwas Fatales, Abstoßendes,
Gehässiges — und ich kann nicht finden, daß sie weniger
Fehler begehen, als die Thiere. Im Gegentheil: beim
Thier ist der Fehler Ausnahme, beim Menschen Regel!"

„Warum sind wir doch nur Menschen geworden!"
rief ich mit dem Ton des Verdrusses.

„Für viele", erwiderte er ruhig, „ist's ein großes
Unglück! — Daher lyrische Dichter so unrecht nicht
haben, wenn sie in ihren Reimen die Sehnsucht beken=
nen, ein Vögelein zu werden, das im Walde fliegt, auf
Zweigen sich wiegt und lieblich singt — welches letztere
bei ihnen gar nicht immer der Fall ist. Könnte die
Verwandlung nur geschehen, es wäre in der That ein
Glück nicht nur für den Poeten, sondern auch für die
Menschheit!"

Ein unwillkürliches Lächeln, das ich nicht unterdrückte,
zog mir einen freundlichern Blick zu.

„Das Bewußtsein", begann er nach einer Pause
wieder, „das den Menschen nicht vor Fehlern schützt,
dient sehr häufig auch noch dazu, dem begangenen Fehler

etwas Odiöses anzufügen — in der dummen Verlegenheit, die der Tropf hierüber an den Tag legt; — in dem bösen Gewissen, das dem schlechten Gesellen unheimlich aus dem Auge schaut — obwol es ihn nicht hindert, bei der nächsten passenden Gelegenheit einen neuen schofeln Streich zu vollführen! — Kurz: die Menschen sind frech und räuberisch, oder feig und diebisch — wie die Thiere! Sie sind es zurechnungsfähig und zornerregend — schlimmer als die Thiere! — Die besten haben mit der Thierheit noch einen Zusammenhang, der mir gegen das Menschenthum überhaupt die größten Bedenken einflößt!"

Er sprach das letztere bedeutungsvoll, als ob er darüber Näheres zu sagen wüßte; und ich, ihm entgegenkommend, bat mir dieses aus.

Er, mit einem Gesicht, das eine methodische Darlegung verhieß, begann: „Wir können die Menschen theilen in Ungebildete und Gebildete. — Jene sind die Thiere, diese die Menschen. — Wie?"

„Es sei!"

„Betrachten wir die Gebildeten für sich und sehen wir etwas näher zu, so werden wir nicht umhin können, eine neue Scheidung vorzunehmen. Man kennt den «gebildeten Pöbel». Wir sind befugt, ihn von den wirklich Gebildeten abzusondern als eine Heerde von Thieren."

„Zugegeben."

„Die wirklich Gebildeten, die uns nun übrigbleiben, sind aber noch keineswegs das, was wir Geister, selbst= bewußte Wesen im eigentlichen Verstande nennen. Ihre Cultur ist im Grunde nur eine Art Natur. Sie leben ein freieres Leben; aber wenn wir's ehrlich sagen wollen, so leben sie doch ebenfalls nur in den Tag hinein. Sie träumen heller und hübscher, wie die andern; aber sie träumen auch — und ihr Geist schläft!"

„Du siehst gefährlich! Ich fürchte, ich fürchte —"

„Diejenigen Menschen", fuhr er mit einem verspre= chenden Zunicken fort, „die sich vorzugsweise praktisch nennen, wenden den Geist, den sie etwa besitzen, nach außen, auf die kluge Vollführung ihrer Projecte, und kommen so gut wie nie dazu, in sich selber, in ihr eigenes Ich einen Blick zu werfen. Sie bleiben ohne Selbsterkenntniß und ohne wahre Selbsterhöhung; und wenn wir sie richtig beurtheilen wollen, müssen wir sagen, daß ihr Wesen im Grund auf der Seite des Thieres liegt!"

„Da bleiben am Ende", versetzte ich, „nur die Theoretiker übrig? — Die Männer der Wissenschaft?"

Er seufzte. — „Zwischen ihnen", entgegnete er dann, „müssen zunächst bedeutende Unterschiede gemacht werden! — Es ist bekannt, daß nicht jede Wissenschaft sich mit dem Geist selber beschäftigt. Eine gute Zahl richtet ihre Forschungen auf die Elemente — die Steine, die Pflanzen, die Thiere — nicht auf den Menschen!

Auf den menschlichen Leib — nicht auf die Seele! — Nach den großen Wahrheiten: daß Gleiches vom Gleichen erkannt wird und — daß Gleich und Gleich sich gern gesellt, bin ich nun aber gezwungen, in dem Geiste derjenigen, die sich mit untermenschlichen Gegenständen beschäftigen, eine gewisse Analogie mit ebendiesen Gegenständen zu erblicken! Und auch die Erfahrung hat mich belehrt, daß Männer, die in Außendingen bewundernswerthe Kenntnisse haben, über sich selbst und ihr eigenes innerstes Verhalten oft ohne die allergeringste Orientirung sind! — Ich kann daher nicht umhin —"

„Von der geringen Zahl, die bisher ausgehalten haben, noch einen Theil beiseitezustellen? — Dann blieben, wie's scheint, nur die Philosophen übrig! Und zwar die allereigentlichsten: diejenigen, die über das Denken, über das Ich, über das höchste und letzte Princip selber denken!"

„Ich würde es bejahen", erwiderte er mit ernst erhobenem Haupte, „wenn mir nicht eine unglaubliche Thatsache schreckenerregend entgegengetreten wäre!"

„Du erschreckst mich selber! Was wäre das für ein Factum?"

„Daß Männer", erwiderte er, „die über das Wollen und Denken gedacht und seine Unterscheidungen zu Tage gefördert haben, über die Güte ihres eigenen Wollens und Denkens doch in der vollkommensten Täuschung sich befanden! Daß sie, wenn sie anmaßend,

:erachtungsvoll und in Eitelkeit ersoffen waren, sich für gut, groß und weise gehalten haben!"

Ich machte, unwillkürlich erheitert, eine bedauernde Bewegung. "Wer bliebe denn aber da noch übrig?" rief ich dann.

"Uebrig", entgegnete er, "blieben diejenigen, die sich nach ihrem wahren innersten Werth in einem untrüglichen Spiegel erblickten! Die sich selbst richteten mit derselben Gerechtigkeit, wie sie die andern richten! Die sich immer wieder über sich selber stellten und Herr blieben ihrer selbst und sich dem Ideal zubildeten mit ihrem tiefsten Selbst! — — Aber wo sind sie?"

Diese überraschende Frage wirkte auf mich geradezu komisch. Ich lachte. "Darauf ist schwer zu antworten", sagte ich dann. "Kennst du", setzte ich hinzu, "niemand, von welchem dies zu sagen wäre?"

"Niemand", erwiderte er mit ehrlichem Ernst. "Die Allerbesten kommen dieser Forderung nicht nach. Heute sind sie's im Stande, morgen fallen sie aus ihrer Höhe herab, mitten unter ihre niemals aufgestiegenen Brüder, und werden, vom Teufel gereizt und gestachelt, Riesen der Ungerechtigkeit, Kolosse der Selbstsucht! Aus ihrer Wuth erwacht, schämen sie sich, schmachten zu ihrem Ideal hinan, schwingen sich sogar wieder zu ihm empor, — um das tragikomische Spiel des Falles von neuem zu spielen! — Auch die Allerbesten sind noch von einer Macht getrieben und geleitet, die sie nicht selber sind

und der sie blind, knechtisch gehorchen — auch die Aller=
besten sind noch Thiere!"

Nach diesem Nonplusultra, das er mit großer Energie
gesprochen, sah er eine Zeit lang schweigend für sich hin.
Dann sagte er: "Wenn wir von diesen besten hinunter=
sehen bis zu den alleruntersten und gemeinsten Creaturen
unsers Geschlechts — wenn wir diese entgegengesetzte
Himmelsleiter auf allen Sprossen besetzt erblicken in ab=
steigendem Klimax — welch eine Vision! Das ist die
Menschheit! Die vielgepriesene Menschheit! — Hu!"

Er schüttelte sich und brachte noch einige unartikulirte
Laute nach. — Ich konnte mich nicht enthalten zu sagen:
"Am Ende hat doch die Lehre, wonach die Menschen
das Schicksal der Thiere theilen und im Sterben zu
Nichts zerplatzen sollen, etwas für sich?"

"Diese Lehre", entgegnete er mit strenger Miene,
"beweist nur so viel unleugbar, daß diejenigen, die sie
lehren und glauben, ihrerseits Thiere sind! — Wer im
Menschen nur das Thier erblickt, wer den Menschen
dem Thiere gleichsetzt, der zeigt damit, daß er sogar
unter den Thieren seinesgleichen sucht: Denn er ist ein
gewolltes Thier — ein Renegat der Menschheit und
ein Fanatiker der Thierheit — ein Greuel unter den
Menschen!"

Ich starrte ihn an. "Hast du denn aber", rief ich,
"seit einer Stunde etwas anderes gethan?"

Er wandte sich zu mir und erblaßte; dann sprühten

seine Augen Feuer und mit dem Ausdruck eines vor Zorn Sinnlosen rief er: „Esel!" — Kaum war aber das Wort heraus, als er fortfuhr: „würde ich sagen, wenn es nicht eine Schande wäre, einen Gast zu beleidigen!"

„Eine gute Auskunft", entgegnete ich mit Indignation. „Denn allerdings, das ist eine Schande!"

„Wovon aber ein guter Theil auf Rechnung dessen kommt, der einen ehrlichen Mann durch Ungerechtigkeit und unglaublichen Mangel an Verständniß zur Wuth reizt! — Will ich haben, daß die Menschen wirklich Thiere seien, wie es die materialistischen Dreckseelen wollen? Bin ich vergnügt darüber und stolzir' ich in bübischem Triumph, daß ich's bewiesen zu haben glaube? Nein, ich beklage es im Tiefsten meiner Seele! Es quält und giftet mich, daß meinesgleichen vernunftlose Geschöpfe sein sollen, und ich will haben, daß sie's nicht seien! — Ich", fuhr er nach kurzem Innehalten mit stolzer Erhebung fort, „ich bleibe bei der Wahrheit! — Jene, in deren Geist nur das Thier lebendig ist, sagen: «Wir sind Thiere!» Die andern, die sich in blöden Täuschungen gefallen, rufen: «Wir sind Geister — Engel, Götter, ewige Wesen!» Ich aber sage: Wir sind Thiere — und sollen es nicht sein! Schmach über uns, daß wir es sind! Ringen wir hinauf! Bewältigen wir den Feind und machen wir ihn dienstbar! Triumphiren wir über das Thier mit göttlich herrschendem Geist!"

„Soll dies", entgegnete ich nach einer Pause, „auch nur entfernt geschehen können, dann dürfen die Menschen nicht sein, wie du sie schilderst! Sollen sie den Muth haben zu streben, und die Hoffnung zu siegen, so muß ihnen zugleich in hoher Fülle eine andere Kraft eigen sein —"

„Die du schildern könntest!"

„Wenn ich wollte, ja! Kräftiger und leuchtender, als du es vermöchtest! Denn dein Geist hängt an dem Uebel der Erde wie an einer Angel: er kann sich nicht mehr davon losmachen! Das Amt des Richters nicht nur, sondern zugleich des Nachrichters zu verwalten, das ist deine Passion! — — Das Bild", fuhr ich nach kurzem Schweigen fort, „das du von den Menschen wieder und wieder entwirfst, kommt doch nur jenen zugute, deren Ideal es ist, den Menschen zum Thier zu machen! Ihnen gibt es Züge, Beweise an die Hand, die sie freudig acceptiren werden! Und wenn man nach deinem Vorgang von dem Gegenstand einen Schluß ziehen darf auf den Geist, von dem Gesuchten und Gesehenen auf den Sehenden, so muß unsereiner sagen, daß derjenige, der nur immer das Böse im Menschen sieht, selber nicht zu den Guten gehört; — wenigstens nicht zu den rein und wahrhaft Guten!"

Victor sah mich an, halb ernst, halb sarkastisch lächelnd, und sagte: „Du bist böse!"

„Es wäre kein Wunder! — Ich überlege mir —!"

Er ergriff meine Hand und rief: „Edmund! Willst du eine Thorheit begehen? — Wir beide können einander nicht beleidigen; — dazu fehlt uns die Hauptsache — die Absicht! — Streichen wir's den Tisch hinunter!"

„Und bringen wir's bei nächster Gelegenheit wieder aufs Tapet!"

„Nie!" rief er mit einer Art Feierlichkeit, — „so Gott will! — — Lieber Freund", fuhr er fort, „ich habe mit Narren und Dummköpfen mich herumgeschlagen mehr als es mir jetzt Freude macht; — glaubst du, ich könnte mich mit einem Manne balgen, der die Güte, die Grazie, die Liebenswürdigkeit in Person ist? Eher depreciren! — was ich doch nie gethan habe, so lang' ich lebe! — — Er lächelt wieder!" rief er mich ansehend. „Siehst du? Das steht dir! — Deine Hand! Nichts soll unsern Bund zerreißen — nichts, was auch noch zwischen uns vorkommen möge —"

„Erlaub' mir", fiel ich ein, — „du gibst mir da Aussichten —!"

„Nun ja", entgegnete er; „du siehst aber, ich will's zuvor nicht! — Geh! Man muß tolerant sein! — Ein Wort in der Hitze ist eine Blase, die im Wasser aufsteigt, um zu platzen!" — —

Sechstes Gespräch.

„Glaub' mir, lieber Freund", sagte Victor, al
wir das nächste mal beim Nachtisch saßen und uns ein
neue Weinprobe schmecken ließen, — „glaub' mir, d
kommst nicht gegen mich auf! Ich kann zugeben, da
gar viel Schönes und Gutes in der Welt ist; aber e
ist nicht nur viel mehr Häßliches und Böses in ihr, son
dern dieses hat auch an sich eine größere Macht! —
Es ist gerade so, als wenn wir in ein Glas Wei
Tinte gießen! Die Tinte verderbt den Wein, der Wei
verbessert aber nicht die Tinte, sodaß die Mischung nu
etwa doch noch genießbar wäre. Trinken wir sie, dan
haben wir Tinte gesoffen."

„Ich kann den Vergleich nicht ganz zugeben", sagt
ich nach einem Blick, der den Einfall belohnen sollte
„Gegenüber dem Schönen und Häßlichen können wi
Menschen abstrahiren und uns das Schöne für sic
munden lassen. Und ich sollte meinen, beim Wein —
noch dazu bei einer Sorte, die mir wenigstens vortreff

ich schmeckt! — dürfte das Häßliche als gar nicht existirend gedacht werden!"

"Wenn's was hülfe!" entgegnete er. "Ist es momentan auch gelungen, dann kommt das Widrige von neuem und stößt sich uns selbst unter die Nase! — Damit du aber doch was Kluges gesagt hast, will ich meinen Vergleich ändern! Wir abstrahiren und trinken den Wein ohne Tinte; dann kommt die Welt und schüttet uns den übeln Trank mit Gewalt ein, und der Geschmack desselben hat wieder das letzte Wort!"

"Dauert doch oft lange", versetzte ich. Dann füllte ich den Römer, betrachtete vergnüglich das grünflüssige Gold in ihm und leerte ihn auf Einen Zug.

"Du bist ein Kauz", entgegnete er mit spöttischem Lächeln. "Um etwas gegen mich vorzubringen, riskirst du einen Rausch!"

"Ich benutze den Moment", erwiderte ich, das Glas wieder füllend.

Er sah vor sich hin und schien in Nachdenken zu ersinken. Dann, mit einem Ernst, der etwas Gewolltes hatte, sagte er: "Ich hab' mir schon manchmal darüber Gedanken gemacht, wie es doch möglich ist, daß man über die Greuel, die das jetzige Dasein verunstalten, hinwegsehen kann — nicht nur auf einige Zeit, bei einer guten Mahlzeit etwa, wo ich's begreife, — sondern überhaupt, indem man sich alles Ernstes einredet, diese Greuel, die man im allgemeinen freilich kennt, wären

Dissonanzen, die ins Ganze des Lebens harmonisch ein‑
klängen! Das nenn' ich eine Gutmüthigkeit! Und si[e]
ist ganz gewöhnlich bei Menschen, die sich in ihrem ge‑
sunden Leibe wohlfühlen und nicht die Fähigkeit haben
sich in das schreckliche Los, das andere getroffen hat
wirklich hineinzudenken. Sie trinken jene besprochen[e]
Mischung in der Phantasie, und loben das Getränk, al[s]
ob ihm der Zusatz des Widrigsten für ihren Geschmac[k]
eine besondere Würze verliehen hätte!"

„Ich gehöre nicht zu ihnen!" versetzte ich.

„Das versteht sich von selbst", erwiderte er. –
„Du würdest nicht hier sein, wenn du ein Seichtlin[g]
dieses Schlages wärst!"

Die Vorstellung eines solchen schien ihn aufzuregen
er sagte: „Man soll seinem Nebenmenschen nichts Böse[s]
wünschen; aber wenn ich so einen Kerl reden höre un[d]
deutlich sehe, daß er das Fürchterlichste nur darum fü[r]
nicht so arg hält, weil es ihm, der sich's blos denk[t]
ein dramatisches Interesse einflößt — da ist mir scho[n]
etlichemal der Gedanke gekommen: wenn dir, flach[e]
Seele, nun begegnete, was Ehrenmännern schon begegne[t]
ist, daß nämlich rachewüthige Unmenschen, in dere[n]
Hand du mit deiner Familie gefallen wärst, dein Wei[b]
oder deine Tochter vor deinen Augen erst schändeten
dann mordeten — was würdest du sagen? Streng
genommen solltest du's erleben, frevelnder Wicht, dami[t]
du doch einsehen lerntest, wie sich gewisse Misklänge, di[e]

’as Ganze so pikant machen sollen, für sich allein usnehmen!“

Ich schwieg, indem ein Gedanke in mir aufstieg, der um Vorsatz reifte. — Er fuhr fort:

„Es ist Feigheit und jämmerliche Schwäche, von er ungeheuern Wirklichkeit des Bösen in der Welt und on den Martern, worin sich unsersgleichen gewunden at und windet, hinwegzusehen und zu thun, als ob das ben so wäre und so sein müßte! In dieser kindischen Selbsttäuschung kann ich nur eine Wirkung des Bösen elber erblicken — will sagen des bösen Feindes! Diesem nuß natürlich daran liegen, daß seine Thaten wohlwollend ngesehen und freundlich beurtheilt werden, damit er sie, on den gefangenen Gimpeln unterstützt, um so gedeih= icher fortsetzen könne! Man kann fragen: warum ist enn des Bösen nicht weniger geworden in der Welt, a doch von jeher alle möglichen Mittel dagegen ver= rdnet und angewendet worden sind? Der Gründe sind nehrere — einer davon aber ist, daß die Alltäglichkeit es Bösen uns stumpf macht gegen die gebührende Wir= ung seiner Scheußlichkeit! Es ist eine so alte Geschichte — wer wird sich noch darüber wundern? Die Welt st nun einmal so und ist von jeher so gewesen! Dieses wige Predigen dagegen — es ist langweilig! Diese Sätze der Moral, wie oft hat man sie schon aufgestellt vortwörtlich — es ist nicht mehr zum Anhören! — Yanz vortrefflich! — Von Menschen, die so denken, hat

der Teufel für seine Werke nichts zu fürchten — und
darum ist der Schluß nicht gewagt, daß derartige Ge=
danken von Ihm selber inspirirt werden!"

Er sah mich fragend an. „Ich bestreit' es nicht!"
entgegnete ich.

Er nickte, als ob er sagen wollte: du thust wohl
daran! — und fuhr fort: „Princip des Bösen! Wun=
derbares Genie! Ich bestaune dich tagtäglich! Ich be=
staune den unglaublichen Scharfsinn, womit du die
Sterblichen fängst und die Geschicktesten zu kaum be=
greiflichen Dummköpfen machst! Du bist's, der dem
Menschen den Gedanken eingibt, die Tugend schön und
das Laster häßlich zu finden — an andern! Sodaß
nun immer einer den andern zur Tugend anfeuert und
vom Laster abmahnt — natürlich ohne allen Erfolg!
Denn von dir geblendet sieht jeder in seinem Laster
und in seiner Bosheit nicht nur etwas ganz Unver=
fängliches, sondern etwas Schönes und Ehrenvolles!
Soll ich mir den Genuß versagen? Ich wär' ein Thor!
Soll ich die Mittel verschmähen, die mich über die an=
dern zum Herrn setzen? Nein, glücklich und groß will
ich sein, und niemand soll mir nachsagen, daß ich die
Gelegenheit dazu aus Schwäche versäumt habe! — Und
so bleibt's beim alten! Die Tugend, die immer einer
dem andern zuschiebt, kriegt keine Stelle, das Laster
florirt, und die Komödie spielt im neuen Jahrhundert
nur in neuem Costüm weiter! Wie lang ist's her, daß

man dem Menschen gesagt hat: Du siehst den Splitter in deines Bruders Aug' und den Balken in deinem wirst du nicht gewahr? — Und dieses schöne Verfahren wiederholt sich täglich in ungebrochenster Kraft! Warum? Der Lateiner hat das Wort des Räthsels gesprochen, das freilich auch wieder zu erklären ist: «Unicuique stercus suum bene olet!» Ein Wunder! Das Wunder aller Wunder: die vollkommene Verwandlung einer Eigenschaft in ihr Gegentheil! Wer bewirkt es? Die verkehrte, lügenselig gemachte Selbstliebe! Und wer hat diese zu solcher höllischen Schärfe gesteigert? Der Vater der Selbstsucht, der Vater der Lüge — dessen Reich mithin gesichert ist!"

Ich saß stille da. Die Ideen mehrten und rundeten sich in mir; ich hörte und dachte.

„Dein Reich komme!" fuhr der Ankläger fort, — „so beten die Menschen. Das Reich des andern gründen und erhalten sie unmittelbar selber unter seiner nie bemerkten Oberleitung, und es gedeiht, und breitet sich aus! Schreckliche Einrichtung dieser Welt! Das Thierische ist süß, man kann ihm nicht widerstehen! Aber es gibt etwas, das noch süßer ist — nämlich das Teuflische, die Befriedigung des infernalen Ehrgeizes! Und so gehen die Menschen, die nach süßen Ergötzungen trachten, zwischen diesen beiden Wollüsten hin und her, und berauschen ihren Sinn und berauschen ihre Seele, und reifen der Hölle zu, während sie Götter zu werden vermeinen! Arme Vögel! Klägliche Opfer des großen Vogelstellers! Das wirre Spiel des Köderns, des Fangens und Abzappelns im Netz, das ist die Welt und das Leben!"

Ich hatte mit Ernst zugehört. Victor, der im Flusse war und keinen Widerspruch mehr zu erwarten schien, fuhr nach kurzem Innehalten fort:

„Wir haben gesehen, daß die Menschen Thiere sind wegen der blinden Selbstsucht, aus der sie handeln. Aber sie können Carrière machen: sie können aus blinden Werkzeugen des Bösen sehende — sie können Teufel werden! Ein offenbarer Fortschritt! Das Thier ist dumm und gemein, der Teufel gescheit und nobel. Der Teufel durchschaut das Thier und beherrscht es; daher die Ehrgeizigen unter den Menschen mit Fug danach trachten, Teufel zu werden. Aber nicht jedem gelingt dies im wahren Verstande. Zwischen Thier und Teufel gibt es Mittelstufen. Es kann einer ein ganz braves Werkzeug des Bösen sein — ein intelligentes Werkzeug, das mit Kenntniß und Liebe seinen Dienst versieht; allein er ist doch noch immer nur Werkzeug und wird, wie man zu sagen pflegt, vom Teufel nur geritten. Selten bringt's einer dahin, daß wir mit Recht von ihm sagen können: er ist ein Teufel! So einer muß das Böse mit Innigkeit lieben, mit Eifersucht und Lust verwirklichen und den Muth haben, um seinetwillen jedes Opfer zu bringen. Dann bewährt er sich seinerseits, er wird mündig und der Teufel schließt ihn ans Herz als seinen lieben Sohn, an dem er Wohlgefallen hat!"

Ich gab der Unterscheidung meinen Beifall, und er ging in seinem Vortrag weiter:

„Wer sich bewußt ist, ein Thier zu sein, darf sich gleichwol nicht allzu sicher fühlen! Wie gering er das Geistige in sich anschlagen mag, er kann doch auch Teufel werden, mindestens auf eine Zeit. Wenn das Thier, bei allem Behagen in seinem thierischen Sein, auf den guten und mächtigen Geist stößt und eine Ahnung der Superiorität desselben erlangt, dann fährt der Teufel des Neides und Hasses in seine Seele und vergiftet sie und macht sie momentan diabolisch. Wir können bemerken, daß rohe müßige Burschen im trauten Kreise mit harmlosen Gemeinheiten sich unterhalten, sodaß wir sie höchstens Schweine nennen können. Auf einmal tritt ein überlegener Kopf unter sie und ist so unvorsichtig, sich als solchen zu verrathen und den Thieren ein höheres Ideal vorzuhalten, welches sie beschämt. Wie sind sie plötzlich verwandelt! Unheimlich funkeln die Augen, dummhitzig steigt ihnen das Blut ins Gesicht, und höhnisch verziehen sich die Mäuler; sie spritzen das Gift des Spottes gegen den Ueberraschten, helfen sich und steigern sich durch wechselseitig gezollten Beifall, und ein Triumph flitzert aus ihren Mienen, den man nur wahrhaft bösartig nennen kann. Wir müssen sehen, daß, ähnlich wie im Evangelium, in die Säue Teufel gefahren sind! Aber

diese da stürzen sich leider nicht in einen See und er=
saufen; sondern sie besaufen sich höchstens und freuen
sich königlich ihres Sieges über den Mann von Geist,
der die Arena der Wackern natürlich sobald als möglich
verlassen hat."

„Gut und drastisch gemalt!" rief ich.

„Freut mich", erwiderte er. „Deinen Bei=
fall weiß ich zu schätzen! — Also jedes mensch=
liche Thier kann Teufel werden — in einer unter=
geordneten Weise! — Davon hat es aber selbst keine
Ahnung! Vielmehr was glaubt es, wenn es in dieser
Art sich gesteigert hat, geworden zu sein? Ein Mann! —
Armes Geschöpf! Ein Mann! — Allerdings bist du
etwas geworden männlichen Geschlechts; aber kein Mann,
bemerk' es wohl, sondern was? Ein Bube! — Das ist
auch mehr als ein Thier! Du bist fortgeschritten, mein
Junge; aber du mußt dir nur nicht zu viel einbilden und
für den sittlichen Charakter deines Wesens auch das
richtige Wort zu finden wissen!"

Eine Andeutung von Beifall zog mir einen flüchtig
freundlichen Blick zu. Dann fuhr er in seiner Anrede
an das erwählte Opfer con amore fort:

„Ich wollte, du könntest dich im Spiegel sehen, mein
Edler; — du würdest mir gewiß recht geben! Die ver=
ächtlich spöttische Miene; die Frechheit, die sich das An=
sehen des Muthes gibt; der schamlose Triumphblick —,
und zu alledem jener verdächtige Schimmer des böser

Gewissens! Alles ist da, und der letzte Zug vollendet dich, wie er den Gassenjungen vollendet, dem, wenn er auf einen mit Unverschämtheit ausgeführten Streich selbstbewußt hinblickt, doch auch schon die Ruthe vorschwebt, die seinen Hintern zerarbeiten wird!"

Ich lächelte — wie einer, dem etwas stark vorkommt.

Er, es nicht bemerkend, schwieg. Nachdenkend sah er für sich hin, um dann mit großem Ernst fortzufahren:

„Der Neid des Thieres gegen den Geist, der Haß, den der Geist in der Thierseele entzündet durch seine bloße Existenz, die sich als die höhere beweist, vergiftet nicht nur die kleinen Kreise, sondern kommt in den größten Verhältnissen zu Tage! Wer erweckt bösartige Wuth in ganzen Geschlechtern — einen Haß, der sich nur in Vertilgung genügt? Der Genius, der neues Licht in die Welt bringt — der Wohlthäter der Menschheit, wie er von den Spätern genannt wird. Für die Gemeinheit der Zeitgenossen ist er aber nichts weniger als ein Wohlthäter! Sie, denen er zumuthet, sich auf eine höhere Stufe des Geistes zu erheben, sie kränkt er in der tiefsten Seele! Der Gedanke, daß sie von ihm etwas lernen sollen, macht sie rasend. Die Furcht, seine Ideen möchten ihre angemaßte Herrschaft beeinträchtigen, bringt die Obenstehenden von Sinnen, und: «Kreuzige, kreuzige ihn!» tobt die fanatisirte Masse! — So wird er denn gekreuzigt! Und andere werden gesteinigt, oder wilden Thieren vorgeworfen, oder verbrannt. Eine Ausnahme bildet der milde Beschluß, durch welchen die Bürger einer altgriechischen Stadt einen Philosophen blos verbannt haben, indem sie erklärten: «Wer weiser sein will als wir, der gehe hinweg aus unserer Stadt und sei es anderswo!»"

Ich lächelte. — „Jene grausamen Mittel", entgegnete ich dann, „werden aber jetzt nicht mehr angewendet. Jetzt —"

„Werden derartige Thoren blos füsilirt, guillotinirt — oder man läßt sie verhungern!"

Mit gelassenem Spott sah er mich an und sagte: „Fortschritt! Fortschritt! — Natürlich, das steckt dir im Kopfe! — Fortschritt? Gott gebe, daß der, den wir jetzt machen wollen, nicht schon in wenigen Jahrzehnten zum Weltuntergang führt!"

„Oh!" rief ich.

„Oh?" wiederholte er. „Ist nichts zu ohen! — Jahrtausende ist die Menschheit fortgeschritten! Jahrtausende hat sie gedacht über Gott und Welt und geforscht und alle Winkel des Seins untersucht, um endlich, in der zweiten Hälfte des 19. Jahrhunderts post Christum natum, in den Matadoren der Epoche welche Ueberzeugung zu gewinnen? Daß der Mensch Thier ist im eigentlichen Sinne des Worts und die Aussicht hat, im Sterben zu werden, was das Thier wird! Daß der Geist nichts ist für sich, sondern eine bloße Aeußerung des willen= und selbstlosen Stoffes! Daß das Leben des Universums bestehe in einem endlosen, also zweck= und sinnlosen Entstehen und Vergehen seiner Theil= gebilde! — Das ist das Ergebniß vieltausendjähriger Anstrengungen des Kopfes! Das wird gelehrt in Wort und Schrift mit großem Eifer! Das wird verschlungen von der heutigen Generation — von der Generation, die uns den Fortschritt machen soll! Den Fortschritt wohin? In die tiefste Gemeinheit vielleicht, welche je= mals das menschliche Geschlecht besudelt hat! — — Die Möglichkeit steht vor meiner Seele und mein Herz er= schauert! Soll ich die Macht des bösen Geistes bezwei= feln, die sich mir in der Geschichte der Menschheit so kolossal bewiesen hat? Soll ich seine unglaubliche Fähig= keit bezweifeln, alles wieder in Frage zu stellen und um= zudrehen, nachdem sie in der neuesten Weisheit unserer philosophirenden Naturforscherlinge noch die höchsten und größten Wunder gethan? Das Princip des Bösen ist in Wahrheit der Gott der Welt! Es hat sich als sol= chen gezeigt bis zu diesem Augenblick — und ich soll glauben, daß seine Macht gebrochen sei? Ich soll's in einer Zeit glauben, welche die sittliche Basis nicht etwa blos in blinder Leidenschaft verliert, sondern wissenschaft= lich wegdemonstrirt und Geschlechter erziehen will, denen, wenn sie logisch denken, die Sittlichkeit als Narrheit er= scheinen muß? Ist doch die öffentliche Moral schon jetzt an einer Indifferenz angelangt, daß sie jedes siegende

Unrecht als Recht acceptirt, sodaß das Unrecht natürlich sich nicht nur nicht schämt, sondern stolz und achtunggebietend auftritt! Es ist möglich, daß dieser Standpunkt der Vergötterung des Drecks, wenn er durch den Eifer der Anhänger Gemeingut der Nationen, Gemeingut aller Schichten der Gesellschaft wird, die Menschen zuletzt wirklich zu Thieren im eigentlichen Sinne macht — zu Thieren und zu Teufeln! Dann allerdings hoff' ich zuversichtlich auf eine neue Flut, welche über alle Welttheile hingeht; — oder auf ein Erdbeben, das den Namen in Wahrheit verdient: auf ein Beben der ganzen Erde, ein allgemeines Einbrechen des Bodens und ein Hinunterschlingen all der schlechten Subjecte, die sich für nichts erklärt haben, um weniger als nichts, nämlich ekelhaftes Ungeziefer zu werden!" — —

Während dieser Rede hatten sich, von uns unbemerkt, am westlichen Himmel Gewitterwolken erhoben und waren so schnell aufgestiegen, daß wir plötzlich in halber Finsterniß dasaßen. Erregt, wie wir waren, sahen wir uns überrascht an. Solch drohendes Dunkel verfehlt auf dem Lande nie seine Wirkung; — und jetzt war's noch dazu, als ob die Natur dem Wunsche des zürnenden Moralisten sympathetisch entgegenkommen wollte! — —
Victor, die Würde des Philosophen behauptend, stand auf, trat mit gemessenem Schritt ans Fenster, sah ruhig hinaus und nickte dann, als ob er sagen wollte: diesmal scheint's ernsthaft zu werden!

Neugier ergriff uns und trieb uns in den Garten. Die Kronen der Bäume neigten sich brausend im Wind; tiefgrün schimmerte das Gras. — "Das bräunliche Grau dort gefällt mir nicht", sagte Victor, auf nach= gekommene Wolken deutend. Er gab dem Diener Be= fehl, auf der Wetterseite die Läden zu schließen. Die ersten großen Tropfen fielen — wir traten ins Haus zurück. Blitz und Donner und rauschender Regen! Victor sah durchs Fenster. "Da!" rief er. "Die kleinen Körner beginnen, die großen werden folgen!" Stilles Warten. — Die Prophezeiung erfüllte sich nicht. Die Hagelkörner hörten auf, und nur der Regen strömte um so gewaltiger herunter. — Bald erhob sich ein Windsturm, jagte das Gewitter förmlich über unsere Häupter hinweg, und im Südwesten glänzte die Sonne, während im Osten die schwarze Wand sich dichtete.

Wir gingen in den Garten. Kein Schaden! Er= frischt und erquickt nur dampfte die Vegetation. Das Grün des Laubes und Grases ergoß kräftigen Saft= geruch; — eine wahre Poesie markvoller Natur umfloß uns. — Nun kam doch in Victor der Oekonom zum Vorschein. Er lächelte und sagte: "Diesmal ist's gut gegangen!"

Mit feuchten Stiefeln kehrten wir in die Stube zurück, die mir in dem goldenen Schein, der sie durch= schimmerte, förmlich neu vorkam. Wir setzten uns, und nach einer Weile sagte Victor: "Also der Wein hat deinen Beifall? Ich hab' ihn getrunken ohne zu wissen was! — Ich möcht' ihn nun auch würdigen — und die Unterhaltung fortsetzen!"

Er ließ eine neue Flasche kommen. Wir tranken. Er, nachdem er das Glas hingesetzt hatte, sagte: „Wo sind wir stehen geblieben?"

„Im Grunde", versetzte ich, „sind wir am Ende angekommen: bei der Vertilgung des Menschengeschlechts!"

Er hatte den Humor, meinen Humor mit einem heitern Blick zu würdigen. „Es ist wahr", entgegnete er. „Dabei könnte man sich eigentlich beruhigen!"

„Indessen", bemerkte ich, „die Menschen leben noch — so wie deine Saaten noch stehen! — Es wird am Ende auch sein Gutes haben!"

Er lächelte.

„Zum Dank für den guten Wein, den ich heute so reichlich genossen habe, möchte ich dich nun doch auf etwas aufmerksam machen!"

„Du weißt", entgegnete er, „daß ich von dir alles dankbar hinnehme!"

Ich begann: „Du hast einen sehr scharfen Blick für die Wirkungen des bösen Princips in der Welt und für die schlauen Mittel, die es anwendet, um die Menschenseelen irrezuführen. Wundern muß ich mich aber, daß du eins dieser Mittel noch nicht gemerkt zu haben scheinst!"

„Womit du mich nun bekannt machen willst? — Ich höre!"

„Jenem Geist", fuhr ich fort, „muß allerdings immer dran liegen, daß das wirkliche Böse in der Welt für natürlich oder gar für gut angesehen werde. Ebenso ist es aber auch in seinem Interesse, daß das wirkliche Gute nicht bemerkt, nicht erkannt oder gar für schlecht erklärt werde! — Bezweckt er auch dieses — wie ich annehmen muß, — dann hat er an dir ein Organ gefunden, woran er seine Freude haben kann."

Der Angegriffene erhob den Kopf. „Herr", entgegnete er, — „du wirst verwegen!"

„Ich bin es immer, wenn ich recht habe", erwiderte ich. — „Das Gute ist für dich nur der Boden des Bösen, die Bedingung, daß das Böse sei, und du geberdest dich, als wäre es beim Leben der Menschheit hauptsächlich auf dieses abgesehen! Du selber wirst nur von den Uebelständen des Daseins getroffen; das Erfreuliche, Erhebende läßt dich ruhig, nur das Dumme, Gemeine und Schlechte bringt dich auf und macht dich productiv!"

„Und die schlimme Folge? Der Vortheil, den der Teufel davon hat?"

„Wenn die Welt so schlecht ist und dem Teufel gehört, ei nun, so gehöre sie ihm, und er thue mit ihr, was ihm gefällt!"

„Das ist nicht mein Schluß!"

Gespräche mit einem Grobian.

„Aber andere schließen das aus deinen Sätzen — und müssen es! — Wenn man den Führer eines Heeres bekämpfen soll, muß man selber ein Heer haben! Für sich allein kann man schmähen, aber nicht schlagen!"

„Das will sagen?"

„Die Triebe des Guten, die Ideen des Guten, die Werke Gottes in den Menschen sind die Verbündeten, mit denen wir allein siegreich gegen Ihn, den großen Feind, zu kämpfen vermögen!"

Victor machte eine Bewegung, wie einer, der etwas zu sehen sich nicht entschließen kann.

„Wunderlicher Heiliger!" rief ich. „Streckt dein Arm sich wirklich nur zum Schlag aus? Hast du einzig und allein Augen für den Feind? — Geh, du bist nicht um ein Haar besser als jene Gutmüthigen, welche die höchsten Greuel des jetzigen Daseins in einer geträumten Harmonie untergehen lassen!"

Erstaunt, mit aufgezogenen Augenbrauen, sah er mich an.

„Thatsachen sollen dich schlagen!" rief ich. „Die Wunder der Natur und des Geistes treten vor meine Seele! Ich kann und will sie jetzt nicht entfalten; — aber ein flüchtiger Lichtstrahl genügt, sie zu erweisen und deine Phantome zu verscheuchen!"

„Leuchte, leuchte!" rief er.

Meine Gedanken beschwingten und hoben mich. Ich begann:

„Ein Wunder ist der Mensch! Ein Wunder ist der Mann, ein Wunder das Weib! Sinnenfrisch, markvoll, eine Welt von Trieben in sich hegend, begegnen sie sich. Sie erglühen füreinander, und die Natur segnet die Umarmungen, die ihre Werke vollenden. Dem Entzücken der Liebenden folgt das Entzücken der Aeltern, das Machtgefühl der Herrscher, die von ihren Sprößlingen umgeben sind, und mit ihrer Würde erstarkt ihr Geist, ihr Charakter!

„In den ersten Zeiten greift das gewaltige Familien=haupt mit natürlichem Wollen um sich, wird Führer und Herr eines größern Ganzen und waltet in ihm des Rechts und der Sitte. — Die göttlichen Mächte rühren sich in den Seelen der Menschen. Die Bande der Religion zwischen den Sterblichen und den Ewigen flech=ten sich enger, Lehre und Cultus entfalten sich reicher und größer.

„Blicken wir hin auf die begabtesten Völker! Welche Fähigkeiten zeigt in ihnen der Menschengeist! Welche Welt thut sich vor ihm auf in ihm selber! Was kann er alles in allen! — Wahrlich, man kann fragen: was kann er nicht?

„Er macht den Stoff sich dienstbar; er kämpft mit der Natur, er kämpft siegreich und vollendet sich im Streit. Er macht sich zum Herrn dessen, was unter ihm ist, zum Herrn dessen, was in ihm ist — und er bereichert die Schöpfung, indem er eine neue Welt in die Welt setzt! — Gigantische Werke steigen empor vor dem staunenden Aug'! Bewundernd sieht der Mensch hinan zu seinem eigenen Gebilde und wächst an seiner eigenen Schöpfung! — Das Ungeheure mildert und vollendet sich zum Schönen, zum göttlich Schönen — und das Vollkommene, leibhaft steht es da in dieser mängelvollen Welt!

„Tempel! Behausung des Gottes, von verehrenden Menschen erdacht und ausgeführt! Verklärung des Stoffes und Neuschöpfung nach dem reinsten Ideal des Geistes! — Herrliche Säulenreihen, erhaben und heiter, weihevoll und schön! Wir sehen hin — das Herz wallt und selige Frömmigkeit erfüllt uns!

„Der Tempel ist für den Gott! Und wie Gott den Menschen geschaffen hat nach Seinem Bilde, so schafft der Mensch den Gott nach seinem. Und es entstehen die Gestalten der Ewigen; sie selber schauen dich an; ihr Geist, ihre Macht und ihre Huld strahlen aus den übermenschlich menschlichen Zügen und Formen! Es entsteht das Bild des Vaters der Götter, des größten Meisters vollkommenstes Werk. Glückselige, die es lebend schauen konnten; denn sie konnten sterben! — Es umgeben der obersten Herrscher die Genossen seiner Herrlichkeit — erhabene, holde, heitere Verkörperungen göttlicher Güte und Schöne. Und zu den Bildern der Götter gesellen sich Bilder der Menschen und Bilder der Natur, vergöttlicht selber und mit ihnen in Harmonie vollendend Himmel und Erde! — —

„Vom Größten zum Größten, über Jahrhunderte hinweg, schwingt sich mein Geist. Kann das Unübertreffliche noch übertroffen werden? Kann sich nach dem Vollkommenen das Vollkommnere erschließen? Tiefere Blicke in das Wesen des Einen, in das Wesen der Ewigen — und neue Schöpferquellen springen im Menschen! Von der Erde zum Himmel empor sprießen die Dome — steinerne Symbole der Sehnsucht, der Innigkeit und des Tiefsinns christlicher Seelen! Heiligere Liebe, süßere Hoffnung leuchten im Himmelslichte der Farben, welche die Seele selber vor uns erglühen lassen! — Grauenvoller gähnt die Kluft, die zwischen Gott und Menschen sich aufgerissen; aber mächtiger wachsen dem Geiste die Schwingen, die ihn über sie hinüber an das Herz des Vaters tragen! Die himmlischen Gefühle der Anbetung, der wonnigen Verehrung und Liebe, welche die Gemüther durchfließen, suchen und finden den entzückendsten Ausdruck in Tönen, die sich zusammenschließen zum feierlich jubelnden Preisgesang. Und zu allen Gaben der Künste bringt der Redner, der Dichter, das begeisterte Wort, Licht ergießend über göttliche und menschliche Dinge und das Heil, welches die Künste den Sinnen und dem Gefühl erschlossen haben, in beseligender Helle dem Geist offenbarend.

„Ja wohl kann man fragen: was ka[nn]
nicht und was im Lauf der Zeiten vollf[ührt]
Er gestaltet und verklärt, indem er sie kü[nstet]
die Materie; er erklärt die Natur und
seines Geschlechts; er durchleuchtet sich sel[bst]
und seine Seele, und stellt das Ideal
Hoheit, Macht und Huld im Bilde r[ein]
seinen Geist. Und alles das in den herr[lichen]
so schön, so überschwenglich groß und
entzückt emporstaunen und ausrufen möch[te]
hat es geschaffen!

„Erde und Himmel, Sinnen= und Ge[ist]
forscht der Mensch und trägt die Gestalte[n]
in seinem herrschenden Geiste!

„Vom Schönen bringt er zum Schö[nsten]
Lichten zum Lichtesten, — vom Gewi[ssen]
wissesten.

„Nichts entgeht ihm, nichts gibt e[s]
vollendet er!

„Den fernsten Weltraum durchspäht
die Gesetze der Bewegungen, die in unen[dlich]
vor sich gehen, müssen sich ihm enthülle[n]
meßliche Menge der irdischen Wesen und
geht ihr forschend nach; und für den
sich auch das bereits Erforschte unermeß[lich]
Wirklichkeiten und Möglichkeiten deckt sei[n]
stillschweigender Theilung der Arbeit; fi[ndet]

des großen Ganzen hat er das Werkzeug erfunden, womit er's fassen kann. — Ungeheure Mannichfaltigkeit des menschlichen Wirkens! Wenn wir staunen über die Unzahl der künstlerischen Gebilde, über die unabsehbare Fülle der wissenschaftlichen Offenbarungen, dann müssen wir uns gleichwol sagen, daß das nur Eine Seite ist unsers Thuns. Andere hatten und haben die Aufgabe, das Leben selber zu organisiren und in geordnetem Lauf zu erhalten, — die Leitung der Völker und Staaten zu besorgen, welche zahllose Fähigkeiten und Arbeiten erheischt. Und wenn das Leben der Nationen ins Stocken geräth und Stürme nöthig sind, um es aufzurühren, dann kommen die Titanen und reißen eine Welt mit sich fort, werfen, eine Bahn zu machen neuen Entwickelungen, das unhaltbar Gewordene nieder, — und der Mensch, unter Leiden und Klagen, staunt die Größe des Wollens, staunt das Riesenwerk der Zerstörung an, und vergißt den Schaden, indem er den Gewinn in der Anschauung des Heldenideals festhält!"

Ich hatte mich, von meinen Gedanken bewegt, bald nach dem Beginn der Rede erhoben und stand oder ging auf und ab. Victor blieb sitzen, das Gesicht auf mich gerichtet oder auf den Tisch sehend. Jetzt, als ich ein wenig innehielt, versetzte er: „Du schilderst die Begabtesten, die Gewaltigsten! Was thut aber derweil die Masse? Was thut die «Dutzendwaare der Natur», wie Schopenhauer sie nennt?"

„Diese Dutzendwaare der Natur", entgegnete ich, „baut derweil das Land, baut und ziert die Wohnungen der Menschen; sie nährt und kleidet das Geschlecht, legt und ebnet für die geistig Berufenen den Boden und leistet das allen Unentbehrliche. Und ihre Werke, wie herzerfreuend sind sie! Wie schön in ihrer Art und wie zierlich! Wie helfen sie der Natur zu ihren segensreichsten Hervorbringungen — und wie nähern sie sich der Kunst, indem sie ihr an der Grenzscheide die Hand reichen und sich adeln durch die Zuflüsse aus ihr! Wie traulich ist das Leben auch der Geringsten dieser Menschen! Wie werth, daß der Pinsel des Künstlers, die Feder des Dichters ihm sich widmet! Im Erdenlauf dieser Dutzendwaare der Natur erblühen die schönsten Gefühle, wie nur immer in den vorgezogensten Persönlichkeiten: das Glück der Liebe, der Rausch der Liebe, das heilig schöne Gefühl der Mutter, die Wonne des Vaters, den der Sprößling anlächelt, die Freude, Freude zu machen den Seinen, und das erhabene Bewußtsein, um ihrer Freude willen die seine geopfert zu haben und zu entbehren! Und Mutterwitz, und Scherz und Lachen in unmittelbarster Kraft der Natur, und eine Eigenthümlichkeit in Gedanken und Ausdruck, welche den Geist des Gebildetsten noch zu bereichern vermag! — Wenn es Philosophie ist, im Leben dieser Menschen nur die oben — nur die scheinbar oben Strecken zu sehen und danach über sie ein verachtendes

Urtheil zu fällen, so kann man sich freuen, daß es auch Dichter gibt, welche die Lichtpunkte dieses Lebens in rührender Schönheit malen und Gestalten ausführen, die durch Fülle des Gemüths und gesunde Tugend den hagestolzen Philosophen und Egoisten tief in Schatten stellen!"

Victor drehte sich auf seinem Sitz herum — er schien von meinen Worten getroffen zu sein. Ich fuhr fort:

„Wir leben nicht das Leben der Vollkommenheit — Gott weiß es! Und doch — wenn ich bedenke, was die Menschen alles können und alles leisten — wenn das Schönste, was sie auf den verschiedensten Gebieten entzückend vor uns erscheinen lassen, mir vor die Seele tritt, dann kommt mir's vor, als dürfte der Himmel sich zusammennehmen, wenn er die Erde überbieten will! Wir fühlen diesen Reichthum nur nicht immer! Wir fühlen die einzelnen Wunder nicht in ihrer vollen Schönheit — wir fühlen nicht alle zusammen! Aber umgeben uns nicht alle? Sehen die Göttergestalten nicht auf uns vom Gestell herab? Blickt nicht himmlische Hoheit und Huld aus dem Rahmen uns an? Umrauscht uns nicht die Harmonie der Klänge, welche nach den Erfindungen des Genius die Meister des Spiels vollziehen? Tönt nicht aus dem Gesang der fühlenden Kehle die Lust und der Schmerz des Daseins in unser lauschendes Ohr, das Herz in seliger Rührung schmelzend? Blüht nicht aus ben Blättern des Buches das Größte und Herrlichste der Welt vor den Augen der Seele magisch empor? — Alles, alles ist vorhanden für uns! Es ist kein Märchen! Nein! Und so überschwenglich ist's vorhanden, daß ich's nicht schildern kann, sondern nur andeuten! — Fürwahr, dieses unvollkommene Leben voller Mühen und Mängel ist doch zugleich unendlich reich an Poesie und Schönheit! Nicht an der Welt fehlt es, sie bietet uns die Fülle des Entzückenden — an uns fehlt es: wir wissen es nicht zu fassen, nicht zu genießen, nicht zu lieben und zu loben!"

Ich warf auf den Freund einen Blick — er sah mit einem Ernst für sich hin, der mir seine Seele verrieth.

"Ja wohl", fuhr ich fort, "wir sind nicht, was wir sein sollen! Wir sind nicht so gut und nicht so harmonisch, nicht so fromm und nicht so groß, als wir selbst es wollen! Aber wir denken das Ideal; und indem wir es darstellen und auffassen, überkommt uns die Liebe, die Begeisterung — und wir sind, was wir sein wollen! Wie der Dichter selbst nur so schön fühlt im Strom der dichterischen Begeisterung, fühlen auch wir nur so schön in dem Augenblick der Erregung, wo sich das dichterische Gefühl in uns belebt. Wie der Prediger selbst nur im Schwunge der Weiherede wahrhaft zu Gott sich erhebt, so erheben sich zu ihm auch die Hörer nur, wenn die mächtigen Worte ihre Seelen erschüttern! Wir holen nach in Augenblicken, was wir in Stunden und Tagen

versäumen; aber wir holen es doch nach, und wir er=
fahren in solchen Augenblicken doch, wie wir sein sollen
und können!

„Ideal und Wirklichkeit stehen auseinander; aber der
Geist bringt sie zusammen, und sie sich näher und immer
näher zu führen dünkt mir die Aufgabe der jetzigen und
kommenden Zeiten. Unendlich vieles hat der Mensch
gethan; aber jede Richtung seines Geistes hat es für sich
gethan, wenig bekümmert um die andere; nur auf ein=
zelnen Gebieten ist Harmonie erstrebt worden, — nur
die Natur der Dinge hat die Wege verflochten im großen
Ganzen. Jetzt aber will mir scheinen, als ob die Wis=
senschaften zusammentreten wollten und die Künste, um
ihre Reichthümer auszutauschen und im innigen Verkehr
das Größte zu vollbringen. Mir will vorkommen, als
ob die Gestaltungen des Lebens nicht mehr blos nach
der Forderung der Natur und nach der Willkür auch
noch so bedeutender Herrscherseelen, sondern nach dem
anerkannten und erwiesenen Ziel des staatlichen und
nationalen Lebens erfolgen sollten. Die Forscher und
Entdecker im Reiche der Natur machen die Materie fort=
gehend dienstbarer dem Geist, der Mensch wird täglich
mehr Herr der Erde; wozu das? Damit er die höch=
sten Ideale des Seins um so mächtiger in Wirklichkeit
führe! Die Natur streckt die Arme dem Geist entgegen
und der Geist bietet sich der Natur — wer kann zwei=
feln, daß der Vermählung, wenn sie gefeiert wird, die

herrlichsten Kinder entsprießen werden? Dann wird der Geist sich auch erinnern, was er der «Dutzendwaare der Natur» verdankt, und erkenntlich — und hoffentlich einigermaßen beschämt! — wird er sein Licht ergießen in ihre Sphäre, soviel ihr lieblich und gedeihlich werden kann! — Die Menschheit geht aufwärts trotz allem und allem — sie steht vor ihrer mächtigsten Entwickelung — vor dem Stand ihrer Reife! Und keine Sündflut wollen wir uns erbitten vom Allmächtigen, auch kein Erdbeben im allgemeinen Sinne des Worts, sondern Regen und Sonnenschein und den verheißenden Regenbogen, — den Fortgang der erhabenen Ordnung der Natur, damit das Geschlecht zu der Fülle des Guten, das ihm bisher gelungen ist, auf allen Gebieten, und für das Ganze zumal, das Beste — das Befriedigendste, das alles Abrundende und Vollendende füge!"

Ich hatte gesprochen. — Victor, der schon eine Zeit lang aufgestanden war, ging auf mich zu, faßte und schüttelte meine Hände, sah mich mit glänzenden Augen an und rief: „Du bist ein braver Kerl! Die Güte deiner Seele und der Schwung deines Geistes haben dich zum Poeten und Propheten gemacht; und schön — ergreifend, erhebend ist, was du vorgetragen hast!"

Diese erste warme Zustimmung des rücksichtslosen Tadlers brachte auf mich einen förmlich rührenden Ein=

druck hervor. Die Augen wurden mir feucht; ich preßte seine Hand, die ich in der meinen hielt.

„Weißt du denn aber auch", fuhr er dann fort, „was dein Hymnus eigentlich besagt? Allah ist groß! — Allah ist groß — das ist der Sinn deines Dithyrambus; und nur so kann man ihm die Wahrheit zugestehen, die er für sich anspricht!"

Er schwieg einen Augenblick; dann sagte er: „Gewiß, die Menschen haben unendlich viel gethan, sie sind gut und groß: wenn Gott sie durchherrscht und als Werkzeuge gebraucht! Göttliches leisten sie dann auf die natürlichste Weise! Aber wenn Er sich wieder aus ihnen zurückzieht, dann sind sie hohl und leer und benehmen sich kläglich. Die schönen Seelen werden misgestaltet und die großen klein — an Beispielen ist kein Mangel! Der menschliche sogenannte «Genius», auf welchen sentimentale Pantheisten kindischerweise den unserm Herrgott entzogenen Cultus übertragen wollten, ist in Stunden, wo der Geist ihn verläßt, einfach ein armer Sünder; und wenn er seine Rolle ausgespielt hat, ist er's mehr oder weniger den Rest seines Lebens! — Eins rath' ich dir! Wenn du deiner Seele den Genuß deines hohen Liebes von der Menschheit rein erhalten willst, geh nicht mehr unter Menschen! Der erste beste würde den traurigsten Misklang in deine Melodie bringen! Wie du gestaunt hast über die Fülle des Schönen, das die Menschen, von Gott bewegt, vollbracht haben, so würdest du staunen über die Armseligkeiten auch an solchen, die unter Gott gedient und nach seiner Weisung rühmliche Thaten gethan haben!"

Er hielt ein wenig inne, dann fuhr er fort:

„Die Menschen gleichen in dieser Beziehung den Spielern, die miteinander das Werk eines großen Tondichters ausführen. Der Geiger und der Flötenbläser und alle die andern thun das Ihre, den himmlischen Fluß der Töne zu verwirklichen. Jeder ist bei der Sache mit Hand und Seele, und die Gesichter glänzen sympathetisch. Ist's aber vorüber, dann ist jeder wieder er selber; und es kann gar wohl sein, daß der treffliche Geiger, der dir die Seele aus dem Leibe gespielt hat, nichts mehr ist als ein eitler, intriguanter und geldgieriger, oder ein roher, dem Trunk ergebener Bursche!"

Er schwieg. Seine Züge wurden strenger. „Und die Menschen", sagte er, „die nur gut sind und die nur etwas können, wenn Gott sie führt und beseelt, bilden sich alles Ernstes ein, sie wären's und könnten's für sich allein! Und sie sind hoffärtig und danken's ihm nicht, und denken nicht an ihn! Sie hängen an dem Handwerk, das sie können, an der Ehre, die es bringt, und vergessen über der Gabe den Geber. Wie viele sind ihrer, die dem großen Michel Angelo gleichen? Er hatte seine eminente Kunst dem Vaterlande, der Kirche — Gott selber gewidmet! Er hatte den Schöpfer gemalt wie keiner vor ihm und keiner nach ihm! Und doch macht er sich in jenem wunderbaren Sonett den Vorwurf, daß er die Kunst zu sehr geliebt habe! Sein tiefes Gefühl sagte ihm, daß sein Herz mehr an der Darstellung gehangen habe als an dem Gegenstand, mehr am Abbild als am Urbild — und er beugte sich — er, einer der größten und männlichsten Geister! — in tiefer Demuth vor seinem Gott! — Eine beherzigenswerthe Lehre für unsere ästhetischen Duftköpfe, die nichts Höheres kennen als das Schöne, welches sie und ihresgleichen hervorbringen! Die der Meinung sind, im Genuß dieses Schönen wäre das höchste Ziel des Lebens erreicht, sodaß sie nicht nur den Glauben an Gott, sondern Gott selbst entbehren könnten! Bornirte Belletristen, die nicht bedenken, daß auch das geringste Schöne nicht möglich ist ohne den Geist Gottes, der zur Idealisirung befähigt — daß das höhere Schöne nur immer möglicher wird mit der tiefern Erkenntniß Gottes, und daß es ganz jämmerlich ist, über der Wirkung die Ursache zu übersehen oder sie gar für unnöthig zu halten! — Es ist etwas recht Schönes um das Kunstgenie! Aber wenn es blos instinctmäßig arbeitet und nicht über sein Metier hinaussieht, dann ist es doch auch nur ein animal sine ratione! Schön singen allein thut's mit nichten. Die Nachtigall singt auch schön, wunderschön, — und ist doch nur ein Thier, und noch dazu nur ein Vogel!"

„Ich zähle mich nicht zu dieser Art von Schöngeistern!" rief ich.

„Ich weiß es", versetzte er; „deine Seele geht tiefer — danke Gott dafür! Aber doch war es nöthig, daß ich deine Rede durch meinen Zusatz verbessert habe! — Der Pessimist (ich meine den wahren!) ist immer auch der bessere Christ und der schärfere Denker. Leugnet er das Gute? Nein. Er führt es auf seine Quellen zurück und weist zugleich auf den ungeheuern Spielraum hin, den die Nullität und die Niederträchtigkeit in diesem Leben zur Verfügung haben. Ausführen können die Menschen wol Gutes und Schönes, wenn Gott ihnen hilft; aber zum letzten Wissen — zur vollen Erkenntniß ihrer selbst gelangen sie nicht, und damit auch nicht zur wahren Heiligung dessen, was sie können! — Doch das ist ein Kapitel, über das wir uns heute nicht streiten wollen!"

„Es ist genug", versetzte ich. „Der heutige Tag gehört doch zu den guten! — Wie golden der Sonnenschein auf der Erde liegt!" rief ich durchs Fenster sehend.

„Gehen wir in die Luft hinaus", sagte Victor.

Wir traten in den Garten. Die Feuchtigkeit war fast aufgesogen und eingesogen, die Gewächse glänzten wunderfrisch. Die Blumen auf der Mittagsseite hauchten köstlichen Duft. Wir gingen umher, in Anschauen und Sinnen verloren. Eine heitere Laune wandelte mich an und ich sagte zu Victor: „Das Leben ist doch schön! — Das irdische Leben! — Die Schönheit überwiegt bei weitem!" —

„Du willst recht haben?" entgegnete er mit Laune. „Heute sollst du's haben!"

Siebentes Gespräch.

Nach dem letzten Gespräch mußte ich in einer Verwandtschaftsangelegenheit eine kleine Reise machen. Ich blieb drei Wochen aus, die mir sehr angenehm verflossen. Die Witterung begünstigte mich; ein paar tüchtige Regen kühlten die heiße Luft der Jahreszeit und hatten köstliche Tage zur Folge. Die Menschen, Städter und Landleute, mit denen ich als Reisender zusammentraf, sprachen mich nach dem einseitigen Verkehr mit dem Rigoristen Victor in ihrer Natürlichkeit und ihrem geschäftigen Treiben wohlthuend an; und endlich hatte ich das Glück, als Friedensstifter zu wirken und zwischen Verwandten einen Vergleich herbeizuführen, den sie mir noch lange danken werden. Unsereinem, der doch im Grunde ein zu beschauliches Leben führt, ist es eine besondere Freude, wenn ihm praktisch etwas gelingt, das er als fruchtbringend ansehen muß. — Auf der Heimreise ließ ich mir Zeit, beobachtete das Volk mit dem Behagen eines guten Bewußtseins und kehrte mit einem Vergnügen in meine Klause zurück, wie es die Biene haben mag, die mit goldenen Streifen beladen in den Stock einzieht.

Am andern Tage besuchte ich den Freund. Ich traf ihn bei ziemlich guter Laune. Der Bericht über das gelungene Versöhnungswerk interessirte ihn sehr und er lobte mich, indem er hinzufügte: „Es thut mir wohl, zu erfahren, daß doch immer wieder auch etwas Vernünftiges geschieht!"

Ich fühlte mich gedrängt, von meiner Wanderung und den gemachten Beobachtungen zu reden. „In unserm Volk", sagte ich, „steckt doch sehr viel Gutes! Ich habe mich auf dieser Tour mehr als gewöhnlich mit den Leuten abgegeben; es war mir Bedürfniß; und ich gestehe, ich habe meist nur sehr gute Eindrücke mit hinweggenommen. In den Städten Gewerbfleiß, ein Bestreben, das Handwerk mit der Kunst in Beziehung zu setzen, und ein reger politischer Sinn. Auf dem Lande frohere Thätigkeit, mehr Selbstgefühl und mehr Streben nach Bildung als früher, und doch die alte Genügsamkeit, der behagliche Gang, der berbe Humor!"

Victor lächelte. „Man hat die Menschen also wieder recht ans Herz geschlossen?"

„Der Verkehr mit ihnen", erwiderte ich, „hat mich wahrhaft erfrischt! — Welche Fähigkeiten und Tugenden besitzt unser Volk! Wie viel begabte Menschen gibt es in ihm! Ich habe Züge wahrgenommen, die

11*

meine patriotischen Hoffnungen aufs höchste wieder be=
lebten!"

Victor sah mich an, und mit sonderbarem Augen=
zwickern stieß er einen Seufzer aus. „Wer doch
auch", rief er, „ein so guter Geselle sein könnte
wie du!"

Auf diese Entgegnung war ich gefaßt. „Hier", er=
widerte ich, „ist nicht von Güte, sondern nur von
Empfänglichkeit und von Anerkennung des thatsächlich
Vorhandenen die Rede. Was ich gesehen habe, mein
lieber Victor, das hab' ich gesehen!"

„Ich will dir's auch nicht wegstreiten", versetzte er.
„Man ist vergnügt, man ist freundlich gegen die Leute
und sie sind es wieder, man ist gutmüthig von Haus
aus und idealisirt instinctmäßig — das rosige Licht,
worin man die Dinge sieht, ist eine Thatsache! — Aber
auf diese Thatsache möchte ich meinerseits keine patrioti=
schen Häuser bauen!"

„Die Deutschen sind ein zu guter Stoff", entgegnete
ich, „als daß mit ihnen nicht eine Nation im besten
Sinn gebaut werden sollte!"

„Die Deutschen", replicirte Victor, „sind ein so
guter Stoff, daß sie vor lauter Güte in keine Form zu
bringen sind. Das ist eben unser Unglück. Der Stoff
hält sich für viel zu gut, um der Form irgendetwas zu
opfern; und so bleibt's beim Stoff!"

Ich schwieg, nicht ohne innern Verdruß. „Nun",

sagte ich dann, „etwas Schaum hat dieser Stoff denn doch schon angenommen!"

„Vielleicht um so schlimmer!" entgegnete er. „Wenn er gar keine hätte, dann wäre eher Hoffnung, daß man ihm die rechte geben könnte!"

„Die deutsche Nation", erwiderte ich, „ist im wesentlichen auf eine stetige Entwickelung angewiesen! Der siegende Geist wird ihr geben, was ihr noch fehlt; auch die rechte politische Gestaltung!"

„Der Geist, mein lieber Edmund, ist ein schlechter Politiker! Er ist wol zum Ausdenken, aber nicht zum Ausführen geschickt. Den Deutschen fehlt hier der thatkräftige Trieb — die Lust des Handelns um des Handelns willen, — und so lassen sie's gehen, wie's eben geht! Wäre der Vergleich mit Hamlet nicht schon gar zu abgenützt, so würd' ich an ihn erinnern! — Treffend ist er leider!"

„Dieser Vergleich", entgegnete ich, „ist nur in gewisser Beziehung treffend! Es finden sich Hamlet'sche Züge an uns — das ist alles! Aber die Deutschen hat unser Herrgott nicht geschaffen, damit sie à la Hamlet zu Grunde gehen!"

Victor sah mich an. „Weißt du das so gewiß?" rief er.

„Es ist das Gewisseste, was ich weiß!" entgegnete ich.

Er erhob den Kopf — wie mir schien, einigermaßen

frappirt. Dann sagte er: „Ich beneide dich im vollsten Ernst! — Ich kann mich dieser Sicherheit nicht rühmen!"

Das letzte war in einem traurigen Tone gesagt. Er ließ den Kopf sinken und gab sich seinen Gedanken hin.

Nach einer Weile begann er: „Ich sehe die negativen Eigenschaften an uns Deutschen — es ist meine Fähigkeit, mein Verhängniß, — und was ich sehe, das schlägt mich nieder. — Soll ein tüchtiger Organismus zu Stande kommen, so müssen die Glieder allerdings für sich etwas sein — und sein wollen! Aber bei uns will alles, was Glied sein soll, nur für sich sein! Sich selbst zu behaupten auf Kosten des Ganzen, dafür haben die Deutschen sogar Leidenschaft und Thatkraft. Wir sind nur Hamlet, wenn es gilt, für's Ganze zu handeln! Gilt es, für uns selber zu handeln und den Forderungen des Ganzen entgegenzutreten, dann hindert uns keine Reflexion — dann sind wir Fortinbras!"

Von der unerwarteten Wendung getroffen, schwieg ich einen Moment. — „Trotzdem", sagte ich dann, „haben wir auch schon einig fürs Ganze gehandelt!"

„In ungeheurer Noth, die uns dazu gezwungen, wenn du willst, dafür begeistert hat! — War sie vorüber, da gingen die alten Teufeleien von neuem an und die Früchte der abgenöthigten Einigkeit verloren!"

„Wir werden's ein andermal besser machen!"

„Bisjetzt seh' ich nicht die Spur eines Grundes, der mich bewegen könnte, daran zu glauben!"

„Wie!" rief ich. „Willst du die Forderung nationaler Einheit, die jetzt alle Herzen erfüllt, für nichts achten?"

„Ich nehme mir die Freiheit", entgegnete er, — „weil ich sehe, daß diejenigen, die nach Einheit am lautesten schreien, eben am meisten thun, sie unmöglich zu machen! Jeder Theil will die Einheit nur zu seinem Nutzen, zu seiner Ehre! — Natürlich kommt's zu keiner!"

„Wir müssen uns eben verständigen", erwiderte ich. „Und bei unsern höchst complicirten Verhältnissen ist die Verständigung allerdings schwer — ganz ungewöhnlich schwer, — und erfordert Zeit!"

„Die Verständigung wäre leicht", entgegnete Victor, „wenn man sie wollte! Aber man will sie nicht! Die Einigung träumt man und weidet sich an dem Traumbild; die Uneinigkeit vollzieht man. — Der Gedanke der Einigung berauscht die Köpfe und man schwärmt glückselig; ist aber der Dunst verflogen, dann fühlt der ernüchterte Theil wieder nur sich, und die Selbstsucht erhebt ihr Haupt, ihr blindes Trachten für heilig erklärend!"

Er hielt inne; dann, mit bitterm Lächeln, fuhr er fort: „Die Deutschen haben eine eigene Manier, sich gewisser Tugenden zu rühmen, die sie nur in höchst zweideutiger Weise besitzen. So glauben sie gerecht und um der Gerechtigkeit willen bescheiden zu sein. Aber so gerecht und bescheiden sind sie nur gegen das Ausland — und da freilich, daß es eine Schande ist! Aber gegen seine eigene Nation und gegen seine Landsleute ist der Deutsche der größte Egoist, der jemals die Erde getreten hat!"

„Welche Uebertreibung!" rief ich.

„Die Belege davon", entgegnete er, indem seine Augen zu funkeln begannen, „sind mit Händen zu greifen! — Rechthaberei, giftige Tadelsucht, giftige Heruntersetzung des andern mögen den Menschen überhaupt verunzieren: am meisten aber verunzieren sie den Deutschen!"

„Das ist eine —"

„Laß mich reden!" schrie er. „Ich will's beweisen! — Ein bekannter Charakterzug der Deutschen ist ihre Vorliebe für das Ausländische. Sie kommen fremden Producten mit Liebe, einheimischen mit Strenge, Kälte und Mistrauen entgegen! Was ist der Grund? Gutmüthige Thoren haben ihn in Tugenden — in Großmuth und Selbstverleugnung — sehen wollen und blos den falschen Gebrauch derselben getadelt. Aber der Grund ist vielmehr ein Laster — die giftige Eifersucht des Deutschen auf diejenigen, die unmittelbar um ihn sind. Das widerwärtigste Geschöpf auf Gottes Erdboden ist für den Deutschen — sein Nächster! Ihn für einen

Esel zu halten und als solchen zu beweisen, ist das
bringendste Verlangen seiner Seele. Bevor ihm dies nicht
gelingt, hat er keine Ruhe; und wenn der Nächste zu=
fällig ein Kopf und eine Kraft und als Esel nicht dar=
zuthun ist, — wenn diese Kraft sich unwiderstehlich
beweist und ihm Anerkennung abzwingt, so leidet er
entsetzlich!"

Ich konnte mich nicht enthalten zu lachen. Er fuhr fort:
„Der Dichter, der Künstler, der in Paris oder
London sitzt, was genirt den Deutschen der? Der kann
recht wohl ein Genie sein, und sein Werk zu bewundern,
ist ihm süß. Daß es das Werk eines Menschen ist, der
ihn nicht genirt, das macht es ihm ebenso schön — es duftet
ihm Poesie! Dagegen das Werk desjenigen, den er vor sich
sieht — das Werk seines geborenen Nebenbuhlers ärgert
ihn um so mehr, je besser und schöner es ist. Je lieb=
licher es ihm glänzt, desto mehr beißen ihn die neidischen
Augen, und er kann, wenn er sich darüber ausspricht,
mit vollkommener Ehrlichkeit sagen: daß er davon die
allerübelsten Eindrücke empfangen habe!"

Dem Humor dieser Schilderung konnte ich nicht
widerstehen. Ich war erheitert und hatte nichts zu ent=
gegnen. Er, nach kurzem Innehalten, schloß: „Die
Ausländerei der Deutschen hat ihren Grund in dem
Neide, den der Deutsche gegen den Deutschen fühlt!
Dieser Neid läßt ihn einheimische Leistungen im gehäs=
sigsten Lichte sehen, und den ausländischen gibt der Um=

stand in seinen Augen noch die höchste Schönheit: daß damit die einheimischen todtgeschlagen werden können!"

Nun wurde ich ernsthaft. „Der Grund", entgegnete ich, „liegt denn doch tiefer und hängt mit unsern größten Aufgaben zusammen! — Ich behalte mir vor, ihn zu entwickeln, und protestire einstweilen gegen den deinen, sofern er ausschließlich gelten will!"

„So?" erwiderte er. „Gut! Behalte dir's vor! Ich rede weiter! — Was von den Menschen überhaupt gilt, das gilt ganz besonders von den Deutschen, denn die Deutschen sind die menschlichsten Menschen. Einer ist gegen den andern, war es von jeher und wird es sein — Gott weiß wie lang! — Dein Achselzucken ändert nichts! Bisjetzt spricht im ordentlichen Lauf der Dinge kein Factum für dich, jedes für mich. Darf ich dich an die politischen Experimente der letzten Jahrzehnte erinnern? Alles wurde versucht, nichts gelang. Warum nicht? Weil keine der verhandelnden Gewalten, von den größten bis herunter zu den kleinsten, ein Opfer bringen wollte und die großen vielmehr zu gewinnen begierig waren! An das Ausland kann der Deutsche wol etwas abgeben — das hat er bewiesen! Aber an eine andere deutsche Macht und an das Ganze? Lieber zu Grunde gehen! Da steigen denn die Lügenbilder der Hölle in den Seelen auf, um der Selbstsucht das Gewand der Pflichtmäßigkeit umzuwerfen! Die Fürsten erinnern sich an die überkommene Macht ihrer Häuser und Länder

und spiegeln sich vor, daß sie sich davon auch nicht ein
Titelchen streichen lassen dürften! Es regt sich die
Eifersucht der Stämme, die Eifersucht der Confessionen
die natürlich «Gott mehr gehorchen müssen als den
Menschen»!) — und alles stürzt zusammen! Ich will
darüber nicht reden, weil die Steine geschrien haben und
noch schreien! Nichts ist geglückt und keine Aussicht
vorhanden, daß etwas glücken werde! — — Du hoffst
noch?" rief er mich ansehend.

„Ich hoffe noch!" erwiderte ich.

Sein Auge glänzte Spott. — „Auch ich würde hof=
fen", begann er dann, „oder besser, ich wäre aufs tiefste
überzeugt, daß die Deutschen ohne Ausnahme sich liebend
einigten, wenn man sie auf einem großen Blachfelde zu
einem riesigen Saufgelage versammeln könnte. Solange
Wein und Bier flössen und die Lippen der Redner über=
strömten von der Herrlichkeit der geeinigten deutschen
Nation, so lange wären sie einig — nicht nur Bürger
eines Landes, sondern Brüder einer Familie! Wenn
aber der geringste Punkt festgestellt werden sollte, dann
wäre Nichtnachgeben wieder die höchste Ehrensache, Pro=
testiren die allerheiligste Pflicht — und das Chaos kehrte
wieder! — Es ist nicht nur der gemeine Egoismus, der
die Ausgleichung hindert, sondern noch mehr der höhere!
Der Deutsche muß auf den Deutschen — der Norden
auf den Süden und umgekehrt, jeder Stamm auf den
andern — verächtlich herabsehen, hoffärtig herablächeln

können, sonst ist ihm nicht wohl, ja sonst hält er's gar nicht aus! Dieser eitle, hohle, kindische — lausige Dünkel ist für den Deutschen das Allersüßeste; er pflegt ihn um jeden Preis; und nicht nur der Pöbel macht sich desselben schuldig, sondern auch die Führer und die großen Namen der Parteien! Seitdem es bei uns mehr Oeffentlichkeit gibt, ist eine Eitelkeit, eine eitle Gier aufgekommen, im Angesicht der Menge zu triumphiren, den andern unterzukriegen und ihm etwas abzuhaben, die mich mit der schwersten Bekümmerniß erfüllt. Da steht der Redner auf der Tribüne, spricht vom Vaterland und denkt an sich, declamirt von der Menschheit und denkt an sich, predigt von Gott und denkt an sich und seine Partei! Zu herrschen über die andern ist immer noch das höchste, das einzige Ziel des Ehrgeizes; und solange dieser Trieb vom Volke nicht geächtet ist, — wehe der deutschen Einheit!"

„Er wird es werden!" rief ich.

„Natürlich", erwiderte er. „Bei Gott, wie man neuerdings eingesehen hat, ist manches unmöglich, — bei dir gottlob nichts! — Gehen wir weiter! — Bei den Deutschen ist alles für sich, und auch von den menschlichen Fähigkeiten macht sich die eine despotisch auf Kosten der andern geltend. Der Deutsche ist nichts weniger als blos Idealist, er hat eine ganz anständige materialistische Potenz, die gegenwärtig in den fecksten Repräsentanten wissenschaftliche Jauche über die Lande

prengt; aber der Idealismus ist im Grunde doch seine
force, seine Zuflucht — sein Unglück! Die bloße Idee
ines einigen herrlichen Deutschlands entzückt den Deut=
schen so sehr, daß er sich dabei vollkommen genügen
lassen kann. Soll die Vorstellung realisirt werden, und
s geht nicht, weil niemand das Nöthige dazu thun will,
ann ist der Deutsche nicht etwa in Verzweiflung und
etzt Himmel und Hölle in Bewegung, damit wenigstens
in Anfang gemacht werde — keineswegs; — er zieht
sich in seine idealistische Sphäre zurück, hält sich an
eine Gedankenbilder, sieht die wirklichen Dinge da
draußen vom Standpunkt der Ewigkeit — und läßt sie
gehen, wie sie mögen! Geht es nun in der That so
schlecht als möglich, so mindert dies sein Behagen nicht
nur nicht, sondern schärft es, und wahrhaft schadenfroh
ann er auf das Deutschland hinaussehen, wo es wieder
so herzlich miserabel geht wie nur je! Hätte der Deut=
sche nicht diese Eselsbrücke in das Reich des Idealismus
— es stände besser um unser Land, und eine ganz an=
dere Hoffnung wäre gegeben, daß aus der Nation noch
etwas würde!"

„Der Idealismus", entgegnete ich, „hat in Deutsch=
land die großartigste Aufgabe! Wenn er uns bisjetzt
nicht nur gespendet, sondern auch geraubt hat, so wird
er dies millionenfach ersetzen! — Auch das hoffe ich
noch klar zu machen!"

Victor sah mich erheitert an. „Du contrahirst

Schulden", versetzte er, „mit einem Leichtsinn, den ich bewundern muß! — Wohlan, wenn du so viel vermagst, so wollen wir die Aufgabe noch ein wenig schwieriger machen!" Nach kurzem Besinnen fuhr er fort: „Dieser verderbliche Idealismus ist auch hauptsächlich schuld an dem Skandal, daß der Deutsche nie schimpflustiger ist, als wenn er über sein eigenes Volk zu schimpfen kommt. Er zeigt bei dieser Gelegenheit eine Objectivität, die wahrhaft in Erstaunen setzt. Obwol selber zum Ganzen gehörig, ist er doch als Schimpfer blos Idealist, und das Deutschland dort liegt unter ihm zu seiner Verfügung! Mit ebenso großer Selbstgefälligkeit wie Bosheit schlägt er nun darauf los; denn wenn er die Nation als eine darstellt, bei der gar nichts zusammengeht und die im Grund eine Nation von Narren ist, so leitet ihn dabei das Bestreben, sich selbst als höchst rühmliche Ausnahme bemerklich zu machen. Kommt er so recht in Eifer, dann gibt es in der Welt nichts Erbärmlicheres als die deutsche Nation, und der Zuhörer muß sich nur darüber wundern, daß sie bisjetzt ihr Dasein fristen konnte und noch immer zu existiren vermag!"

Er schüttelte, von dem Widersinn derartigen Verhaltens tief durchdrungen, den Kopf und sah für sich hin. Ich schaute ihn an — das Herz prickelte, der Mund juckte mir; ich hütete mich aber wohl, meine Gedanken und meine Verwunderung an den Tag zu geben. — Er fuhr fort:

„Wenn in einer Gesellschaft von Deutschen sich die :age erhebt, welches die vorzüglichste Nation sei, dann un der eine mit der Miene tiefer Einsicht die englische ation nennen, ein anderer die französische, ein dritter e italienische und ein vierter am Ende gar die russche. Auch die Türken sind von Deutschen schon gehmt worden auf Kosten der Deutschen; und mancher .irde die Chinesen über sie stellen, wenn er seines erzens wahre Meinung auszusprechen sich getraute. ;ährend nun die meisten so höchst undeutsch denken, rdern und hoffen sie doch wieder, daß das Ganze utsch sei, und verlangen ein gemeinsames glorreiches utsches Handeln! — Wenn das nicht stupid ist, dann bt's keine Stupidität mehr!"

Ich nickte mit Bedeutung; er fuhr fort:

„Gegenüber diesen Thatsachen entsinkt mir der Muth, ιb jede Hoffnung erscheint mir als Thorheit. Wie es ı politischen Feld ist, so ist's im industriellen und literarischen. Nirgends wird es dem bedeutenden Talent schwer gemacht, emporzukommen, als bei uns. Welche ıgeheuren Anstrengungen muß der deutsche Fabrikant achen, um dem ausländischen gleichgeachtet zu werden! nd die kindische, verwerfliche Eitelkeit unsrer Geburts⸗ d Geldaristokraten wird sich's doch nicht nehmen lassen, it französischen und englischen Erzeugnissen prahlen ıb prunken zu wollen! — In literarischen Dingen eigt die Vorliebe für das Ausland zum förmlichen

Blödsinn! Nicht nur dieser und jener, sondern die Masse der Deutschen findet jämmerlichen Bettel, der uns von außen herkommt, entzückend schön, während sie an dem edelsten und gediegensten einheimischen Werke geringschätzig, ja höhnend vorübergehen und den Autor zu Grunde gehen lassen! — Darüber will ich nicht reden, denn sonst ballt sich mir die Faust und ich bedauere, daß die Schlimmsten davon nicht Einen Halt haben — mit der tiefsten Genugthuung würde ich ihn durchschneiden! — — Nehm' ich alles zusammen: in einzelnen viel, sehr viel, zu viel Gutes; im ganzen kein zusammenhaltende, potenzirende Kraft; kein Moses, weder ein höherer Geist noch ein Mensch, der uns ins Gelobt Land führen könnte! Darum ist unser Leben im ganze ein Vegetiren, ein Experimentiren, ein ewiges Vertage der Hauptsache! Geschlechter kommen und Geschlechte gehen und machen andern Platz; und die neuen finde alles wieder beim alten und ihr Geschick ist, die Klag lieber singen zu müssen, welche die Urahnen schon gesun gen haben!"

Er schwieg — und schien fertig zu sein. Nach ein Pause ergriff ich das Wort und sagte:

„Die Haltung meines Versprechens kann sich an de letztes Wort anknüpfen; denn du bist auf den Satz, b dem ich es gab, wieder zurückgekommen!"

Er schaute mich von der Seite an. „Also hast t wirklich den Muth?" erwiderte er spöttisch. — „Gr

Ich behalte mir vor, deine Beweisführung zu kritisiren!"

"Der Wahrheit", erwiderte ich, "kann das nur angenehm sein!"

Er schüttelte lächelnd den Kopf und sagte: "Grandioses! — Weißt du, daß du dich im Umgang mit mir schon sehr gebessert hast? — Im Reden wenigstens! Du zeigst eine Entschiedenheit, eine Sicherheit —!"

Ich, dieser Worte nicht achtend, begann: "Die sogenannte Ausländerei der Deutschen hast du aus Gründen erklärt, die ich als mitwirkende, neben andern, mit Vergnügen anerkenne!"

"Schön! — Erfreulich!"

"Aber diesen negativen Gründen gehen positive zur Seite, und beide weisen auf einen Zweck, der jenem Zug des deutschen Volkes die Weihe gibt und ihn als einen der segensreichsten erscheinen läßt, die wir besitzen!"

"Gott soll uns helfen!" rief er mit einem komischen Ausdruck von Schrecken.

"Bleiben wir beim Ernst", entgegnete ich; — "denn die Sache ist ernsthaft!"

"Kommen wir also zur Sache!" versetzte er.

"Die Menschheit", begann ich, "ist Eine. Ihr Ziel ist, sich als Eine zu erfassen und aus einer Mosaik von

Theilen, die sich selbst nicht kennen, endlich ein gegliedertes Ganze, ein Organismus zu werden."

„Es sei!"

„Soll dies geschehen, so muß es eine Abzweigung der Menschheit, eine Nation geben, welche die Organisation, die lebendige Vereinigung der Theile zum Organismus in oberster Linie zu leiten und zu vollziehen hat! — Nun, diese Nation ist die deutsche!"

„Daß es dir", erwiderte Victor nach einem Moment, „an Patriotismus fehlt, das kann niemand behaupten! — Die deutsche Nation, die sich selbst nicht organisiren kann, soll berufen sein, die Menschheit zu organisiren? — Die Thesis hat etwas Einleuchtendes!"

„Der Ironie zum Trotz will ich sie beweisen", rief ich. — „Zur Organisation der Menschheit ist die Voraussetzung, daß die Theile, welche Organe werden sollen, nach ihrem eigenthümlichen Werthe gerecht beurtheilt und wohlwollend angesehen werden. Dazu gehört sowol der höchst entwickelte, freieste Geist als das weiteste Herz — der Geist und das Herz, welche nur die deutsche Nation aufweisen kann!"

Victor schwieg. Meine Worte schienen auf ihn gewirkt zu haben.

„Was ist am meisten schuld an der sogenannten Ausländerei?" fuhr ich fort. „Das weite Herz des Deutschen! Das Herz, vermöge dessen er offen ist für alles Reizende und Schöne, welches andere Nationen hervorbringen; — offener als für das Reizende und Schöne, das seine eigene Nation hervorbringt. Unstreitig begeht er damit ein Unrecht gegen sich selbst; aber eine Fähigkeit, andere Nationen und ihre Leistungen wohlwollend anzusehen, ist dadurch gegen jeden Einwand erwiesen!"

„Man könnte dagegen — — doch es sei! — Die Fähigkeit aber, sie gerecht zu beurtheilen? — Sie steht mit der blinden Vorliebe im directesten Widerspruch und ist gerade neben ihr aufs dringendste gefordert!"

„Sie ist bewiesen", entgegnete ich mit Nachdruck, „durch die deutsche Wissenschaft — durch die deutsche Philosophie!"

„Ah!" rief er.

„Der Gerechtigkeit nach allen Seiten fähig zu werden, ist das Ziel der Wissenschaft, das Ziel namentlich der Philosophie! Die deutsche Wissenschaft hat aber dieses Ziel nicht nur schon als das höchste erkannt, sie ist ihm auch schon entgegengegangen und hat schon einen höchst respectabeln Weg zu ihm hin gemacht! — Wer, der diesen Anfang kennt, zweifelt am Fortgang und an der Vollendung?"

Victor saß mit einer Miene des Mismuths da.

„In unserm Volk", sprach ich weiter, „steckt eine übertriebene Sympathie für Producte des Auslandes und ein Hang, die eigenen zu verkennen, ich leugn' es nicht. Aber in demselben Volk lebt auch der Geist der Wissenschaft, der die Irrungen des Gefühls und des Geschmacks immer wieder zu berichtigen vermag! In demselben Volke lebt der Idealismus — die selbstbewußte, freudige Geistigkeit, die sonnige Erkenntniß des Ideals, welches uns den Maßstab gibt, die Dinge dieser Welt zu messen! — Wir haben in Wahrheit die beiden Fähigkeiten, um an der Spitze der gebildeten Nationen die Verständigung und Organisation des menschlichen Geschlechts herbeizuführen — die Organisation, die allein der Zweck der Cultur, die Arbeit der kommenden Zeiten, das letzte und höchste Ziel der Geschichtsentwickelung sein kann! — Und wenn uns das Herz zu weit geführt, uns in der That auch auf Irrwege geführt —"

„Zu unleidlichen Dummheiten und Ungerechtigkeiten, zum Verrath gegen uns selbst geführt hat", ergänzte Victor.

„So wird der Geist das Herz mehr und mehr in Zucht nehmen, den Deutschen in seiner Liebe zum Ausländischen die Linie der Gerechtigkeit gehen lehren und ihn damit zur wahren Anerkennung seiner eigenen Leistungen zurückführen!"

„Gott ist groß", rief der Antagonist mit einer Art Seufzer. — „Wenn wir nun aber dem erhabenen Geschäft der Weltorganisation obliegen, werden wir uns bis dahin wol auch selber organisirt haben? — Oder geht's ohne das?"

„Die Ausbildung des Geistes und Herzens, die zur

Weltorganifation befähigt", erwiderte ich, „macht uns auch tüchtig zu unferer eigenen! — Und ich erwarte diefe mit derfelben Zuverficht wie jene."

Victor ftand mit einem curiofen Ausdruck. Ernft und Spott fchienen fich in ihm zu ftreiten. Sein eigenfter Geift erlangte indeffen die Oberhand, und er fagte: „Ift denn aber unfere eigene Organifation zur Weltorganifation fo nöthig? — Mir fcheint es möglich, daß die deutfche Nation in dem lockern und zweideutigen Verbande, womit fie gegenwärtig gefegnet ift, verbliebe und daß den Berufenen in ihr durch Erleuchtung und rührende Ermahnungen die Harmonifirung des Menfchengefchlechts dennoch gelänge! Möglich, daß der Deutfche auch nur die Beftimmung hätte, bei diefem Gefchäft als Rath zu wirken, die königliche That und die Herrfchaft aber andern Nationen überlaffen müßte! Möglich, daß unfer Volk überhaupt nur der Theorie und poetifchen Träumerei wegen in der Welt ift!"

„Die Theorie", entgegnete ich, „wird für die letzte und höchfte Arbeit des Menfchengefchlechts der Ausgangspunkt fein; wohl alfo den Deutfchen, wenn fie der vollkommenften Theorie fähig geworden! Die Theorie folgt der Praxis; aber fie geht ihr auch voraus. Die Theorie folgt der inftinctmäßigen, inftinctmäßig genialen Praxis: fie ift die Blüte derfelben! Aber die Blüte ift die Vorgängerin der Frucht; und fo führt die Theorie zur letzten und höchften — zur bewußten, bewußt genialen

Praxis! Nur dieser wird die Harmonisirung der Menschheit gelingen, — zu ihr kommen aber am besten die besten Theoretiker!"

„Nach dem Gesetz der Arbeitstheilung", warf der Gegner hin, „könnten die Deutschen dennoch gar wohl die Blüte produciren, die Production der Frucht aber müssen irgendeiner andern Nation überlassen!"

„Du thust", entgegnete ich, „als hätten wir noch nie gehandelt! — Gibt es denn bei uns gar keine Praxis?"

„Im Ueberfluß! — Aber von einer weltüberblickenden und weltlenkenden hab' ich bisjetzt noch nichts bemerken können!"

„Die deutsche Nation", versetzte ich, „war schon einmal die Königin der Nationen, wie Ulrich Hutten sie nennt, — und sie wird es wieder werden! Zur materiellen Macht, zur Weltmacht haben wir alle Bedingungen! Das Ziel, wie entfernt immer, steht uns vor der Seele; die Sehnsucht ist in den Herzen, der Wille in den Geistern — und so werden wir auch endlich an ihm anlangen! Was ist eine gewissere Bürgschaft in der Welt, als die Existenz der Bedingungen und der Wille, sich ihrer zu bedienen? Wie lang die Hemmungen uns noch hemmen mögen — die Deutschen haben keine Ruhe, bis sie wieder ganz geworden sind; und sie werden ganz werden! Dann werden die schönsten und größten Thaten unsers Volks erst beginnen! Glück=

lich diejenigen, welche die Zeit erleben und mitzuhandeln berufen sind!"

Victor sah mich an — mit einem melancholischen Lächeln, das aber nicht ganz ohne Sympathie war· "Wie gut hört sich das an!" rief er. "Es klingt auch ganz logisch, und man wird verführt, daran zu glauben. Entreißt man sich aber dem Zauber der Vision und schaut wieder hinaus in die wirklichen Zustände, dann ist alles Widerlegung — und der Zweifel allein scheint vernünftig! Wohin wir blicken — zur Einigung keine Aussicht! Ringsum unlösbare Fragen! Von allen Möglichkeiten, genau besehen, keine möglich! — Und so bleibt es beim Alten! So bleibt die deutsche Nation machtlos — und wird froh sein dürfen, wenn nur ihr Geist einigen Einfluß gewinnt auf die Welt!"

"Ich kenne nichts", versetzte ich, "was sicherer zu erwarten wäre, als das, was sein soll!"

"Und ich meine grad bemerkt zu haben, daß eben das, was sein soll, nicht ist und nicht zu Stande kommt — unterm Monde! In politischen Dingen zumal geht's immer anders, als die Weisen es prophezeit haben!"

"Wenn diese Weisen in die Sphäre des Zufalls hineinprophezeit haben, der nicht vorausgesehen werden kann und soll — ich geb' es zu! Prophezeien wir aber das Wesentliche der künftigen Entwickelungen, so wird die Zeit uns recht geben; denn der wesentliche Charakter ist für den, welcher das Gesetz der Entwickelung einmal erkannt hat, vorauszusehen!"

Victor schwieg. Nach einer Weile sagte er: „Wir sind doch sehr verschieden angelegte Naturen, mein guter Edmund! Patrioten beide; aber in höchst abweichenden Richtungen! Du siehst im Volk nur die versprechenden Eigenschaften, an den jetzigen Zuständen nur das Angenehme und erwartest die kommenden Herrlichkeiten in aller Ruhe. Ich habe die Mucken, Schrullen und Angewöhnungen vor Augen, die schon so viel gestört und verdorben haben — ich bin, wie billig, mit der Gegenwart unzufrieden, höchst unzufrieden, und die Zukunft flößt mir die schwersten Sorgen ein! Dennoch bin ich in meinen Hoffnungen und Wünschen viel bescheidener wie du! Du denkst dir die deutsche Nation als Centralherrin der Welt! Ich möchte nur, daß sie neben den andern Culturvölkern auch mit einigen Ehren figurirte! Nichts weiter! Aber selbst dieser Wunsch erfüllt sich nicht; die Galle schwillt mir und meine Hand erhebt sich zum Schlag, mit dem ich mir doch kaum eine momentane Genugthuung geben kann. — Lieben, glauben und hoffen? — Du Glücklicher! Ich möchte helfen, das Bessere mit Augen sehen und mit Händen greifen — und was ich sehe, verdrießt mich, empört mich und macht mich rasend!"

Er verstummte. Dann, wie einer drückenden Vortellung sich entreißend, sagte er: „Für heute wollen wir's gut sein lassen! Es wird sich noch Gelegenheit genug finden, das Thema zu besprechen — und ich fürchte, ich werde noch viel Verdruß dabei haben!"

Achtes Gespräch.

Wir saßen im Bibliothekzimmer, Victor las eine kürzlich angekommene Zeitung. Auf einmal rief er: „Die Nation von Denkern! Da haben wir's wieder einmal! — Eine Nation von Denkern — die Deutschen!" Und indem er sich zu mir wandte, fuhr er lächelnd fort: „Ist wol jemals etwas Dümmeres gesagt worden?"

„Nun!" rief ich, unwillkürlich auffahrend, „das will ich denn doch hoffen!"

„Ich zweifle", entgegnete er mit Ruhe. — „Gehen wir dem Ursprung des Wortes nach. Es ist gesagt von einem Engländer, unter Umständen, wo eine Lüge am Platze war. Die Nation von Denkern ist dem Literaten die Nation, welche sein Buch lesen und loben soll!"

„Ach!" rief ich ungeduldig.

„Die Denker", fuhr er fort, „sind ihm diejenigen, auf deren Ausländerei er rechnen kann, — die das fremde Product mit der gedankenlosesten Vorliebe unbe=

hen für tiefsinnig halten! — Nun, der englische omanschreiber, der sich das Air eines Philosophen :ben wollte, hatte sehr recht, den Deutschen diese chmeichelei in den Bart zu werfen! Aber die Deut= hen, die sie glauben und nachsagen, beweisen damit en deren Lügenhaftigkeit. — Mich dünkt", setzte er it Ernst hinzu, „es ist Zeit, daß dieses alberne Dic= im beseitigt werde!"

Ich war verdrießlich. „Die Deutschen", rief ich, sind das denkende Volk trotzdem — und werden es leiben!"

„Trotzdem, daß sie es nicht sind?" versetzte er pöttisch.

„Sie sind's!" erwiderte ich. „Sind's wirklich! — Sie haben's bewiesen!"

Er rückte seinen Stuhl näher. „Das fängt an, mir interessant zu werden!" sagte er. „Nun", fuhr er sort, „sie haben's bewiesen?"

„Die Deutschen", versetzte ich, „sind die tiefsinnig= sten Theologen —"

„Gewesen!" fiel er ein.

„Und Philosophen!"

„Auch das ist schon vorbei! — — Ich will's nicht bestreiten: geleitet von einigen außerordentlichen Köpfen hat das Haus einmal gute Geschäfte gemacht; aber nachdem die Häupter sich zurückgezogen, ist der Bankrott ausgebrochen in kürzester Zeit — und an den Folgen laboriren wir gegenwärtig. — Eine Nation von Denkern!" fuhr er sich erregend fort. „Sagen wir's in Henkers Namen, wie's ist! Einzelne Genies sind aufgestanden, die den Muth hatten, vorzubringen ins Land des Geistes, ins Reich des Denkens, und sie haben einen Theil der Nation mit sich fortgerissen. Aber es war eben eine Mode — ein Schwindel, der keine Wurzel fassen konnte und der die Hoffnungen, die man darauf setzte, in der That aufs kläglichste getäuscht hat. Was ist das Ende vom Lied gewesen? Daß der Deutsche jetzt nichts mehr scheut, haßt und verachtet als eben das Denken!"

„Oh, oh! — Das ist eine tolle Uebertreibung!"

„Wollte Gott!" entgegnete er mit einem Seufzer. Nach einer Weile fuhr er fort: „Wenn ich die Bücher ansehe, die jetzt das meiste Glück machen — die Journale, die den größten Einfluß üben, — und hier und da die Stimmen vernehme, die über die höchsten Fragen abgegeben werden, dann — ich kann's nicht anders sagen — wandelt mich ein Grauen an! — Allerdings, es hat einmal den Anschein gehabt, als ob wir die denkende, die vernünftig denkende und vernünftig handelnde Nation werden sollten! Aber plötzlich hat sich alles gedreht, das Unterste ist zu oberst gekommen, die Materie herrscht, der Geist stöhnt unter ihrer Last; — und nun wird auch noch mit hündischer Unterwürfigkeit auf die grundverkehrte Praxis die verkehrte Theorie ge=

ründet, das sinnlose Misverhältniß wird für das Ideal
r Nation ausgegeben, damit wir uns ja methodisch zu
runde richten! Ehemals haben große Lichter und
haraktere regiert und die Masse hat gehorcht; jetzt
giert die Masse und kleine Geister dienen ihr kriechend.
Die Masse, bornirt und träg, hat vor dem Denken,
obei sie sich geistig zusammennehmen müßte, einen in=
inctmäßigen Horror: die Jungens, die ihre Gunst er=
ahlen wollen, sehen das und rufen ihr zu: «Recht hast
u! Das Denken ist pedantisch, langweilig, purer Zeit=
erlust! Man hat es gar nicht nöthig, um glücklich und
escheit zu sein! Im Gegentheil, es verderbt den gesun=
en Sinn, der uns angeboren ist und der uns ohne
eiteres zur Wahrheit führt!» — Die Buben erhalten
en Beifall der Masse, d. h. sie haben Erfolg; durch
en Erfolg ist bewiesen, daß sie recht haben — und so
tolziren sie und schauen auf ihre Gegner herab mit all
er schnöden Sicherheit dummbreister Affengesichter. —
Eine Nation von Denkern! Eine Nation, die sich hier
on literarischen Jungens, dort von wissenschaftlichen
Noturiers gängeln läßt; hier phantastischem Hokuspokus,
ort gemeinem Nutzen blind nachläuft und den Män=
ern, die ihr das Bessere, Höhere vorhalten, den Rücken
ehrt!"

Er hielt inne; ich, über diese Mischung von Wahrem
und Falschem ärgerlich, schwieg. Nach einer Weile fuhr
er mit anklagevoller Miene fort:

„Wie kann man einer Nation das Prädicat eines denkenden beilegen, welche die Wissenschaft des Denkens die Philosophie, verstoßen hat und verschmäht und denjenigen, die am frechsten über sie spötteln und witzeln, am liebsten aufhorcht, die Ignoranten, die am hoffärtigsten über sie hinwegsehen, als große Männer verehrt? Wer kümmert sich jetzt in Deutschland noch um Wahrheit? Wer verlangt etwas zu erfahren von den Ursachen und dem Zusammenhang der Dinge? Wer hat eine Wißbegierde, den Geist zu erkennen, der das Ganze zusammenhält? Niemand! So gut wie niemand! Nichts will man jetzt kennen lernen als die Sachen — die Thatsachen, wie man's nennt! Man hält dies für einen außerordentlichen Fortschritt, ist unglaublich stolz darauf — und sieht nicht, wie kläglich man sich damit bloßstellt. Warum diese blinde Vorliebe für die Sachen? Weil man selber Sache, mit den Sachen eins geworden. Und warum diese Gleichgültigkeit gegen Gott? Weil man nichts mehr mit ihm gemein hat! — — Weiber, Weiber sind's!" fuhr er heftig fort. „Das Sichtbare, Greifbare hat allein Realität für sie, das ist allein würdig der Betrachtung, der Liebe, der Begeisterung! Der philosophische Traum ist verflogen, — die Augen sind aufgegangen, man erkennt endlich das Rechte und vermählt sich mit dem Stoff! Das ist die Weisheit, die das Ziel des Geschlechts war und zu der man glücklich vorgedrungen ist! Und nun jubelt und freuet euch, denn

n neues Weltalter hat begonnen! Schreitet hinweg
ıer die gestürzten Götterbilder, rast, umarmt euch
üthend und feiert die Orgien des Sieges!"

Er war aufgestanden, ganz von seinen Vorstellun=
·u ergriffen. Ich sah, daß ich wieder einmal ein
Schauspiel haben sollte, und überließ ihn seinen In=
irationen.

„Arme Philosophen!" rief er mitleidig und schaden=
oh. „Ihr habt euch schön verrechnet! Ihr habt die
Schwärmerei, die man euch früher gewidmet hat, für
ieue Liebe genommen — und seht euch nun von der
Schönen, mit der ihr euch ernstlich verbinden wolltet,
ehöhnt und verschmäht um der robusten Kerle willen,
e ihr die «Sachen» ins Haus bringen! Ihr erforscht
:n Geist, die ewigen schaffenden Mächte, den Grund
nd das Ziel der Welt! Ihr zeigt, woher die Sachen
)mmen und wohin sie gelangen sollen! Ihr zeigt die
Verklärung der Sachen! Aber davon will jetzt kein
Mensch etwas wissen! Dafür hat man jetzt nicht das
geringste Interesse mehr! Schmählich abgewiesen, wo
)r freudigen Willkomm, begeisterten Dank erwartet habt,
verdet ihr an euch selber irre. «Wozu gehen wir der
Wahrheit nach in ihre verschlungensten Pfade? Wozu
ringen wir das Gefundene in die überzeugendste, lich=
este, schönste Form und legen es den Zeitgenossen vor
nit der Uneigennützigkeit antiker Weisen? Um zu sehen,
aß wir's ebenso gut in einen Brunnen hätten werfen

können!» Ihr erschreckt — und das ist ganz natürlich! Nachdem ihr alles geleistet habt, nachdem euch alles gelungen ist, was euch als Aufgabe vor der Seele stand, erweist sich euer Streben als nutzlos, euer Leben als verfehlt — die «Nation von Denkern» will nichts davon wissen!"

Er lachte höhnisch. Dann, mit einem Aufglühen des Zornes, fuhr er fort: „Eine Nation von Thieren ist's! Von Geschöpfen, welche die Erde begaffen, sich einrichten auf ihr und deren Ideal es ist, in guter Mast zu leben und zu sterben! — Uebertreib' ich?" rief er mir zu, als ich den Kopf schüttelte — „bin ich ein Lügner, wenn ich das sage? Der Glaube an die Thierheit des Menschen ist ja der Glaube der Epoche! Das ist ja eben die neue Religion, die gelehrt wird von den jetzigen Lieblingen des Publikums und welcher laut oder still alle die «freien Geister» anhängen, welche die Philosophie verachten. Der Mensch entsteht wie die andern Naturwesen — und vergeht wie sie! Der sogenannte Geist ist das Product der Materie! Die eigene Existenz und die ewige Bestimmung des Geistes ist eine Fabel; der Mensch hat kein höheres Ziel, als mit dem größtmöglichen Vergnügen sich im Schlamme der Erde zu wälzen. — Die diese Lehre aussprechen und fördern, das sind die Lichter der Zeit! Und die Nation von Denkern ruft: «Das ist die Wissenschaft, das Denken hat ein Ende, das Leben beginnt — das ist die Wahrheit! Und dieses Licht soll uns leuchten und soll uns hinführen zu den letzten und schönsten Entwickelungen der Menschheit!» — Und in den allerstupidesten Widersprüchen, die jemals in confusen Gehirnen hin- und hergelaufen sind, taumelt das Geschlecht dem Abgrunde zu, der es, wenn dem Recht sein Lauf gelassen würde, verschlingen müßte!"

Ich machte eine unwillkürliche Bewegung, die meine Gedanken ausdrückte. Er bemerkte sie und rief mit einem Blick des Vorwurfs: „Schildere ich die neue Weisheit nicht richtig? Kann sie, wenn sie die Herrschaft erlangt, die Menschheit anderswo hinführen als in einen Sumpf, worin sie ersticken muß?"

„Die deutsche Nation ist groß!" erwiderte ich.

Er nickte. „Du willst sagen, es gibt noch andere Narren in ihr als die Materialisten und sogenannten Pantheisten! Es gibt nicht blos neue Narren, es gibt auch die alten! Und die alten sind so rechthaberisch, anmaßend und herrschsüchtig wie die neuen; sie haben so fanatische Anhänger in der Masse wie die neuen — sie bilden eine gewaltige Macht gegen die neuen! Gut! Aber profitirt von dieser alten Macht das Denken? Profitirt die Wahrheit? — Arme deutsche Nation! Hier zerren dich Menschen vorwärts, welche den Geist verloren haben über der Materie, dort halten und reißen dich andere zurück, welche ihn verloren haben über dem Buchstaben! Geistlosigkeit ringsum! Und du hast nur

die Wahl zwischen zwei verschiedenen Sorten davon! —
Ist der Pfaff ein Denker? Dient der pfäffische Geist=
liche dem Geist? Ja, glaubt er, der sich einen Diener
Gottes nennt, in Wahrheit an Gott? — Er glaubt an
die Sätze, die seine Partei über Gott aufgestellt hat und
als höchstes Gut festhält! Die Lettern dieser Sätze hat
er vor Augen, sie entzücken seine Seele, ihnen lodert
sein Herz und sie zum Siege zu führen ist er von einer
wahren Wuth besessen. Götzendienst ringsum! Hat sich
der Materialist Gott verdeckt mit dem Idol der Natur,
so verdeckt sich ihn der Pfaff mit dem Idol der todten
Form, die einmal geisterfüllt und lebendig gewesen.
Warum, Atheist und Pfaff, tobt ihr gegeneinander?
Warum spritzt ihr Gift und Galle gegeneinander? Be=
trachtet euch doch näher, erkennt euch und fallt euch ans
Herz! Ihr seid Brüder! Ihr dienet Einem Herrn!
Arm in Arm richtet ihr die Nation zu Grunde!"

Ich konnte nicht umhin zu lächeln. „Mit der Ver=
wandtschaft", sagte ich dann, „hast du nicht unrecht!
Aber glücklicherweise sind die Brüder weit entfernt, dei=
ner Mahnung zu folgen. Sie schlagen aufeinander los
und richten nicht die Nation zu Grunde, sondern sich
selber! — Wenn zweie sich streiten, freut sich der
dritte. Es gibt noch andere Gruppen und Richtungen
in unserm Volk!"

„Allerdings", rief er. „Es gibt noch andere Rich=
tungen in unserm Volk! Es gibt noch andere Verächte=

es Geistes und des Denkens — es gibt noch eine ganze Reihe davon! — Es gibt Männer der Wissenschaft, die nicht den Muth haben, den Atheismus zu ihrem Bekenntniß zu machen, wie ihre materialistischen Vettern, wohl aber die Unverschämtheit, zu behaupten, daß man über Gott, über den Geist und die Ursachen der Dinge nichts wissen könne, und daß derjenige, der etwas darüber aussagen wolle, ein Charlatan sei! Es gibt Männer der Wissenschaft, die ihre Specialität betreiben, wie der dümmste und bornirteste Handwerker sein Handwerk! Die nichts mehr sehen und nichts gelten lassen, als was just sie unter den Händen haben; die mit der blindesten Hoffart über andere Forschungen absprechen, weil sie aus den Resultaten nichts zu machen wissen! — Doch was red' ich von einzelnen! Herrscht nicht in der ganzen großen Republik der Wissenschaft gegenwärtig die Anarchie? Treibt nicht jeder sein Metier mit Verachtung — jedenfalls mit Unkenntniß und mit Nichtachtung der andern? Ist's nicht ein Nebeneinander oder vielmehr ein Durcheinander von Hantierungen, das von dem Ziele der Organisation weiter entfernt ist als jemals? Die Wissenschaft des Denkens, die Gott in die Welt gesandt hat, um das Geschäft dieser Organisation zu leiten, hat der wissenschaftliche Pöbel vom Thron gestoßen — sie tritt er mit Füßen, — und so bleibt es denn bei dem geist- und leblosen Aggregat! — Eine Thatsache steht vor unsern Augen, die uns wol erschrecken kann: die Männer der Wissenschaft, wie sie jetzt sind und gelten, dienen selber nur dazu, die Gegner des Denkens zu verstärken! Es sind Feinde des Lichtes, — Feinde der Wahrheit und der Gerechtigkeit — Feind der Wissenschaft im wahren und ganzen Sinne des Wortes!"

Von seinen Gedanken agitirt, ging er vor mir hin und her, ohne mich zu beachten. „Oh", rief er nach einer Weile mit einer Miene tragischer Betrübniß „welch ein widerspruchsvolles Wesen ist der Mensch Ein ausgezeichneter Forscher in seinem Fach — und au der andern Seite ein Pferd, ein Kameel! Hier erfreuen des Licht, dort grauenerregende Finsterniß! Hier im ponirend, respectabel, ja ehrwürdig, — dort in Dumm vornehmheit, Eitelkeit und Neid so gemein, daß man sich eine Peitsche in die Hand wünscht, um ihn damit be arbeitend sich gütlich zu thun! Kenntniß des Fachs Kenntniß des Handwerks — keine Selbstkenntniß! Darum keine Ahnung von der Häßlichkeit und Widrigkeit seiner moralischen Verhaltens! Darum keine Bildung, kein Humanität! Ein Mann der Wissenschaft, und zugleich ein Bauer, ein Protz — ein Flegel! Wo kommt's abe her? Von dem geistlosen Atomismus im Reiche de Wissenschaft — von der «kaiserlosen, der schrecklichen Zeit»! Wäre nicht jeder ein Hochmuthsnarr und würd er seine Ehre nicht darein setzen, alles allein wissen zu wollen, — gäbe der eine dem andern, was er hat, und nähme er von ihm, was er bedarf, dann ginge die Sonne auf, wo jetzt finstere Nacht herrscht, und mit dem Licht käme die richtige Selbstschätzung, die Geselligkeit, die Liebenswürdigkeit — die Höflichkeit! Mit alledem aber ein ungeheurer Gewinn an Bildung, Macht und Glückseligkeit! Aber nein, die bloße Hoffart, das dummstolze Herabsehen, das ist viel süßer, das hat viel mehr Werth als jener Gewinn! Und man verschmäht ihn, blos um sich ferner an seiner eigenen moralischen Köstlichkeit zu laben! Solch ein diabolischer Zauber liegt im Egoismus — in der Blindheit des unerleuchteten und ungebildeten Selbst! Ei ja, ihr Herren, die ihr den Stoff bepflügt wie der Bauer seinen Acker, ihr habt sehr recht, den Geist zu leugnen und ihn keines Blickes zu würdigen! Wenn ihr einmal euren eigenen, mit dem ihr so unendlich zufrieden seid, schautet, wie er wirklich ist — fürchterlich wäre die Enttäuschung; — ihr würdet umfallen vor Schrecken wie von einer Spitzkugel durchbohrt! Aber klüglich seht ihr nur aus euch heraus, nicht in euch selbst hinein und schwimmt in der holden Selbstgefälligkeit bis ans Ende, um bis ans Ende, von eurem Fachwissen abgesehen, Ignoranten zu bleiben!"

Er schaute mich an. Die Expectoration hatte mich interessirt und, als von ihm ausgehend, ergötzt — er schien mit meinem Ausdruck zufrieden zu sein. Alsbald öffnete er die Schleusen wieder, um fortzufahren: „Und so weiter, und so weiter! Jede neue Gruppe ist eine

neue Geringschätzerin des Denkens, so weit man dieses
nicht ins Haus braucht, — also des ganzen, zusammen=
hängenden, wahren Denkens! — Die Deutschen, die sich
eine Zeit lang mit Passion auf Gedankenerzeugung gelegt
und darüber allerdings nothwendige und nützliche Dinge
versäumt hatten, nahmen dies plötzlich wahr, schämten
und stürzten sich mit einer förmlichen Wuth der Bekeh=
rung auf die Gegenseite: von der Philosophie zur Er=
forschung des Aeußerlichen, Wäg= und Meßbaren —
von der Theorie zur Praxis! — Früher sah man über
Leben, Staat und Gesellschaft hinweg nach einem neuen
System der Metaphysik, und über eine verlorene Schlacht
tröstete man sich mit einem neuen Trauerspiel, das ein
Lieblingsdichter geliefert hatte! Jetzt will man auf ein=
mal alles Verpaßte, Liegengelassene nachholen und wo=
möglich die par excellence praktischen Nationen in mög=
lichster Schnelligkeit an Praxis übertreffen. Und man
wirft alles Interesse am Ewigen, alle Neigung zur
Idealität und hohen Kunst über Bord und gibt den An=
theil, die Liebe, die Begeisterung, über die man verfügen
kann, ausschließlich an die Neuigkeiten des Tages hin.
Dieser Ringkampf egoistischer Parteien und Mächte —
dieses blinde Schieben und Geschobenwerden — diese
wüstzufälligen und flüchtigen Wendungen in dem chaoti=
schen Durcheinander des Weltlebens — diese Ereignisse,
die heute Millionen von Menschen beschäftigen und in
drei Tagen nicht die geringste Beachtung mehr finden

— all dieser Kehricht der Zeitlichkeit, den zahllose Zeitungen tagtäglich auf die Gasse schütten — — das fesselt jetzt den Blick, das hält man allein männlichen Antheils werth, das liest und studirt man immer aufs neue mit unermüdlichem Eifer, und dagegen erscheinen die Ansprüche des ewig Wahren und Schönen, auch einige Berücksichtigung zu erlangen, lächerlich! Das geistig Dauernde hält man für nichtig, das materiell Vergängliche für das allein Reelle, und man hat keine Ahnung von der entsetzlichen Verkehrtheit — von der Blasphemie dieses Urtheils!"

Er sah vor sich hin. Dann, indem Blicke der Entrüstung und Verachtung aus seinen Augen gingen, rief er: „Esel — gedankenlose deutsche Esel, die ihr seid! Begreift ihr nicht, daß ihr die praktischen Nationen in der Praxis nur übertreffen könnt, wenn ihr eure Theorie dazu benutzen wollt? Wenn ihr euer Leben organisirt nach den Ideen, die eure Denker, — jene wenigen, von euch jetzt verachteten Geister — bereits dargelegt haben? Die Ziele, denen ihr praktisch nachgehen sollt, sind schon gezeigt; das Ideal freier Einheit ist als eures erwiesen! Aber um diese Gedanken in Wirklichkeit zu führen und so die großartigste, die wahre Musterpraxis den Augen des staunenden Europa zu weisen, dazu wäre Selbstüberwindung, Einsicht und Großmuth in allen Gliedern des Ganzen nöthig — und ihr haltet diese Tugenden für Schwächen und das freche Zugreifen der rohesten

Selbstsucht allein für politisch und mannhaft! Nun, so balgt euch denn herum, wie besoffene Bauern in der Schenke! Jeder will den Vortheil und die Ehre für sich? Gut, so geschieht mit Fug, was euch allen miteinander Schande macht und alle zusammen ins Verderben stürzt!"

Er ging mit starken Schritten auf und ab mit der Miene eines Richters der Welt.

„Ich hoffe nicht", begann er wieder, „daß jemand so unverschämt ist, die deutschen Politiker für Denker zu erklären! Die Besten sind's nicht! Denn die Besten haben nicht die Wahrheit — nicht das Volk und die Menschheit vor Augen, sondern nur ihre Partei: das Programm und das Interesse der Partei! Sie sind Advocaten eines Theiles, den sie zum Ganzen hinaufschrauben, nicht Anwälte des Ganzen, dem sie den Theil einfügen wollen; — und noch dazu haben sie ihre maßgebenden Ideen vom Auslande! Der Troß aber ist vom Denken so weit entfernt, daß man Erbarmen und Ekel zu gleicher Zeit empfindet. Sicher, stolz und triumphirend schreiten sie einher im Nachtrab ihrer Koryphäen. Sie haben sich zur Partei gestellt und dies hat eine magische Wirkung gehabt: Licht ist in ihr Haupt, Ehre in ihr Herz eingezogen; die gescheitesten, edelsten Menschen, die nicht zur Partei gehören, sind mit ihnen verglichen Dummköpfe und sie können sich Glück wünschen, wenn sie der Partei-Hans nicht auch noch für schlechte Kerle erklärt!

Denn daß sie nicht zu der Partei treten, die allein das Recht und das Licht auf ihrer Seite hat, das ist schon sehr verdächtig! Was können sie für einen Grund haben, es zu unterlassen? Kaum einen andern als einen schofeln!" —

Er schwieg. Dann fuhr er fort: „Ich komme zum Schluß. Daß die Masse nicht denkt, versteht sich von selbst. Bauern und Handwerker — Geldmenschen, Ladendiener, Schacherjuden — Schreiber, Bureaukraten, Soldaten, Literaten — bürgerliche und adeliche Renten=verzehrer, Günstlinge, Pflastertreter, Modegecken: kann man von ihnen verlangen, daß sie Ideen haben? So wenig als von der Gesammtheit der Weiber! — Sie denken an sich, an ihren Vortheil und ihren Spaß — das ist ihr Denken!"

„Und wo bleibt nun", rief er, sich vor mich hin=stellend, „die «Nation von Denkern»? — Die Deut=schen sollten eine Nation von Denkern sein! Nur den=kend — nur Wahrheit erkennend und Gerechtigkeit übend vermögen sie einig zu werden und groß und stark und mächtig über alle Völker! Aber durch ein unseliges Verhängniß ist plötzlich in sie der Dämon geistiger Trägheit gefahren — die subjective und parteiische Recht=haberei, die Prahlerei und leider auch der Bubenehrgeiz, durch freches Lästern sich über die Wissenden und Edeln zu stellen! Die Jugend, anstatt ihre Unwissenheit zu curiren durch Lernen, glaubt schneller zum Ziele zu gelangen, wenn sie das Wissen des Weisen für Unsinn erklärt und die eigene Ignoranz als Ursprünglichkeit, Frische, Genialität zu Kauf bietet! — Geht mir! Eine «Nation von Denkern»? Ihr seid bereits im Rollen auf der schiefen Ebene, die vom Aether des Geistes hinunterführt in den Pfuhl der Gemeinheit; — und wenn Gott kein Wunder thut, so werdet ihr über kurz oder lang eine Nation sein von Schweinen, die sich im Schlamme wälzen, und von Hunden, die sich untereinander zerreißen!"

Nachdem er dies mit dem bittersten Nachdruck gesprochen, machte er eine Bewegung mit seiner Rechten, als ob er seinen Beweis geführt, seine Aufgabe gelöst hätte. Dann trat er zum Tisch und setzte sich. — Ich erhob mich.

„Du bist zu Ende?" sagte ich.

„Zu Ende!" erwiderte er mechanisch.

„Wie mir scheint", fuhr ich fort, „nimmst du an, daß ich mit dir einverstanden bin?"

Er sah mich an — und seine Lippe begann sich zu verziehen. „Hätte ich dir wieder zu viel zugetraut?"

„Doch nicht", war meine Antwort. „Ich stimme dir zu!"

„Ah!"

„Was du gesagt hast, ist richtig. Aber es ist nicht fertig, es fehlt noch etwas!"

„Was fehlt noch?" fragte er.

„Die Correctur!"

Er sah mich an. „Willst du mich narren?" rief er, im Stuhl sich aufrichtend. Und ernsthaft setzte er hinzu: „Ich würde dir's nicht rathen!"

„Ich denke nicht dran", versetzte ich ruhig. Dann sagte ich: „Bist du wirklich nicht in der Laune, das Fehlende zu dem Vorgetragenen selbst hinzuzufügen? Es liegt so nahe!"

Ein Ausruf der Ungeduld entfuhr ihm. „Ich wittre wieder etwas wie Anweisungen auf die Zukunft!" brummte er. „Verfluchte deutsche Manier!"

Diese Herzenserleichterung nicht beachtend, fuhr ich fort: „Dein Material ist gut, aber es muß organisirt werden!"

„Da haben wir's!"

„Repetiren wir darum! Kommen wir zum Schluß — zum Schluß des Denkens!"

„Lieber Freund", rief er abwehrend, mit komisch bittendem Ausdruck, — „glaubst du denn, ich kenne deine Gedanken nicht?"

„Glaubst du", entgegnete ich, „ich kenne die deinen nicht? Und doch hab' ich sie angehört!"

Er seufzte. „In Gottes Namen denn! — Aber stelle meine Geduld nicht auf eine allzu schwere Probe!"

Ich betrachtete ihn vergnügt. Dann begann ich: „Du hast recht! Die Egoisten aller Art, die Parteimenschen aller Art sind keine Denker; — sie denken nicht das Rechte, Wahre, Ganze!"

„Und aus Egoisten und Parteimenschen besteht die Nation!" rief er dazwischen.

„Aus ihnen", versetzte ich, „und aus einer gewissen Zahl von wirklichen Denkern!"

„Die aber unter ihnen zu Grunde gehen müssen!"

„Das ist's eben, was ich leugne!"

Er betrachtete mich, seine Miene erhellte sich spöttisch. „Ich vergaß", bemerkte er. „Die wenigen Denker werden die übrigen in fünf bis acht, höchstens zehn Jahren bekehren — sie werden ihre siegreichen Führer werden, die Nation wird mit ihnen zu ihrem Ideal emporgehen und dem Erdkreis gebieten!"

„Die Hoffnungen, die ich hege", erwiderte ich, „sind bescheidener, aber zugleich begründeter und weltgemäßer!"

„Du machst mich neugierig."

„Ich werde sie darlegen!" antwortete ich. „Die Nation — es ist wahr — hat sich von dem eigentlichen Denken — vom Denken des Geistes, vom Denken des Ganzen — abgewendet; — ihr Vertrauen haben die Aufdecker der «Sachen», die Naturforscher und Historiker, vorzugsweise, wo nicht ausschließlich erlangt. Genommen wird dem menschlichen Geiste damit eben das Wissenswertheste. Geleugnet wird die Möglichkeit der wirklichen Erkenntniß, der wirkenden Einsicht in das Ganze, in das Centrum der Dinge, — und zugegeben nur die Kenntniß: die Kenntniß der Erscheinungen — des Gewirkten, Gewordenen, Aeußerlichen! Von diesem aus werden höchst vorsichtige Schlüsse versucht auf die nächsten Ursachen, die man selbst als gewordene und mittelbare erkennen muß — und weiter geht man nicht. Man steigt nicht empor zu den obersten Ursachen, zu der Ursache der Ursachen — zum ewigen Princip der Dinge. Man trennt sich selber ab von dem Wissen, das alles übrige Wissen erst vollenden, sanctioniren, ja erst zum eigentlichen Wissen machen würde! Man bannt sich ins Aeußere — in die Fremde des blos materiellen Daseins; und hier sich einrichtend, so gut es geht, erklärt man die ewige Heimat für unerreichbar, um sie ganz aus den Augen zu verlieren. — Wahr ist's, unsere Nation, indem sie Lehrern folgte, welche die Erforschung des Aeußern allein für Wissenschaft erklärten, hat sich gründlich veräußerlicht! Sie hat, wie du dich treffend ausdrückst, mit ihnen «den Geist verloren über der Materie!»"

„Gut, gut!" erwiderte Victor. „Aber? — Denn du hast natürlich ein Aber im Hintergrund, was alles wieder gut macht!"

„Aber", fuhr ich fort, — „es ist dafür gesorgt, daß auch dieser Baum nicht in den Himmel wächst!"

„Vermuthlich", rief der advocatus diaboli. „Aber in die Hölle!"

„Auch dazu reicht seine Kraft nicht!" entgegnete ich

gelassen. „Nein, er bleibt auf der Erde, die er be=
schattet und heimlich macht, die er erfreut und mit seinen
Früchten erquickt!"

„Reizende Aussicht!" rief er mit vergnügter Ironie.
„Und wer gebietet seinem Wachsthum halt? Wer
drängt diesen Hang des Materialismus zurück, nachdem
er in der Nation übermächtig geworden?"

„Seine Gegner!"

„Die selber Gegner des Denkens, also im Grunde
seine Freunde sind?"

„Und doch seine Gegner! — Dein Schluß, lieber
Victor — wie ich dir schon einmal vorgehalten — wird
nicht gezogen! Diejenigen, die den Geist verloren haben
über der Materie, besitzen keine entschiedenern Feinde als
jene, die ihn verloren haben über dem Buchstaben! Und
das sind mächtige Feinde!"

Er zuckte geringschätzig die Achsel. „Die Männer
des Buchstabens", entgegnete er, „von denen die freien
Geister in allen Welttheilen sich abgewendet haben —"

„Unterschätze sie nicht!" fiel ich ein. „In dem
Buchstaben, welchen sie erkennen, haben göttlich erleuch=
tete Menschen ihre Anschauungen niedergelegt — und
immer noch beherrschen diese Anschauungen unser Leben!
In dem Buchstaben liegt Wahrheit, ewige Wahrheit.
Die Wahrheit gebietet Anerkennung; wer sie ihr nicht
geben kann (und das sind die Männer der Materie
völlig außer Stande!), der beweist seine Ohnmacht,

nmacht überwiesen, und — wächst nicht
!"
:flügelt!"
weiter! Im Grunde verliert man den
Buchstaben nur gewissermaßen; eigentlich
ihn im Buchstaben — man verführt und
arin, wenn auch verdeckt und gleichsam
lten. Vor der rechten Betrachtung thaut
abe wieder auf und wird lebendig; der
n rührt sich und fängt an zu reden. Der
einem Gefäß mit labendem Tranke glich,
öffnen konnte, strömt demjenigen, der in
ingt, Erquickung entgegen!"
:e Vorstellung!" rief er halb lachend. —
) nicht alles Anlaß zu schönen Bildern

stabe", fuhr ich achtlos fort, „ist eine
zroße Macht gegen die Materie und ihre
schickt immer noch ein Heer von Streitern
hat Waffen zum Angriff wie zur Ver=
amit steht nun ein Kampf in Aussicht
Parteien — ein Kampf, der beiden zu
Gefahr einer Alleinherrschäft hier wie dort
immer mehr Gewalt jenen in die Hand
sind, den Parteien Recht zu sprechen —
'
he bis dahin überhaupt noch existiren!"

„Nicht nur — sie werden sich mehren!" entgegnete ich. „Sie werden Proselyten machen eben in den Reihen ihrer Gegner!"

Er sah mich an und zuckte die Achsel.

„In den Parteien", fuhr ich fort, „die der Kampf mürbe gemacht und deren intelligentere Vertreter er zu der Einsicht gebracht haben wird, daß sie vielmehr berufen wären, sich wechselseitig zu beschenken und zu ergänzen!"

„Pfaffen und Atheisten?" rief er.

„Theologen und empirische Forscher!" erwiderte ich. „Wenn in dem Buchstaben Wahrheit liegt, so drängt auch die Materie ihrerseits zur Aufsuchung der Wahrheit. Die materiellen Dinge, wie sie sind — die Thatsachen der Natur und der Geschichte heischen eine Erklärung; und wenn diese nun in der Wahrheit des Buchstabens enthalten wäre?"

„Ist das deine Meinung?" rief er mit einem Blick des Vorwurfs.

„Gewissermaßen", entgegnete ich.

„Das ist nichts gesagt! Sei deutlich! — Unser Leben ist zu kurz für solches Herumgehen um den Brei!"

„Meine Meinung", versetzte ich, „ist diese. Wenn die eine der kämpfenden Parteien die Wirkungen darlegt, so lehrt die andere die schaffenden Mächte, die Ursachen —"

„Die Ursachen", fiel er ein, „welche die Thatsachen der Natur und der Geschichte erklären?"

„Nicht so ganz", erwiderte ich. „Aber doch Ursachen! Einen Schöpfer der Welt; einen Grund ihrer jetzigen Verkehrtheit und Verderbtheit; eine Führung und ein ewiges Ziel der Menschheit. Enthält diese Lehre nur Wahrheit und bietet sie noch keineswegs alle Wahrheit, so ist in ihr doch der Anfang gemacht zur ganzen und genügenden Erklärung der Dinge — ein Anfang, der zur Fortsetzung, zur Vollendung drängt."

„Wen drängt?" rief er. „Den orthodoxen Anhänger, der es für seine heiligste Pflicht hält, den Buchstaben zu conserviren, wie er ihn überkommen hat?"

„Die begabten und freiern Geister auf dieser Seite", entgegnete ich; —, und zwar eben infolge des Kampfes mit den Rittern der sichtbaren Welt, der sie nöthigen wird, ihre Vertheidigungsmittel zu erweitern und sich selber zum Siege geschickt zu machen. — Die Thatsachen der Natur und der Geschichte", fuhr ich fort, „die als solche erwiesen sind, fordern die zureichende Erklärung so lange, bis sie ihnen zutheil wird; — die unzureichende, mit ihnen confrontirt, fällt immer wieder zu Boden, und der nach dem Sieg Trachtende kann daher nicht anders, als die zureichende suchen."

„Die Theologen also", fuhr er mit aller Ironie des Unglaubens fort —

„Die strebenden unter ihnen", warf ich ein.

„Also die strebenden Theologen, durch die Empirie zum Fortschritt genöthigt, werden diesen machen! Die Theologen werden einen Fortschritt machen, — und zwar genöthigt!"

„Genöthigt", rief ich, „und unterstützt von der Empirie! Denn wenn die Thatsachen der Natur und der Geschichte Wirkungen sind, so muß sich von ihnen aus zuletzt nothwendig ein Verlangen regen, dieser Wirkungen Ursachen zu erkennen. Die Empiriker selbst werden endlich nach den Ursachen forschen, nach den höhern und höchsten Ursachen; und ihre Erwerbungen werden dann den Besitz der Gegner mehren, die ihnen Mitstrebende, Freunde geworden sind!"

Victor lächelte spottvergnügt. „Sonderbar", entgegnete er. „Dieser Gedanke ist so schön und so natürlich; — wie kommt's doch, daß man von einer solchen Annäherung bisjetzt auch nicht die leiseste Spur wahrnimmt?"

„Das muß ich leugnen!" versetzte ich. „In der Masse nicht, aber in Einzelnen allerdings! — Und diese Einzelnen hier wie dort werden sich mehren; sie werden sich emancipiren von der Partei — und den Bund der Denker verstärken!"

„So hätten wir denn wieder ein solides und harmonisches Corps von Philosophen!"

„Und die Aussicht", fuhr ich, den ironischen Ton

überhörend, fort, „eine Nation von Denkern zu bekommen! Ja, mehr als das!"

„Verfluchter Hexenmeister!" rief der Gegner. „Ihm ist alles Kinderspiel!"

„Das Denken", fuhr ich fort, „ist das Höchste, aber es ist nicht alles; und wenn es zum Denken gekommen ist, dann muß es erst recht noch zu was anderm kommen. Es gibt ein Denken, bei dem es nicht bleiben kann; der Weg zu dem, bei welchem es bleiben kann, geht aber durch das Nichtdenken! Und in dieser Beziehung muß ich sagen: niemals hat die deutsche Nation mehr für das Denken gearbeitet als eben gegenwärtig!"

Victor lachte. „Du wirst boshaft!" rief er.

„Du weißt recht gut, wie ich's meine!" entgegnete ich. — „Wenn der Philosoph die Dinge sich denkt, wie sie nicht sind, also dem falschen Denken sich ergibt, wer fördert das wahre Denken über sie? Der Nichtdenker, der sie zunächst nur darzustellen sucht, wie sie sind! Das richtige Kennen der Dinge ist die unausweichliche Bedingung des richtigen Denkens über sie; und darum ist der Philosophie, der Wissenschaft des richtigen Denkens, niemals ein größerer Dienst geleistet worden als eben jetzt von ihren Gegnern, welche Natur und Geschichte in allen ihren Theilen vorzuführen streben, wie sie sind — wie sie dem unbestochenen Auge erscheinen!"

Darauf war nichts zu sagen. Victor schwieg und

ließ mich fortfahren: „Was ist die Aufgabe der Philosophie? In Uebereinstimmung mit dir antwort' ich: die Ursachen darzulegen, welche die Gesammtheit der Sachen erklären. Da man aber auf die wirklichen Ursachen nur von den richtig erforschten Sachen schließen kann, so war die gelungene Revolution der Empirie gegen die einseitige Philosophie das glücklichste Ereigniß, welches die Philosophie selber treffen konnte. Ja, der Haß und die Verachtung, welche die Sieger der entthronten Macht noch immer widmen, der triumphirende Stolz, womit sie jetzt als Weltbezwinger durchs Leben gehen, müssen der Philosophie zum Besten dienen! Was die Darsteller der Sachen und ihrer Erscheinungsformen, die Darsteller dessen, was ist und wird, ausschließlich auf ihren Gegenstand weist, das kommt der Wissenschaft zugute, welche zu ihren höchsten Leistungen die exacteste Darlegung der Wirklichkeit voraussetzt."

Jener sah für sich hin. „Demnach", bemerkte er, „sollte man die Bornirtheit und den Hochmuth dieser Menschen eigentlich preisen! — Und zumal die Philosophen müßten ihnen für die Verachtung und Verleumdung ihrer Wissenschaft im Grunde um den Hals fallen?"

„Mindestens", erwiderte ich, „thäten sie wohl daran, auch den Nutzen dieser Gegnerschaft im Auge zu behalten — wär' es auch nur, um sich nicht allzu sehr über sie zu ärgern!"

„Weislich", entgegnete er, „aber ebenso egoistisch! —

Ich", fuhr er mit großem Ernst fort, "ich ärgere mich — und ich schlage drein, wo ich mich ärgere! Damit wahr' ich das Recht; und wenn ich die Sünder nicht bessere, so züchtige ich sie wenigstens!"

"Nach der Züchtigung der Unart wäre aber die Anerkennung ihrer guten Dienste erst recht am Platz!"

"Ich mag mir den Genuß meines gerechten Zorns nicht verderben!" rief er.

Dieses naive Geständniß erheiterte mich bis zum Lachen. Eine Pause folgte. Dann sagte ich: "Gehen wir weiter! — Du hast von «wissenschaftlichen Handwerkern» gesprochen. Glaubst du die Männer, die sich in dem großen Reiche der Natur und der Geschichte ein Gebiet abgrenzen, um dieses aufs gewissenhafteste und sorgfältigste zu durchforschen, damit abfertigen zu können?"

"Wenn sie", entgegnete er, "in dem großen Reiche der Natur und der Geschichte nur Sinn und Auge haben für dieses ihr Gebiet und die andern ignoriren, so hab' ich schon ein Recht, sie mit diesem Namen zu belegen! Wollen sie aber gar ihr subjectives Interesse als das allein vernünftige aller Welt aufträngen und das Interesse anderer Köpfe heruntersetzen; — sprechen sie über andere Thätigkeiten, die sie nicht kennen, verächtlich ab, dann ist dieser Name noch viel zu gut für sie! Dann sind sie wissenschaftliche Esel! Und so muß man sie auch nennen!"

Ich zuckte die Achsel. „Ueber diese Menschlichkeiten, die im Grunde nur Lappalien sind", versetzte ich mit Ernst, „müssen wir hinwegsehen, um das zu würdigen, was diese Männer leisten, — und das ist staunenswerth! — Allerdings grenzt sich der Einzelne das Feld ab, für das er allein Aug' und Ohr hat. Aber jedes der vielen Gebiete hat seinen Mann — vielmehr seine Genossenschaft gefunden; in dem ungeheuern Reiche der Wirklichkeit ist keine Provinz unbesetzt und kein Feld ungepflügt. Jeder abgezweigte Theil wird erschlossen, sodaß wir auf eine unbegrenzte Fülle der Erscheinungen hinsehen; — und wie strömt nun erst das Ganze auf uns ein, wenn wir von einem Theil zum andern gehen! Dieses Ganze ist in Wahrheit nur für einen Gott gemacht, — der Menschheit selber gelingt blos seine annähernde Bewältigung. — — Ja", fuhr ich, von meinem Gegenstand ergriffen, fort, „ein unheures Schauspiel ist's, das mit einem mal in Scene gesetzt an unsern Augen vorüberzieht! Wie lang ist's her, daß ein Philosoph das «absolute System» geschaffen hat und seine Schüler erklärten, daß jetzt eigentlich geistig nichts mehr zu finden und zu thun sei? Und siehe da, die Natur-, Geschichts- und Sprachforscher beweisen, daß die Zeit der Arbeit jetzt erst recht gekommen ist! — Und ihre Arbeit hat den Segen! Ueberall werden in verhältnißmäßig kurzer Zeit unglaubliche Fortschritte gemacht — vor unsern Augen nimmt die Welt eine andere Gestalt an! — Tadler!" rief ich; — „sieh hin auf diese

Menschen! Mit welchem Eifer, welcher Entsagung und Ausdauer — mit welcher religiösen Begeisterung widmen sich Hunderte — Tausende der Erforschung der Welt in allen ihren Theilen! Mit welch heiterm Muth ertragen sie die Beschwerden, die sich auf ihren Wegen an sie herandrängen! Es ist eine Liebe, eine Freudigkeit in diesen Menschen, womit ihnen eben das Bewunderns= würdige gelingt! Wohin wir den Blick richten, erschließt sich Wahrheit —"

Der Gegner erhob den Kopf gegen mich.

"Wirklichkeit, wenn du willst, die Bedingung der Wahrheit; — und auch diese selbst! — Geben wir der Wahrheit die Ehre! Wenn der Empiriker nicht denkt, wie der Philosoph, so denkt er in seiner Art; er denkt die Sachen in ihrer Eigenthümlichkeit, welche erkannt werden muß; er erforscht die Gesetze ihrer Erscheinung, er schließt, combinirt, wagt, sucht und versucht — und so fördert er die Wissenschaft!"

"Ja", rief ich nach einem Blick auf den Schweigen= den, "mit geheimer Freude sollte gerade der Philosoph dieser ungeheuren Thätigkeit folgen — wie ein König der Thätigkeit der Baulente folgt, die beschäftigt sind, einen Palast aufzuführen, in dem er wohnen und thro= nen soll. Denn für ihn arbeiten sie alle, die Forscher im Reich der Thatsachen und der Stoffe! — Und schon stehen die Dinge so, daß die Philosophie sich bereiten darf, die Errungenschaften der Empirie in Empfang zu nehmen und ihnen die Feuertaufe des Geistes zu geben! Denn immer mehr bereiten sich diese, als ein Ganzes vor sie zu treten und die weihende Taufe zu verlangen. Du klagst über Mangel an Zusammenhang in dem geistigen Thun unserer Tage und siehst in den wissenschaftlichen Arbeitern Menschen, deren jeder sein Metier für sich treibt, ohne die andern zu schätzen und zu nützen? Es ist Wahrheit in deiner Anklage. Aber die Natur der Dinge ist stärker als die Menschen! Jedes Metier grenzt an ein anderes, verwandtes, und wer es erschöpfend betreibt, der führt es an den Punkt, wo es diesem andern die Hand reicht. So sehen wir jetzt schon Natur- und Geschichtsforschung ineinander übergehen in der Betrachtung der ersten Menschengeschlechter; wir sehen die Geschichtsforschung ergänzt durch die Sprachforschung, sehen die Sprachforschung Hand in Hand gehen mit Physiologie, mit Naturforschung, die Naturforschung aber in der Physiologie, in der Anthropologie hinangehen zur philosophischen Psychologie, zur Philosophie. In der That, schon jetzt sind Empirie und Philosophie kaum mehr auseinanderzuhalten: die Handreichung ist vollzogen! Die Empirie ist der Philosophie — die Philosophie ist in ihren letzten Arbeiten der Empirie entgegengekommen! Ja, wenn wir ihre Hauptthätigkeit charakterisiren wollen, müssen wir sagen, sie ist in ihrer Sphäre selbst Empirie geworden!"

„Ganz richtig", fiel hier der Gegner ein. „Aber

damit ist sie von ihrer wahren und höchsten Aufgabe abgefallen und verbindet sich jetzt in gewissen Repräsentanten sogar mit den Empirikern, um diese Aufgabe selber zu verleumden, zu verleugnen!"

Ich wollte etwas entgegnen; er winkte mir ab und fuhr fort:

„Das Ideal des Philosophen ist und bleibt: Gott zu erforschen und den Zusammenhang des Weltganzen in und mit ihm darzulegen; das ewige Centrum des Lebens zu denken und von ihm aus, mit seiner Erkenntniß, der Peripherie zuzugehen, in welcher die Empiriker mit einer wahren Ameisenthätigkeit herumwühlen. Die Philosophie soll Einheit bringen in die Vielheit der Dinge, die von den heutigen Wissenschäftlern bis zur Unabsehbarkeit aufgeschaufelt wird; die jetzigen Philosophen ziehen aber vor, die Vielheit zu mehren, indem sie die Erkenntniß und Geltendmachung des Einen nach allen Richtungen hinab selber für unmöglich erklären und das Streben danach mit Schmähworten belegen. Soll ich mich offen ausdrücken, so muß ich sagen: die Philosophie, die in ihren letzten großen Vertretern hochmüthig war, ist in ihren jetzigen Organen zu einer Bescheidenheit heruntergestiegen, die etwas Niederträchtiges hat, obwol sie, genau besehen, die Tochter einer Anmaßung ist. Wenn das philosophirende Subject die Welt früher aus seinem Denken construirte, so ist das zwar auch verkehrt gewesen, aber es hat doch Stil gehabt. Jetzt steigen die Denker von den Dingen empor zu den Ideen, von den Producten zu den Producenten, Schritt für Schritt, unendlich vorsichtig! Aber endlich geht ihnen auf ihrer Leiter der Athem aus, Schwindel ergreift sie, und nun rufen sie feierlich: «Bis hieher und nicht weiter! Hier ist die Grenze des menschlichen Erkennens!» Ich frage: was ist in diesem Dictum größer, die Unverschämtheit oder die Erbärmlichkeit? Die Unverschämtheit, weil das philosophirende Subject voraussetzt, wo ihm das Vermögen ausgehe, da müsse es auch andern, ja sogar den künftigen Denkern ausgehen. Die Erbärmlichkeit, weil es eben da zu verzagen beginnt, wo die rechte Arbeit der Philosophie erst angeht. Den heutigen Philosophen fehlt zur Philosophie nichts als eine Kleinigkeit: Genialität, schöpferischer Geist! Es fehlen ihnen die Flügel, um sich emporzuschwingen in die Sphäre des göttlichen Lebens! Damit sind sie aufs Klettern angewiesen; und dieses ist ihnen die «sichere» Methode, hinaufzukommen. Wenn der Affe, der die Spitze des Baumes erklommen hat, nun den Adler erblickt, der hoch über ihm in den Lüften segelt, so grinst er und knurrt: «Phantast!» Aber der König der Vögel ruht solider auf seinen Schwingen als der Affe auf dem Zweig des Baumes. Er ist nicht nur im Stand, in die Sonne zu blicken, sein scharfes Auge beherrscht auch die Erde, und sobald er will, schießt er auf sie herunter und trägt seinen Raub davon. — Es ist recht gut, von unten hinaufzugehen nach oben, von außen hineinzuschreiten nach innen; aber damit sind die Voraussetzungen zum Begreifen des Innersten keineswegs erschöpft; die Hauptsache ist noch übrig: die göttlich große Seele des Philosophen, die allein fähig ist das Innerste, d. h. Gott, wenn er erreicht wird, auch zu fassen. Diese Hauptsache bringen die heutigen Philosophen nicht in Ansatz, weil sie dergleichen zum Geschäft überhaupt nicht mitbringen; darum erklären sie die höchste Aufgabe der Wissenschaft für unlösbar, haben für diejenigen, die sich an sie gewagt, selber nur Worte der Antipathie, der Verdächtigung, und machen Chorus mit den Nichtphilosophen in der Beschimpfung der Philosophie eben da, wo sie anfängt, es in höchster Entfaltung zu sein — eben da, wo sie anfängt zu denken!"

Nach dieser Expectoration, die in meine Beweisführung unversehens hineingeworfen wurde, schwieg ich eine Weile. Dann sagte ich: „Sonderbar — in der That sonderbar! Du hast damit begonnen, gegenüber den Philosophen die Masse der Nichtphilosophen zu geißeln; und nun gibst du die Ruthe den Philosophen —"

„Weil sie's verdienen!" schrie er mit der Miene eines zürnenden Propheten. „Weil auch sie angesteckt sind von dem Dämon der Zeit, welcher die Geister verführt, die Materie über den Geist zu setzen! — Auch der Geist hat seine zwei Seiten, wie alles in der Welt, und unsere jetzigen Philosophen werfen sich mit verwerflicher Con=

sequenz auf die materielle, die geistige verleugnend; und sie mehren damit die Schar der Empiriker nicht einmal, um diesen vorzugehen, sondern außerordentlich froh, neben den Celebritäten der regierenden Wissenschaft ihr bescheidenes Plätzchen zu finden! — Geh mir mit den jetzigen Philosophen! Sie haben den königlichen Sinn verloren! Die Majestät ist ihnen abhanden gekommen!"

Meine Entgegnung war ein Kopfschütteln. Dann sagte ich: „Ich denke anders über die Thätigkeit dieser Forscher, die ich in jeder Hinsicht für zeitgemäß und segensreich halte. Aber es gelte, was du sagst, — die heutigen Philosophen seien selbst nur höhere Empiriker: — was thun sie dann anders als der Philosophie, wie du sie verlangst, den Weg bereiten? Was thun sie anders, als die Schätze herausarbeiten, die jener zugute kommen müssen? Die Philosophie sei die Wissenschaft der ewigen und höchsten Ursachen, die Empirie die Wissenschaft der Wirkungen und ihrer nächsten Ursachen! Muß die Philosophie nicht wünschen, daß ihr die Wirkungen vorgelegt werden bis in ihre geistigsten Arten hinauf? Dies ist geschehen und geschieht; geschieht mit Hülfe der jetzigen Philosophen, die das Werk ihrer empirischen Genossen empirisch krönen. Die Welt der Thatsachen entfaltet sich jeden Tag reicher und klarer vor unsern Augen. Nun, so erscheine diese Philosophie, welche die ewigen und höchsten Ursachen zu erweisen vermag — die Ursachen, die mit eben diesen Wirkungen erklärend sich zusammenschließen! Sie komme und entfalte sich und leuchte und überleuchte das Licht der Empirie — sie wird siegreich einziehen in die Geister!"

Ich hielt inne, meine Gedanken zu sammeln und einen Schluß der Discussion zu suchen, die schon allzu lang gedauert hatte. Dann fuhr ich fort: „Hier in der Forderung der eigentlichen und höchsten Philosophie träfen wir also zusammen! — Allein wird diese Philosophie, wie sie gefordert ist, auch sich stellen? Dürfen wir sie erwarten? — Ich will antworten nach meiner Ueberzeugung: sie muß kommen, darum wird sie kommen! Sie wird kommen, nicht heute und nicht morgen, aber in der Zeit, der wir entgegengehen; und sie wird kommen im deutschen Volk! Sie wird kommen nicht in dem Werk eines Einzelnen, sondern als die immer voller ausreifende Schöpfung Mehrerer! Sie wird kommen, weil sie ebenso nothwendig wie vorbereitet ist: die unausweichliche Bedingung der Entwickelung, welche die Menschheit zu machen hat. Darum wird Gott sie senden — er wird die Geister senden, die sie erzeugen. Die Erkenntniß der ganzen Wahrheit allein kann uns befriedigen. Die Erkenntniß eines Gottes, dessen Begriff standhält gegenüber der Welt, gibt erst Wissenschaft im vollendeten Sinne des Worts — und die Philosophie in ihrer höchsten Entfaltung hat in Gewährung dieser Erkenntniß die Wissenschaft zu vollenden! Wenn sie dieser Aufgabe zugewachsen ist, — wenn sie von dem erkannten Gott aus den Erscheinungen alles Recht zu sprechen vermag, dann verdient sie wieder als Königin auf dem Thron zu sitzen, und sie wird ihn einnehmen unbestritten, allerwählt. Das Licht der Wissenschaft wird leuchten überall und die Arbeit der Weltausgleichung wird beginnen im größten Stil. Alles, was gegeneinander war, wird nun füreinander sein! Philosophie und Empirie, Religion und Wissenschaft, Theorie und Praxis werden sich vermählen zu einem Bunde von Freien, — und mit der Wissenschaft wird das Leben seine letzte und schönste Ausprägung erhalten. Dann aber wird die Beschäftigung mit der Materie, die Cultur des materiellen Lebens — der «Materialismus der Gegenwart» — erst in seinem reinsten Segen hervortreten. Die deutsche Nation wird sein eine Nation von Denkern — und mehr als das: eine Nation, welche das Licht des Denkens in der größten Thätigkeit, in den glänzendsten Schöpfungen verwerthet. Im vollkommenen Glauben an diese Zukunft, die uns bestimmt ist, für welche wir bestimmt sind, ruf' ich darum: Ehre der deutschen Nation! Ehre den Arbeiten des deutschen Geistes!"

Ich war von meinem Gegenstand ergriffen, hingerissen. Als ich geschlossen hatte, schaute ich nicht ohne ein gewisses Triumphgefühl auf den Opponenten, dessen eigene Gedanken ich ausgesprochen, ergänzt und den ich damit zur Kundgabe seiner Beistimmung genöthigt zu haben glaubte. Er aber stand ruhig, mit zusammen=

gedrückten Lippen und einem Ausdruck, als ob der Widerspruchsgeist in ihm nochmals die Oberhand gewinnen wollte. Eine Zeit des Schweigens verging. Dann begann er:

„Wenn über den Hörer eine Springflut der Begeisterung sich ergossen hat, dann muß er sich zur Antwort erst sammeln und wieder zurechtstellen. Er muß gewissermaßen erst das Wasser von sich schütteln und die Augen auswischen, damit sie wieder klar zur Sache sehen. — Verzeih' mir, lieber Freund, wenn ich dir auf deine fließende, zuletzt prächtig dahinströmende Rede trocken erwidere! Mich will bedünken, als ob unser Disput immer auf einen Weg ausliefe, der mir nachgerade das Gegentheil von Ueberraschung bietet! Ich sage, wo's fehlt; und du entgegnest mir: «Es wird anders werden und alles Fehlende wird kommen! Die deutsche Nation hat alle Gaben — alle Tugenden; sie wird Gebrauch davon machen, wird sich zur höchsten Entwickelung steigern, und so etwas, wie der Himmel auf Erden, wird die Folge sein.» Geblendet, wie billig, von den Glanzbildern, die du malst, staun' ich einen Moment zu ihnen empor. Aber ich bin nun einmal so: eben von den Idealen hinweg seh' ich mit grimmiger Klarheit in die wirklichen Zustände; und wenn ich mir nun die jetzige deutsche Nation betrachte, was seh' ich da? Ein Geschlecht, das im eigentlichen Sinne des Worts gottverlassen ist, — ein Geschlecht ohne Religion!"

„Indessen", rief ich —

„Unterbrich mich nicht", entgegnete er streng. „Hab' ich doch auch angehört, was du mir zugeströmt! — Ein Geschlecht ohne Religion, sag' ich; — constatiren wir erst das!

„Ein Theil der Jetztlebenden beobachtet allerdings noch überlieferte religiöse Formen! Aber es sind eben nur die Formen, welche die Menschen vor Augen haben und göttlich verehren — ich wiederhol' es und bestehe darauf; — es sind nur die Vorstellungen, die frühere Generationen sich von Gott gemacht und das Ceremoniell, das sie ihm gegenüber festgesetzt haben: Gott selbst, der wirkliche lebendige Gott, ist den religiös unfruchtbaren Seelen und stumpfen Geistern entschwunden. — Der andere Theil, der aus den hellern Köpfen, den Gebildeten, den Männern der Wissenschaft besteht, bekennt entweder geradezu den Atheismus, oder kümmert sich wenigstens nicht um Gott, den er eben dahingestellt sein läßt. Ja, diejenigen, die einen Gott annehmen und ihn unter Umständen gegen die Atheisten von Profession auch zu erweisen suchen, bleiben doch in der Regel ohne alles nähere Verhältniß zu ihm; — ihr Theismus spielt in ihnen selber die Rolle einer Nebensache! — Unser Geschlecht hat gegenwärtig Sinn für alles — für den allergeringfügigsten Bettel der materiellen Welt, für den allerschmuzigsten Koth, ja dafür erst recht! — nur nicht für Gott, den Einen und allgemeinen Herrscher; nur nicht für den Geist, der dieses sogenannte All allein zusammenhält und ohne den es nichts wäre als ein entsetzeneinflößender Cadaver! Indem diejenigen, die jetzt das große Wort führen, die Wirkungen Gottes utiliter acceptiren, rufen sie mit unglaublicher Verblendung: «Wir brauchen keinen Gott! — Die Maschine geht von selber!» Und so wird nun auf Gott, der als Lebendiger nicht vor den Seelen steht, nichts mehr gerichtet, und alles, was geschieht, entbehrt der Weihe. Vor unsern Augen materialisiren — diabolisiren sich die Hervorbringungen der Menschen. Die Künste dienen der Menge und lernen Tag für Tag mehr blenden mit Schein und corrumpiren mit Lüge. Die Politik hat zum Ideal wieder die reine Selbstsucht erhoben; der sittlich Handelnde ist als Tropf gehöhnt, verachtet und verlassen. Der Erfolg entscheidet, und wenn die freche Uebermacht das Recht niederschlägt, so hat sie recht gehabt! Nirgends mehr ein reines, freies, männlich edles Urtheil! Und wenn es Einer aussprüche, würde man ihn nicht hören. Güte, Wahrhaftigkeit, Adel der Gesinnung sind als Schwachheiten angesehen, weil sie bei der Welt verlieren, und weil man den Gott verloren hat, bei dem sie gewinnen. Und diesem Geschlecht soll ich zutrauen — nicht nur, daß die gotterkennende, gotterweisende Philosophie in ihm entstehe, sondern auch daß sie von ihm begriffen, geliebt und geübt, verbreitet und zur Regelung des Lebens benutzt werde? Ich soll glauben, daß die stärkste Antipathie der Gegenwart sich plötzlich in glühende, dauernde — wunderwirkende Sympathie verkehren werde? —

„Die Welt ist praktisch immer verkehrt gewesen; aber in der Theorie, im Glauben, erblickte man sie wiederhergestellt und richtete sich selbst auf an dem Ideal der verheißenen Erneuerung. Jetzt ist sie auch theoretisch verkehrt, theoretisch auf den Kopf gestellt! Jetzt wird die Verkehrtheit als der einzig mögliche, natürliche Stand der Dinge angesehen und damit jede Aussicht auf eine Rettung abgeschnitten. Und wenn zu all diesen Gründen des Verderbens noch etwas gefehlt hätte, so wär' es die Gutmüthigkeit der Hoffnungsseligen, die den Leuten zurufen: «Es wird alles kommen bei uns: die Tugend und die Weisheit und die Güte, die innere und äußere Vollkommenheit des Lebens!» Was sind die Folgen? Daß sich jeder auf den andern und das Ganze verläßt, daß keiner was thut und daß nichts kommt als das Chaos! Wehe, weh über euch! Ihr leugnet den Geist und verhöhnt die Tugend — die einzigen Mittel des Fortschritts und des Emporgangs — und ihr wollt fortschreiten, emporkommen? Ihr werdet auf diesem Wege ein Bissen werden für die Hölle und euch selber in ihren Rachen stürzen! — Das sind meine Gedanken und meine Gefühle deiner Nation von Denkern gegenüber! — Und für heute sei's nun genug!"

Neuntes Gespräch.

Wenn der Unverheirathete vieles entbehrt (unstreitig das Wünschenswertheste!) — so hat er doch auch wieder allerlei Vortheile. Er kann seine Einkünfte auf die Befriedigung seiner geistigen Bedürfnisse verwenden; und von Familiensorgen nicht abgezogen, wird er auch mehr solcher Bedürfnisse haben, er wird geistigen Dingen, der Kunst, Wissenschaft und öffentlichen Bildung, mehr ungestörtes Interesse entgegenbringen. Ist er thätigen Sinnes, so schafft er sich für die mangelnde Familie den Ersatz, indem er die Nation, die Menschheit zu seiner Familie macht. Auf sie hat er ein Auge wie der Vater auf seine Kinder; ihr Fortkommen beschäftigt ihn; er wendet alle Zeit darauf, ihre Gesinnung kennen zu lernen und den Proben ihrer Fähigkeiten nachzugehen.

Was that mein Freund Victor anders, als in seiner Weise den Vater des Vaterlandes spielen? Er war ein strenger Herr und seine Liebe bezeugte sich am liebsten in der Züchtigung. Sein Geist war so geartet, daß er das Gute als etwas von selbst sich Verstehendes hinnahm, durch das Verkehrte aber, oder was ihm so vorkam, in Wuth versetzt wurde. Die Erkenntnisse, die er sich angeeignet, benutzte er nur, um zu richten und zu verurtheilen. Mit diesem tiefen Trieb ging aber der treueste Antheil Hand in Hand. Da ihn seine Gutsverwaltung bei der getroffenen Einrichtung wenig mehr in Anspruch nahm, so behielt er viel freie Zeit übrig, die er ganz der Meditation und den Studien widmete. Ueber den Wissenschaften vernachlässigte er nicht die schöne Literatur. Er schaffte sich fortgehend die Poeten und Erzähler an, die ihm dieser Auszeichnung werth schienen, hielt neben den politischen auch mehrere belletristisch-kritische Zeitschriften und folgte den Entwickelungen auf diesem Gebiet mit um so größerer Aufmerksamkeit, als ihm in Consumenten wie Producenten auch sehr willkommene Schlachtopfer sich boten. Er prüfte die Werke, die am meisten Beifall erlangten, kritisirte den Geschmack des Publikums, die Stimmen der Kritik — das Schauspiel, welches uns die Literatur gewährt, im ganzen — und fand hier unerschöpflichen Anlaß, dem Hang seines Herzens zu fröhnen.

Bei meinem nächsten Besuch traf ich ihn wieder im Bibliothekzimmer. Er legte ein Heft aus der Hand, um mich zu begrüßen, und sprach sein Guten Tag! mit einem so matten und wehmüthigen Ausdruck, daß ich ihn wahrhaft besorgt ansah.

„Was fehlt dir?" rief ich.

„Ich bin betrübt", erwiderte er; — „von Herzen betrübt!"

Die feierliche Ruhe, womit er dies sagte, war auffallend. „Aber der Grund?" fragte ich. „Es ist dir doch kein Unglück begegnet?"

„Das größte, das mich treffen konnte", versetzte er mit Resignation, — „das Unglück, Recht zu bekommen! — Recht gegen dich", fügte er hinzu, als ich ihn fragend ansah; „gegen dich, der mir immer aufreden will, daß unsere Nation auf dem Weg zur herrlichsten Entfaltung sich befinde! — Derweil geht das Verderben seinen Gang! — Ich schmachte nach einer Widerlegung! Wie gern würde ich mich den offenbaren Thatsachen beugen und mich für besiegt erklären! Aber das unerbittliche Geschick wälzt mir Bestätigung zu!"

Mit Mühe hielt ich den Ausdruck meines Vergnügens zurück. „Was ist denn aber geschehen?" entgegnete ich. „Welche Beobachtung ist's, die auf dich so traurig gewirkt hat?"

„Die deutsche Nation", versetzte er, „ist im Begriff, das Letzte zu verlieren, was ihr noch einigermaßen zur Zierde gereicht hat: den Sinn für Poesie — den ästhetischen Geschmack!"

„Ich sehe nicht, wie —"

„Du siehst nichts, was ist", fiel er mir ins Wort,

„sondern nur, was nicht ist! — Das ist eben", fügte er spöttisch hinzu, „deine Specialität!"

Ein bedauerndes Achselzucken war meine Antwort.

Er sah mit halbgeschlossenem Auge für sich hin, dann fuhr er fort: „Ich hab' neulich von der Anarchie in der Republik der Wissenschaft gesprochen! — Aber das ist ein wahres Kinderspiel gegen die Anarchie in der schönen Literatur! — Hier zeigt sich die Zerfahrenheit und Verkommenheit der jetzigen Deutschen in einem Maße, das man nicht anders als riesig nennen kann. — Es ist schauerlich!"

„Lieber Himmel!" rief ich; — „welche Beiworte!"

„Ich fürchte", entgegnete er, „daß ich nicht einmal die Beiworte finde, die ich brauche, um die Zustände zu charakterisiren, wie sie wirklich sind!"

„Da traust du dir doch wol zu wenig zu", versetzte ich mit Anerkennung. „Nach meiner Erfahrung ist das deine Specialität; und du schöpfst hier aus einem Born, der unversieglich sprudelt!"

Er machte eine Miene wie ein gestreichelter Bär. Dann fuhr er fort: „Was ich sehe, das seh' ich, und ich sehe nur, was ist! Tag für Tag verliert unser Volk mehr den Sinn für das Echte und Gute in der Dichtkunst."

„Warum nicht gar", entgegnete ich. „Wir verehren die Klassiker mehr als je!"

„Wie lange noch?" rief er.

Ich schaute ihn überrascht — forschend an. Er fuhr fort: „Niemand kann zwei Herren dienen! Wer auf der breiten Straße des Lasters zur Hölle wandelt, der kann nicht nebenbei auch noch auf dem steilen Weg zum Himmel aufsteigen. Die Masse der deutschen Nation ist geködert und folgt dem großen Rattenfänger; — aber die Masse herrscht, sie reißt die Geister, die sich einbilden, an dem Besten halten zu können, mit sich fort, und so geht alles zum Teufel. — — Nichts bleibt ungestraft, alles hat seine Folgen: das ist das furchtbare Gesetz der Welt! Die Kunst desjenigen, der die Menschen zu verführen trachtet, besteht nun darin, daß er die Sünde lustig und ihre Folgen durchaus harmlos erscheinen läßt. «Wie sollte mir das Schaden bringen, was mich glücklich macht?» ruft der Gimpel. «Das Angenehmste muß ja nothwendig auch das Beste und das Heilsamste sein?» fügt er weise hinzu. Und er beißt in den Köder, er zappelt im Netz, und das Ende ist, daß man ihm den Hals umdreht!"

Solchen Sätzen zu widersprechen, muß man anders organisirt sein als ich. — Ich ließ ihn reden.

„Die Masse", fuhr er fort, „ruft gegenwärtig dem Schriftsteller zu: «Unterhalte mich um jeden Preis! Du sollst nichts, als mir die Zeit vertreiben; aber zu diesem Zweck kannst du jedes Mittel anwenden. Genire dich durchaus nicht — ich kann schon was vertragen! Was du aber ganz und gar nicht darfst, das ist: mir eine An=

strengung zumuthen. In dieser Beziehung bin ich gnadenlos: die Verdammung deines Products ist unausbleiblich. Ich will Genuß haben, absolut mühelosen Genuß; und diesen mir zu verschaffen, dazu bist du eben Poet! Ich will dein Buch lesen, auf das Sofa hingestreckt, zwischen Schlaf und Wachen, und kein Anspruch an eine Mitwirkung von meiner Seite darf mich stören. Das ist keine Kunst, auf den Leser zu wirken, wenn er selber denkt und fühlt! Ich will daliegen wie ein Leichnam und mich nicht rühren, und du mußt mich dennoch zu reizen, zu packen, zu erschüttern und in ein Meer von Lust zu tauchen wissen. Das ist deine Pflicht. Erfüllst du sie, dann kauf' ich dein Buch und preise dich und lasse dich preisen — und du wirst reich werden und hochgeehrt und stolz hinwandeln durch die Lande. Wo nicht, so werd' ich dich ignoriren — und du wirst verkommen in Schmach und in Elend!»"

Er wendete sich zu mir und rief mit einem bittern Lächeln: „Kenn' ich meine Leute? Wie? Sind das nicht wörtlich die Gedanken des jetzigen Publikums? Und verfährt es nicht so? — Das Publikum aber ist der Herr: es spricht, so geschieht's, es gebeut, so steht's da!"

Er schwieg. Sein Geist schien einer Vorstellung hingegeben, die sich ihm aufgedrängt hatte; seine Züge nahmen einen düstern und strengen Charakter an, und er rief: „Grauenerregendes Schauspiel, das meinen Augen sich bietet! Die Masse ist erfüllt von gemeinen und dummen Begierden — und die Masse regiert; sie regiert ohne Widerspruch). Kein höheres Ideal gibt es jetzt für Poeten und Kritiker, als ihr zu gefallen. Erfolg — das ist das Zauberwort der Epoche! Wer Erfolg hat, sofort hat, d. h. wer der Masse gefällt, vor dem wirft man sich in den Staub. Die Kritik hat gar keinen andern Ehrgeiz, als der Welt bekannt zu machen, welches Werk Erfolg gehabt habe und welches keinen. «Die Menge kauft, der Pöbel klatscht — der Autor ist ein großer Mann!» — Hundepack! Verächtliche Scribler! — ist das eure Aufgabe? Die Ideale sollt ihr aufstellen der Kunst und dem Pöbel seinen rohen Geschmack verweisen! Des Werkes sollt ihr euch annehmen, an dem der Esel vorübergeht, weil es zu gut ist für ihn und zu schön! Sagen sollt ihr ihm, was schön ist und warum! Statt dessen wartet ihr submissest, worüber der neue Souverän sein Wohlgefallen zu äußern geruhen möchte. Und das Product, auf welchem seine Augen gnädigst weilen, fängt an zu schimmern für euch und in magischen Farben zu glänzen. Ihr seht es schön und beginnt es zu preisen und könnt nicht Worte genug finden des Ruhmes, und werdet ordentlich genial in schmeichelbrünstigem Lobgesang. «Welche Lichter, welch ein Pulsschlag des Lebens! Mit welch unwiderstehlicher Gewalt packt es uns und reißt es uns hin! Die Wirkung ist berauschend, betäubend, wir kommen von Sinnen — das ist eben das Ziel und der Gipfel der Kunst!» —

Lakaien! Lakaien! Verderblichere Schranzen als die=
jenigen, die um einen Thron herumlungernd in Gold
glänzen, und die man endlich doch verachten gelernt hat!
Wird man euch nicht auch verachten lernen, pflichtver=
gessene Sudler?"

Er wandte sich zu mir — seine Miene war die eines
unangenehm Ueberraschten. „Du machst ein Gesicht",
rief er, „als wolltest du sagen, ich übertreibe, und es
sei nicht so arg! — Es ist so arg, sag' ich dir, es ist
wörtlich so wie ich sage! — — Was ist aber schuld
an alledem?" fuhr er nach kurzem Innehalten fort.
„Was ist die Quelle des Unheils, in welches Publikum,
Poeten und Kritiker sich wechselseitig stürzen? Der Eine
Mangel des Geschlechts — der Mangel an Liebe und
Sinn für ewige Dinge! Man lüstet ausschließlich nach
Zeitvertreib, weil man eben zu viel Zeit hat. Und man hat
zu viel Zeit, weil man nichts hat als die Zeit; weil man
sich nicht zurückziehen kann aus der Zeit in die Ewigkeit
— aus dem Außen der Welt in das Innen des Geistes,
um hier mit Gott und guten Geistern selig zu verkehren!
Die Langeweile, das ist der Fluch der jetzigen Genera=
tion! Die Langeweile ist die natürliche Folge des blos
äußerlichen Lebens; — und man will sie curiren mit
den Mitteln eben dieses Lebens! «Herbei Sinnengenuß!
Herbei, getriebenes und geschriebenes Laster! Herbei,
physische und psychische Unzucht! Ueberflutet mich, macht
mich sinnlos, damit ich um Gottes willen die Zeit los

werde!» Der Bursche, der so schreit, wird, indem er Gesundheit opfert und Ehre, die Zeit los — und doch nur auf eine Zeit! Eine klägliche Palliativcur! Das Uebel kommt wieder und kann nur wieder vertrieben werden durch neuen Taumel, bis der arme Tropf endlich ins Grab taumelt. — Seht ihr nicht, ihr Bestien", fuhr er mit erhobener Stimme fort, „wie eure Theorie widerlegt wird durch eure Praxis und deren Folgen? Es gibt wirklich ein Heilmittel gegen die Langeweile, ihr Narren! Aber dieses besteht nicht darin, daß man sich sinken läßt in den Pfuhl, sondern daß man sich erhebt in den Himmel des Geistes. Diese Erhebung kostet An= strengung — Anstrengung des Geistes und des Herzens — und die Anstrengung scheut ihr wie das höllische Feuer! Wo sie euch zugemuthet wird, da solltet ihr euern Heiland sehen, den Retter aus der Langeweile der Zeit in die heilige Freude der Ewigkeit, und ihm folgen und ihn segnen — und ihr lästert ihn und ihr sprecht die Acht über ihn! Ihr weist ihn von euch als langweilig, pedantisch, anmaßend, beleidigend! — Das Licht leuchtet, und die sinnlichen Seelen begreifen es nicht — — und sie verfallen der ewigen Nacht unrettbar!"

Er hielt inne. Sein Gesicht war in Bewegung, ich hörte sein Athmen. Nach einer Weile rief er: „Hab' ich nicht recht? Ist uns nicht der Himmel auf Erden schon erschlossen in unserm Geist? Können wir uns nicht erheben in ihm durch unsere Denkkraft, unsere Phantasie, unser religiöses Gefühl? Können wir nicht in ihm den Standpunkt gewinnen, von welchem die Erde lieblich erscheint, ohne verderblich zu werden — zu welchem ihr Garten alle seine Wohlgerüche hinansendet, um uns labend mit ihnen zu umströmen, nicht aber von Sinnen zu bringen und den Geist zu ersticken? — Nimmt auf der andern Seite der Böse, wenn man ihm den Finger gibt, nicht die ganze Hand? Kann man mit dem Laster anfangen, ohne fortzufahren mit ihm, ohne sich zu steigern in ihm, sobaß man endlich unaufhaltsam anlangt am schamlosesten Exceß? Und folgt diesem Exceß nicht schmählicher Untergang? Sind also die Genußgierigen und Geistfaulen im Leben und in der Literatur nicht eigentlich stupide Thiere, die gegen die Drangabe ihrer Ehre nicht einmal das Glück erlangen? Ist es nicht in jeder Hinsicht schändlich und dumm und unglaublich verkehrt, in den Werken der Dichtung den Geist zu verdammen, den Hochsinn und Tiefsinn, das Licht der ewigen Wahrheit — um nur die grobsinnlichen Reize einer wildspannenden Handlung zu fordern, die auf Kosten der Wahrheit und Natur, wie Figura zeigt, die allergemeinsten Sudler männlichen und weiblichen Geschlechts eben am leichtesten herstellen? Kann es eine größere Infamie geben, als von der Literatur die Ergötzungen der Prostitution haben zu wollen? — Ist das nicht wahr und klar wie die Sonne? Geht von alledem nur ein Jota ab? Und doch, wenn ich's ausspräche, man würde

ir mit höllischem Gelächter antworten! «Laster? Warum
cht gar! Verderben? Warum nicht gar! Freier Geist,
ischer Muth, kühner und voller Genuß des Lebens!
riech' in dein Gemäuer, alter Schuhu, und stör' uns
as Vergnügen nicht — und die Arbeit, womit wir uns
b andere beglücken! Deine Zeit ist vorbei — du
ngweilst Gott und die Welt; und je mehr du dich auf=
ängst, um so widerlicher machst du dich!» Und sie
aben mich widerlegt, weil sie mich gehöhnt haben, und
cher und fröhlich schreiten sie hin in den blumenüber=
ckten Sumpf, um in Masse zu ersticken. Aber nicht
it den ersten Tritten schon weicht der Boden; die kecken
ohlen finden noch Grund, und lachend drehen die Ge=
llen sich um und rufen: «Sind wir nicht immer noch
, krächzender Rabe? Und geht's nicht lustig vorwärts,
rweil du verlassen hocken bleibst, Pedant?» — Es
äre natürlich schade, wenn der Mund nicht vorher
och hochmüthige Reden führte, ehe er mit Koth gestopft
ird für immer!"

Ein Lächeln, verachtend und grausam zugleich, flog
m seinen Mund. Dann versank er in ein Sinnen.
ein Haupt erhebend, mit einer eigenen Mischung von
rnst und Humor, sagte er: „Zuweilen, wenn ich diese
erhältnisse bedenke, kommt's mir vor, als hätte der
öse Feind, indem er unsere große Literaturepoche be=
achtete, sich gesagt: «Wo soll das alles hin? Wenn
ir die Genien die Nation bilden, dann steht's mit mei=

ner Sache schlecht! — Ich weiß, was ich thue: ich mehre die Tagesblätter ins Immense und verschaffe ihnen das Regiment!» Gesagt, gethan. Zahllose Blätter sproßten empor, und jedes hatte sein Feuilleton, welches jeden Tag gefüllt werden mußte. Mit den Werken des Genius und des gediegenen Talents? Der Genius ist spröde, das gediegene Talent auch — und ihre Werke kann man nicht einmal brauchen! Näscherwaare muß es sein, appetitlich aussehend und duftend, und schnabuliren muß man's können vom Fleck weg! Das liefern am besten die geistreichen Jungens — am pikantesten die Judenjungens — und sie herrschen daher im Feuilleton. Und an diesen Bürschchen hat der Böse nun sein eigenthümliches Vergnügen; — denn sie stülpen alles um und breiten allenthalben sein Reich aus — das Reich der Verkehrtheit! Frivol und oberflächlich, wie sie sind, hassen sie den Ernst, den Tiefsinn und den Adel der Seele, und fühlen sich glücklich, solchem altmodischen Trödel täglich eins versetzen zu können. Die Gewalt, die sie haben, der Einfluß, den sie üben, macht sie stolz, übermüthig, und sie kommen sich vor, als wären sie etwas und rangirten mit den ersten Geistern der Menschheit. Und doch zupft sie wieder das Gewissen am Ohr und raunt ihnen zu, welch Gaukelspiel sie eigentlich treiben und welchem Geschick in drei Tagen ihr Blättchen rettungslos verfällt. Neid steigt in ihrem Herzen empor gegen diejenigen, deren Arbeiten länger zu dauern

rivalisiren, kämpfen mit ihnen, und die
das Genie. Erquickt sich die Lesewelt
an frechen Schmähungen und Lästerun=
man sie nicht am rascheften, wenn man
ft der berühmten Schadenfreude zu kosten
das Publikum, das selber genußsüchtig
ge lebt, so schofel wie der Scribent, und
ht königlich, wenn dieser einen der großen
r sein wollen als andere Leute, mit Füßen
ans Werk», ruft nun einer dem andern
zusammengestanden! Ist das Feuilleton,
eschrieben, heute bereits Wisch, so machen
ues — wir sagen dem Publikum Tag
Sprüchlein — und wenn's im Papier
so bleibt's dafür in den Köpfen hängen.
gründlichen und dauernden Werke mehr:
role! Wer eins liefert, der wird todt=
gehöhnt. Nichts soll mehr aufkommen,
otegiren; und wir protegiren nichts, als
oder unsere Kameraden liefern. Außer=
dir sind nicht ganz und gar unerbittlich!
en, um vor uns niederzufallen und uns
fühlen wir ein menschlich Rühren, und
wir nicht doch etwas für sie thun wollen!
h seine Anwandlungen von Großmuth und
einen armen Teufel leben; — denn es
Gefühl, sich sagen zu können: den konntest

du zertreten, todt, mausetodt machen — und er zappelt noch!»"

Während dieser Herzensergießung hatten sich die Züge des Redners mehr und mehr geklärt; das Völkchen, das er zauste, schien ihn mehr zu amüsiren als zu ärgern, und da auch ich nicht umhin konnte, ein beifälliges Gesicht zu machen, so rief er mit wahrem Vergnügen: „Diese Kerls! Ist es nicht wunderbar, daß Menschen, die keine halbe Zeile für die Nachwelt schreiben können, in der Mitwelt eine Art Allmacht sich aneignen und von ihrem Schreibstuhl auf die Welt herniedersehen können wie Zeus vom Olymp? Sie schütteln ihre Locken und es bebt der Erdkreis! Sie schleudern den Donnerkeil unter die Sterblichen — und erschreckt läuft der Haufe von dem Opfer hinweg, das getödtet am Boden liegt. Sie haben die Gewalt der Schlüssel, zu binden und zu lösen — und die Welt bestätigt sie durch eifrige Unterwerfung unter ihre Decrete. Sie nehmen sich alles heraus und befahren nichts; — sie sind gefürchtet, geachtet, geschmeichelt — und zu alledem noch übermäßig bezahlt!"

Seine Miene zeigte förmliches Behagen. Dann schien sein Geist einen andern Punkt ins Auge zu fassen; denn mit resignirtem Ernst fuhr er fort: „Der böse Feind hat seinen Zweck erreicht. Das Geschäft mit den Büchern, die ihm zuwider sein müssen, ist ins Stocken gerathen — der Bankrott über kurz oder lang unausbleiblich. Schon jetzt können mit Erfolg nur solche Werke sich präsentiren, an denen Er und das Feuilleton seine Freude hat. Und so erstehen Romane und Novellen, die werth sind, im Feuilleton zu erscheinen; — werth sein Leben zu leben und seinen Tod zu sterben. Göttliche Meisterwerke: natürlich! Köstliche Darstellung, lebensprühend, wonnefunkelnd! Die Kritik des Feuilleton sorgt dafür, daß sie diesen Ruf erlangen, daß der Genußgier die Zähne wässern — — und sie werden verschlungen!"

„Die Kritik", fuhr er mit dem Accent der Wegwerfung fort. „Lächerlichstes Wort in dem Sprachschatz der Gegenwart! Verderbliches Wort, — da es immer noch Leute gibt, welche daran glauben! Die Kritik! Was ist die Kritik? Was thut die Kritik? Laßt uns sehen!

„Die Kritik — die Kritik, wie sie gegenwärtig geübt wird in deutschen Landen! — lobt vor allem das Product des guten Freundes, damit dieser ihr Product wieder lobe; — beides womöglich unverschämt. Dies ist die Regel; und das Verfahren ist schon so Usus geworden, daß man dabei an gar nichts Arges mehr denkt. Keiner, der's thut, fürchtet deswegen beschämt zu werden als einer, der Wahrheit und Gerechtigkeit frech verletze, das Publikum schändlich belüge und eigentlich ein Halunke sei. Es fällt ihm gar nicht ein, daß man ihn so

bezeichnen und aus der guten Gesellschaft fortweisen
könnte; — und siehe da — es geschieht auch nicht!
Der Unbefangenheit, womit man gegenwärtig die kriti=
schen Lügen drucken läßt, entspricht die Unbefangenheit,
womit das Publikum sie hinnimmt. Beiderseits fühlt
man: es geht einmal nicht anders — und darum ist
(nach jetzigen Begriffen!) auch nichts dagegen einzuwen=
den. Will sich ein Schriftsteller jetzt bemerklich machen,
so muß er gepriesen werden — schamlos gepriesen, da=
mit er und sein Werk dem Publikum in den lockendsten
Farben erscheine. Dies ist jetzt eben unerläßlich. Daß
ihm nun die guten Freunde den Dienst leisten, ist ganz
natürlich; und ebenso natürlich ist, daß er ihnen bei Ge=
legenheit den Gefallen wieder thut. Alles durchaus in der
Ordnung; natürlich, gebührlich! — Man muß dabei auch
wohl bedenken, in welcher Zeit wir leben! Im Grunde
ist es die Zeit des literarischen Faustrechts. Alle sind
gegen alle, jeder nimmt sich, was er bekommen kann,
jeder wirft nieder, wen er zwingen kann; — da bedarf
derjenige, der sich auf die Landstraße hinauswagen soll,
einer guten Escorte! Er bedarf der Gesellen, die für ihn
vom Leder ziehen, wenn er angefallen wird, und ihn
mannlich wieder heraushauen. Association, das ist das
Wort der Epoche! Ihr Gesetz aber ist, daß alle für
einen, einer für alle steht, daß jeder gegen jeden die
Vereinspflichten erfüllt; und im literarischen Verein steht

unter diesen Pflichten obenan: wechselseitiges unverschäm=
tes Loben!"

Er hielt inne — wie es schien, um den Beifall in
Empfang zu nehmen, den er verdient zu haben glaubte.
Ich ertheilte ihm denselben schweigend; und er begann
aufs neue: „Bei dieser Gelegenheit offenbart sich wie=
der der kindische Materialismus der Zeit. Man traut
dem Geist und der Wahrheit nichts, der Materie, dem
äußern Werk, der äußern Thatsache, Alles zu. Daß die
Worte so geschrieben und so gedruckt werden und so
lebend dastehen im Blatt — das ist die Hauptsache!
Der Kritiker, der sie verfaßt, und der Autor, dem sie
den Bart streichen sollen, freuen sich darüber gleichmäßig,
und der letztere erwartet mit dem besten Gewissen die
guten Folgen. Diese kommen allerdings. Aber sie kom=
men zunächst nicht in dem gehofften Maße; und dann kommt
und wirkt etwas anderes von der andern Seite: die
Macht der Wahrheit! Das hohle Product, dem die guten
Freunde einen magischen Reiz nachgerühmt haben, wirkt in
seiner Hohlheit so lange, bis die ekelhafte Wirklichkeit über
die schöne Lüge siegt; — und nun ist für den Autor alles
verloren, auch die Ehre! Solche Erfahrungen, wie ge=
wöhnlich sie sind, ändern aber weder die Praxis noch das
Vertrauen auf ihren Effect. Man glaubt immer wieder
an die Zauberkraft des gedruckten Wortes, und sucht es
sich zu verschaffen und verschafft es andern mit uner=

müßlichem Eifer. Würde man die Zeit, die man auf solche Manöver verwendet, dem Kunstfleiß widmen, das Product würde besser — es würde gut werden und der Freund, der es zu loben hätte, könnte es ohne Lüge thun. Aber nein, man verläßt sich nicht auf die Leistung und sorgt darum für eine gute — man verläßt sich auf die Kritik und glaubt nun das Ding nicht schnell genug suteln zu können. Die Kritik muß es machen! Und wenn das schofle Product nicht beachtet wird, dann hat die Kritik ihre Schuldigkeit nicht gethan! Das Lob von seiten der Freunde war nicht kräftig genug — sie haben die höchste der Vereinspflichten nicht erfüllt!"

Er sah mich an. "Du scheinst einverstanden zu sein?" sagte er. Ich erwiderte: "Dankbar!" — Er nickte mit Billigung und fuhr fort:

"Die Kritik wird angeklagt von den Autoren schlech=
ter Werke; und doch hat die gegenwärtige Kritik ein wahres Tendre für solche Werke und nimmt sich ihrer sogar an, wenn der Autor nicht zur Genossenschaft ge=
hört — mit reinster Uneigennützigkeit. Sie wird hier, dünkt mich, von dem Bestreben geleitet, die parteiische Vertheilung der Talente, wie Gott und Natur sie belieb=
ten, wieder gut zu machen! — Es kommen der Kritik zwei Bücher ins Haus, ein gutes und ein schlechtes. Der Unkundige meint nun, das gute müsse dem Kritiker Freude machen und das schlechte Misvergnügen. Denn das ist ja natürlich! Allerdings; aber noch viel natür=

licher ist es, daß das gute Neid und Eiferſucht in ihm erregt, das ſchlechte Mitleid und Wohlwollen. Infolge jener erſten Eindrücke wird das gute ſcharf aufs Korn genommen. Der Kritiker ſucht Fehler, und wer ſucht, der findet. Kommen ihm aber doch nicht genug heraus, dann fängt er an, in dem Werke zu vermiſſen, was gar nicht darin ſein ſoll, ja nicht darf! Iſt es ein lichtes, ſonniges Gemälde, dann fehlt Blitz und Donner. Raſt in ihm ein Sturm elementarer Kräfte, dann fehlt die Ruhe, der ſchöne Friede! Trifft er auf Perlen der Weisheit, ſinnig und zierlich aneinandergereiht, dann hätte er lieber eine packende Handlung gewünſcht; und ergreift und feſſelt ihn die Compoſition, dann muß er geſtehen, daß er geiſtig angeregt und erleuchtet von dem Buch nicht geſchieden ſei! Vorzüglich aber wird er an dem einfach=organiſchen Kunſtwerk, in dem jede Zeile erfunden ſein muß, den Mangel an Erfindung, d. h. an einer willkürlichen Verknüpfung unmöglicher Abenteuer beklagen. Dadurch gelingt es ihm, das echte Werk eine tüchtige Strecke auf dem Weg zum ſchlechten herabzu= führen, — und nun übrigt nur noch, das ſchlechte hin= anzuheben. Wie hohl, fad und widerlich es ſei, dem Kritiker kommt eben hierbei die eigene Ueberlegenheit zum Bewußtſein, das Vergnügen darüber ſtimmt ihn gütig — und er findet es nun gar nicht ſo übel! Es iſt ſo harmlos! (d. h. es reizt keinen Menſchen zu Neid und Eiferſucht) — und der Autor hat den beſten Willen ge=

habt! Allerdings ist es nicht ganz so herausgekommen, und die Behandlung bietet manche schwächern Punkte! Aber auf wie schöne Sachen stoßen wir darin! Wie ist es hier so rührend, und dort, welche erfreuliche humoristische Ader zeigt der Autor! Kurz, im ganzen ist's eine brave Arbeit! — Und so stehen denn die beiden Bücher, das gute und das schlechte, sich gleich, ja, das schlechte muß dem Publikum noch begehrenswerther erscheinen als das gute! — Der kritisirende Tropf hat seinen Zweck erreicht. Er hat Lob und Tadel vertheilt an das gute, Lob und Tadel an das schlechte Werk; und er gibt sich jetzt auch noch das Ansehen, als ob er seine Gerechtigkeit, seine Unparteilichkeit, die Freiheit seines Geistes bewiesen habe!"

Ein Zornblick ging aus dem Auge des Redners, er stampfte mit dem Fuße und rief: „Hund von einem Kritiker! Deine Gemeinheit und deine Feigheit hast du bewiesen! Du hast das lebendige Product gemordet, um das todtgeborene zu galvanisiren; — du hast das gute mit dem schlechten dir aus dem Weg geräumt! Der Bube, der das Product des Kameraden frech herausstreicht und das des Gegners frech lästert, steht hoch über dir, du hündischer Gleisner, der du die gute Arbeit erdrückst mit dem Schein von Gerechtigkeit und Unparteilichkeit! Du willst es mit niemand verderben, jämmerlicher Wicht; aber du verderbst es mit der Wahrheit und mit dem Ehrenmann! Hosenkacker! Das echte Werk auf den Schild zu erheben und es aller Welt zu rühmen, das Machwerk zu zertreten, das war deine Pflicht! Aber dazu hast du nicht den Geistesadel und nicht das Herz! Du willst deinem Neide fröhnend sicher gehen! Aber ich bin da, kritische Vettel, und ich gebe dir die Fußtritte, die dich in den Koth stoßen!"

„Du regst dich auf!" rief ich ihm zu.

„Ich will mich aufregen", entgegnete er mit stolzer Entrüstung. „Diese Gattung streicht noch unentlarvt umher und wird nachgerade die gefährlichste. Es sind die Tartufes der Kritik — vertilgen muß man sie! — Das sind eben die Menschen, die wieder und wieder der Welt zu demonstriren suchen, daß es jetzt keine Genies, keine großen Charaktere mehr geben könne; daß wir alle gleich geworden seien und keiner mehr über den andern sich erheben dürfe! Damit schmeicheln sie der Masse der Alltagsmenschen, die natürlich nichts lieber hören, als dies, und bringen die Geister, welche die Masse zu führen und hinanzuheben berufen sind, um den zu ihrem Amte nöthigen Credit! Mittelmäßige Tröpfe, wißt ihr denn so gewiß, daß es jetzt nur mittelmäßige Köpfe geben kann? Wer hat euch denn das gesagt? Wer hat denn bewiesen, daß unser Herrgott sein Licht nicht mehr ergießen kann in die Geister der Menschen und sie mächtig und groß machen, damit sie die Welt erleuchten und die Masse hineinführen in das gelobte Land der Zukunft? Brauchen wir denn keine Genies mehr? Das ist ja gerade, was uns fehlt! Und ihr verbittet sie euch, ihr beweist, es könne keine mehr geben, weil ihr fühlt, daß ihr selber nicht dazu gehört! Natürlich, wenn dann einer auftritt, dessen Schöpfung den göttlichen Funken offenbart, dann rottet ihr euch mit wüthender Hast zusammen, sein Licht zu verfinstern und ihn gemein und klein zu machen, damit der Spruch des Neides und der Impotenz wahr werde. Das gelingt euch aber doch nur auf eine Zeit! Der Genius kann wol eine Strecke — und leider manch= mal eine große! — incognito durchs Leben gehen; aber endlich wird er doch erkannt, erkannt vom Volk — und dann fallt ihr selber vor ihm auf die Knie! Denn nie= derträchtig seid ihr genug dazu! Hat einer nur seine Carrière gemacht bei der Nation, erschallt sein Preis durch Europa, dann kommt auch ihr herbei, huldigt ihm hündisch und laßt die Ausnahme gelten! — Schlechte Kerle! Möcht' ich euch ewig im Staube rutschen sehen!"

Das Bild, das bei den letzten Worten vor seine Seele getreten war, mußte ihm wohlthun; denn er zeigte grimmiges Vergnügen. Ich konnte der Lust nicht wi= derstehen, es zu ergänzen, und rief: „Amen!"

„Amen!" wiederholte er feierlich. Dann fuhr er fort: „Es ist merkwürdig, zu welchen Mitteln der nei= dische Instinct dieser Menschen greift, um das Edle dem Gemeinen gleichzumachen! Dem trefflichen, lebensvollen Werk steht heutzutag nicht nur das leere und platte entgegen, sondern noch mehr das verderblich reizende, das oft mit Talent ausgeführt ist. Nun ist's ein wahres Gaudium für unsern Kritiker, mit dem sittlich verwerflichen, das aber Aussicht auf Erfolg hat, das vortreffliche zu ruiniren. Er macht's hier ungefähr so wie einer, der über eine schöne, geistvolle, tugendreiche Jungfrau und über eine hübsche, gewandte, pikante Buhl= dirne sein Votum abgeben wollte und nun folgender= maßen spräche: «Die Tugend bei der Schönheit — es ist schön! Aber die Munterkeit und die Gefälligkeit bei der Schönheit — das ist anziehend. Jene imponirt mir und ich kann ihr meine Achtung nicht versagen; diese unterhält mich und ich muß sie reizend finden. Ich kann nicht leugnen, daß ich hier und da bei der Edeln und Reinen einige Langeweile fühle, was mir bei der Leicht= fertigen nie begegnet ist. Aber auf der andern Seite ist Tugend ein Vorzug und Laster muß man tadeln! — Soll ich nun über beide mein Urtheil abgeben, so möchte ich sagen: die löblichen Eigenschaften der einen wiegen die der andern auf. Denn wenn das Laster gegen die Tugend verliert, so gewinnt die Hingebung gegen die Sprödigkeit. Wenn die Hoheit uns Respect einflößt, so ist die entgegenkommende Lieblichkeit entzückend. Und so stehen, genau erwogen, die beiden Mädchen an Werth sich gleich.»"

Er hielt ein wenig inne, wie es schien um das Gleichniß auf mich wirken zu lassen; dann sagte er:

„Ein solches Urtheil kann ein Mensch, wenn er den Humor der Frechheit hat, über solche zwei Mädchen noch fällen. So dummdreist wird aber keiner sein, daß er nun etwa fortführe: «Vollkommen ist weder die eine noch die andere, und das ist schade! Schönheit, Geist, Gefühl und Tugend beisammen — es ist viel, aber nicht alles. Es fehlen eben noch die Zierden und Annehmlichkeiten, welche die andere besitzt! Könnte die edle und schöne Jungfrau sich noch die Künste der Buhldirne aneignen und die Würde der Tugend mit dem Zauber des Lasters vereinigen, dann wäre sie ganz vollkommen!» Wie gesagt, so dumm könnte einer hier nicht reden; denn der Blödsinn dieses Widerspruchs liegt zu grell am Tage. Allein über zwei Dichtungen, die solchen zwei Mädchen gleichen, da lassen sich unsere Kritiker ganz ungenirt so vernehmen! Die literarische Buhldirne, die wird noch immer blos von seiten der Ergötzlichkeit angesehen und hat den Gewinn ihrer Gefälligkeiten mitnichten durch öffentliche Schande zu erkaufen. Im Gegentheil, die literarische Buhldirne, die ist jetzt eben das Genie; und ein solches allein gestattet man noch. Es ist wahrhaft rührend, wie die Menschen die «Genüsse» rühmen, welche diese schönen Seelen ihnen verschaffen, ohne nur zu ahnen, daß sie mit ihnen psychischer Buhlschaft pflegen und all ihre Lust Corruption ist! Und so kann denn ein Kritiker, der zum Vollkommenen hinleiten will, einem Dichter gar wol den Rath ertheilen, daß er mit allen Kräften einer Poesie nachtrachten möge, welche die Vorzüge jener beiden Mädchen vereinen würde! — Die Peitsche, die Peitsche so einem Kerl! Denn auch die Dummheit ist ein Verbrechen, und diese da wirkt verderblich! Die Menschen, die es hören, glauben die hohe Dichtung, weil sie nicht auch buhlerisch wirkt, poesielos nennen zu dürfen, und sie kehren ihr verachtungsvoll den Rücken zu!"

Er stand eine Weile indignirt; dann rief er mit tragischem Ernst: „Wehe, weh dem Poeten und Denker, der heutzutag dem höhern Ziele nachstrebt! Er gibt in poetischem Gewande Wahrheit, und niemand will von dieser etwas wissen! Er heischt vom Leser die mitwirkende Erhebung des Geistes, und niemand will ihm diese gewähren. Er schildert mit heiligen Farben göttliche Tugenden und himmlische Freuden, und niemand hat dafür das geringste Interesse! Er appellirt an den Seelenadel und an die sittliche Kraft des Menschen, und in niemand findet er sie! Blasirt, blasirt sind sie alle miteinander! Sogar die Jugend, die in unsern akademischen Jahren eine noble Wißbegierde und ein idealer Schwung der Seele so liebenswürdig machte, gegenwärtig hat sie diese ihre charakteristischen Züge verloren! Jetzt lernt sie ein Handwerk um des Lohnes willen, und für die Strapazen, die sie widerwillig dabei duldet, entschädigt sie sich in literarischen Freudenhäusern. Alte und Junge, von den Reizen des Dämons entzückt, verhöhnen

den Engel des Lichts, den Sänger der Wahrheit, um die
Wette: er ist verlassen und verloren!"

Er ging mit gemessenen Schritten auf und ab.
Dann trat er vor mich hin und begann wieder:

„Verschon' uns Gott mit deinem Grimme:
Zaunkönige gewinnen Stimme! —

so rief der Alte von Weimar. Glücklicher Poet! Zu
deiner Zeit fingen die Zaunkönige erst an, Stimme zu
gewinnen; — gegenwärtig hat niemand eine Stimme
mehr als sie! Der Zaunkönig, in den Tagesblättern
horstend, regiert von ihnen aus die Welt. Und die
Welt ist so unglaublich dumm geworden, daß sie in dem
Vögelchen wirklich ein großes Thier erblickt; und nament=
lich wenn es mit orientalischer Frechheit kreischt, da
zweifelt niemand an seiner Majestät. So sehen wir die
Masse gegen den Geist, die Winzigkeit gegen die Größe,
die Büberei gegen die Mannheit an Boden gewinnen.
Wenn uns das schon mit höchster Besorgniß erfüllen
muß, so ist doch das Aergste, daß sich aus diesem Zu=
stand der Dinge eigentlich niemand etwas macht; daß
die Herrlichkeit, die das Gesindel sich verschafft hat und
besitzt, keine Seele in ihrem Frieden stört; daß sich jeder
einredet, es werde doch alles wohlgedeihen und zur
schönsten Entwickelung gelangen! — Geist und Tugend
haben sich in Quiescenz gesetzt, sie überlassen der Unwis=
senheit und der Gemeinheit die Bildung der Nation —

und sie erwarten getrost, daß die Träume, die sie in der Zelle aushecken, draußen von selber in Erfüllung gehen werden! Ja wohl, es wird kommen, was eure Faulheit, eure schändliche Uneinigkeit verdient und was eure Seelen mit Entsetzen erfüllen wird: die Schlamm= flut wird über euch hingehen und ihr werdet in ihr er= sticken!"

Nachdem er einen Moment hochstreng für sich hinge= sehen, fuhr er fort: „Damit kann ich schließen! — Ich habe den Beweis geführt, daß auf dem Felde der schönen Literatur die Zerfahrenheit und das Verderben eben am größten ist und alles in Aeußerlichkeit und Flachheit unterzugehen droht. Ich habe bewiesen, daß ich ein Recht habe, betrübt zu sein und an ein Ende der Herr= lichkeit auch unserer Klassiker zu glauben. Diese Klas= siker haben Geist und Schwung und Ideengehalt; — man wird sie, wenn man noch etwas weiter fortgeschrit= ten ist, für langweilig, phantastisch und prätentiös er= klären, und sie werden aus der Mode kommen. Ist das etwa nicht möglich? Haben wir keine Beispiele? Gibt es nicht deutsche Klassiker, die bereits außer Curs gesetzt worden sind? Große Namen unserer Literaturgeschichte! Aber niemand liest sie mehr. Was verbürgt uns, daß es den zweien oder dreien, die sich bisjetzt noch oben erhalten haben, nicht ebenso ergehen wird? Der Geschmack ändert sich; und von einem Geschlecht, das den Aposteln des Tages folgt, läßt sich alles erwarten!"

Er schwieg — holte Athem wie nach der Beendung eines langwierigen und großen Werks, und sagte: „Nun mag's gut sein. Zum Disput bin ich heute nicht aufgelegt. Was ich so klar sehe, wie meine Hand hier, das kann mir niemand wegdemonstriren; — und um nichts zu streiten, dazu hab' ich nicht die Laune!"

Er setzte sich. Ich schwieg. Mehrere Minuten vergingen.

Plötzlich kehrte er sich zu mir und sagte: „Du bist heute sehr still! — Sagst du gar nichts?"

„Es genügt mir gehört zu haben!" entgegnete ich.

„Du stimmst mir also bei!" fuhr er fort.

„Das ist nicht die Folge", erwiderte ich.

Er sah mich an. „Du bist nicht meiner Meinung?"

„Nicht so ganz", versetzte ich. — „Im Grunde — nein!"

Er lächelte. Dann rückte er seinen Stuhl vor mich hin und sagte mit einer Miene der Verwunderung: „Geht dir der Zwirn deiner Gutmüthigkeit wirklich gar nicht aus? Wird dir das unaufhörliche Weißbrennen und Schönsehen nicht am Ende selbst zuwider? Kannst du nur vertheidigen — kannst du nicht auch anklagen?"

„Ganz gut", war meine Antwort. „Ich klage dich an!"

„Verwünschter —" Der Zusatz erstarb auf seinen

Lippen. „Das thust du nur wieder aus Vertheidigungs=
sucht!" rief er dann. „Wenn die Galle sich einmal ein
wenig in ihm regen soll, dann ist's gegen einen, der
Galle hat! — Nun", fuhr er fort, „wessen bezichtigt
mich also deine Weisheit?"

„Du bist Philosoph", begann ich. „Aber nur in
der Theorie! Im allgemeinen!"

„Und in der Praxis? Im besondern?"

„Da hast du Galle", versetzte ich.

Er lachte. „Und diese Galle?"

„Bewirkt, daß du nur die Wirkung Desjenigen siehst,
der allerdings sehr viel wirkt in der Welt — unter an=
dern auch die Galle!"

„Ich verstehe!"

„Wenn du recht hättest", fuhr ich fort, „dann
hätten wir nur einen Teufel, aber keinen Gott!"

Er machte ein Gesicht wie einer, der einen übeln
Trank einnehmen soll. „Dieses weite Ausholen und
stets wiederkehrende Zurückgreifen auf bekannte General=
ursachen", entgegnete er dann, „ist eigentlich eine schlechte
Manier. Diesmal hilft sie dir aber nicht einmal was.
Denn wer kann mir beweisen, daß Gott einschreiten mag,
wenn die Menschen sich selber im Stich lassen? Wer
kann mir beweisen, daß er ein Volk nothwendig auf=
halten muß, wenn es zu Grunde gehen will? —
Bring' Thatsachen gegen Thatsachen! — Ich will etwas
sehen!"

„Auch damit kann ich dienen", entgegnete ich. —
„Die Tagespresse, die du verurtheilt hast —"

„Indem ich ihre verderblichen Wirkungen darthat!"

„Sie gleicht dem Speer des Achilles."

Er schüttelte den Kopf und grinste satirisch. „Edmund!" rief er. „Sollte die Wahrheit nicht die Kraft haben, gelegentlich auch ein neues Bild zu erzeugen? — So eins, wie es meine Ohren vernommen haben, ist im Stande, die beste Wahrheit zu ruiniren!"

„Verlassen wir das Bild", entgegnete ich, „und gehen wir zur Sache. — Wenn du die Tagesblätter verurtheilen willst, dann mußt du die Unterhaltung, das Gespräch überhaupt verurtheilen. Denn was geschieht in den Tagesblättern anders, als daß sich in ihnen die Menschheit, die Nation, die Stadt, mit sich selber unterhält? — Natürlich können da nicht lauter ewige Dinge zum Vorschein kommen —"

„Das weiß unser Herrgott!" rief er.

„Wahres und Falsches, Gutes und Böses, Tiefes und Oberflächliches mischen sich hier natürlich. Aber diese Mischung wirkt anregend!"

„Anregend zur Verwirrung!" entgegnete er. „Zur Unterdrückung aller gesunden, klaren, festen Begriffe!"

„Rede dir doch das nicht ein!" versetzte ich. — „Du selber nimmst täglich die Journale zur Hand —"

„Um mir Aerger zu holen!" entgegnete er.

„Welcher dich anregt! Welcher dich reizt und

begeistert eben zu deinen trefflichsten Einfällen und Ergießungen!"

Er betrachtete mich argwöhnisch. „Willst du mich hänseln?" rief er.

„Ich constatire nur die Wirkung der Presse auf gesunde und selbstständige Menschen", entgegnete ich. Dann (und diesmal nicht ohne Absicht!) fuhr ich fort: „Es ist wahr, die Presse, ähnlich der Büchse der Pandora —"

„O Himmel!" rief er.

„Entläßt aus sich schädliche und nützliche Dinge! — Aber wenn die nützlichen zum Heile dienen, so dienen die schädlichen zur Prüfung, und damit auch zum Heil! — Wenn wir uns über den einseitigen Standpunkt erheben —"

„Und das Verderben leugnen", fiel er ein, „und aus Sauer Süß machen —"

„So", fuhr ich mit Nachdruck fort, „müssen wir erkennen, daß die Tagespresse ein ungeheures Bildungsmittel ist. Allerdings nur einerseits; sie bedarf der Controle, der Ergänzung! Wenn aber die Politik und Literatur im Journal gern zu leichter Waare wird, und wenn zumal die Belletristik im Feuilleton durch vergänglichen Reiz nur flüchtig erregt, so haben wir zum Gegengewicht die Literatur in den Büchern!"

„Jetzt noch!" rief der Gegner. „Aber wie lang'

wird's währen? — Sieh doch, was um dich vorgeht! Die Zeitung will das Buch nicht zum Gesellen haben, sie will's aus dem Weg räumen! Die Zeitung bedankt sich für dein «Einerseits» — sie will nicht nur Zeitung, sondern auch Buch sein. Alles was das Buch gibt (sagt sie), das kann ich auch geben. Und so hat sie jetzt bereits den ungeheuren Rachen aufgerissen, die ganze Literatur hinabzuschlingen! — Allerdings kann sie auch geben, was das Buch gibt! Nur mit einer kleinen Modification! In der Zeitung muß es glatt, gleißend und leicht werden und im Fluge zu genießen sein; es muß sich feuilletonisirt haben!" — Mit einem spöttischen Blick auf mich fuhr er fort: „Die Schale, worin dein Gegengewicht niederziehen soll, fürcht' ich, wird eines schönen Tages leer — die Säcularisation der Heiligthümer unserer Literatur im Journal wird vollendet sein!"

Ich schüttelte den Kopf. „Bücher werden immer geschrieben werden", rief ich.

„Wenn sie aber niemand mehr kauft?"

„Dann werden die Autoren Märthrer und schreiben sie doch! — Davor ist mir nicht bange. Ich kenne meine Deutschen!"

Er nickte. „'S ist wahr", versetzte er. „Eine Zeit lang wird's noch so fortgehen. Sie werden Bücher schreiben, auch wenn sie niemand mehr liest — zwecklos, nutzlos!"

„Mein lieber Victor", entgegnete ich, „ergeben wir uns nicht der Consequenzmacherei! — Man ißt's nicht so heiß, wie man's kocht! Die Universalherrschaft hat keine Chancen in unserer Zeit — auch nicht die des Journals! Das sieht eine Weile gefährlich aus, dann richtet sich's von selbst wieder ein, — und man lacht über die gehabten Sorgen. Der gebildete Mensch hat und wird haben zweierlei Bedürfnisse: die einen werden durch das Journal, die andern aber nur durch das Buch befriedigt; und darum muß und wird es neben dem Journal immer auch das Buch geben!"

„Auch was die schöne Literatur betrifft?"

„Auch was diese betrifft. Neben der schönen Literatur steht die Wissenschaft; und diese drängt die Literatur immer wieder zu jenem tiefen und reichen Gehalt, wie er nur im Buch am Platze ist."

„Die Wissenschaft", entgegnete er, „dient gegenwärtig der Welt. Die Wissenschaft geht darauf aus, dem Menschen das Leben bequem zu machen; und die Fächer, die dazu beitragen, werden am höchsten geschätzt. Die Menschen, denen die Wissenschaft das Leben so bequem als möglich macht, werden aber vor allem auch eine bequeme Literatur haben wollen — und die finden sie in Journalen und in Büchern, die werth sind, im Journal aufzugehen. — Hier die Empirie, die Wissenschaft der Welt, die Wissenschaft für die Welt — dort die Zeitung: ich sehe nichts anderes! Da nun die em=

pirische Wissenschaft doch immer eine gewisse Anstrengung des Geistes verlangt, so hat die schöne Literatur um so mehr die Pflicht, den ermüdeten Forschern und ihrem Publikum einzig und allein Erholung zu bieten. Man wird von ihr fordern, daß sie die Rolle der Tänzerin und Flötenbläserin spiele, welche die alten Griechen bei ihren Gelagen zu vergnügen hatten — und sie wird sie spielen!"

„Mit dir kann man nicht streiten!" rief ich unwillig.

Er lächelte. „Schwer mag es allerdings sein", entgegnete er; „denn mir kann man nichts vormachen! Ich hole mir die Waffen zum Kampf aus dem Reiche der Thatsachen, und das ist ein unerschöpfliches Arsenal todbringender Geschosse. In Bezug auf unsern Streit liegt es aber thatsächlich so, daß die Macht und die Herrlichkeit gegenwärtig bei der Masse — bei der Gemeinheit ist; daß die Masse befiehlt und der Schriftsteller gehorcht. Das hab' ich bewiesen. Das ist bei der Grundgesinnung der Zeit begreiflich; — damit kann es aber nur abwärts gehen zum Verderben!

„Schau um dich und überzeuge dich! Wo verlangt man heutzutag von der Dichtkunst Erleuchtung des Geistes, Bildung des Herzens, Veredlung des Charakters? Eine Beseligung, die zugleich Erhöhung und Verklärung des ganzen Menschen ist? Aufregung will man! Aufregung zu Gefühlen, die wollüstig kommen und nutz=

los vergehen; die nichts hinterlassen, als die bekannte Tristitia! —

„Das Organ für ewige Dinge ist der Menschheit verloren gegangen — und einzelne besitzen es nur noch zu ihrer Qual. Sie richten nichts aus und härmen sich ab. Keine Rettung denkbar — keine: wenn Gott nicht in eigener Person das Organ wieder einsetzt, das Ihn der Welt erschließt — wenn er nicht Genien sendet, die mit gerechtem Stolz ihm allein dienen und der Menge gebieten — wenn er nicht den Hochmuth und Uebermuth der Alltagsnaturen in empfängliche und empfangende Demuth wandelt! — Wird er's thun? Haben es die Menschen um ihn verdient? Ueberhaupt: muß es denn nothwendig aufwärts gehen in deutschen Landen und in Europa? Kann es nicht auch abwärts gehen? Etwa darum nicht, weil so viele schöne Errungenschaften der Cultur damit zu Grunde gingen?

„Wenn ich bedenke, was unser Herrgott auf dieser Welt schon alles hat zu Grunde gehen lassen! Welche Fähigkeiten, welche Schöpfungen! — Darin ist er wahrhaft großartig — und sein Rathschluß ist unerforschlich im erschreckenden Sinn!

„Wir meinen immer, ohne die deutsche Nation, ohne ihre Größe und Schönheitsblüte, da könne Gott nichts machen. Sie wäre ihm unumgänglich nöthig, wenn er die Geschichte weiter zu führen gedenkt. Wenn er sich aber doch anders hülfe? Wer kann ihm seine Wege vorzeichnen? Wer kann sich unterstehen, ihm zu seinen Zwecken die Mittel an die Hand geben zu wollen?

„Ich nicht! — Und darum bescheide ich mich und ergebe mich." — Er richtete seinen Blick auf mich. „Und du?"

„Ich glaube und ich hoffe", erwiderte ich.

„Das wollte ich nur hören", versetzte er.

Die Miene, die er dabei zeigte, reizte mich. „Ich erkenne und ich weiß gewiß!" rief ich mit Nachdruck.

Er sah mich an. „Damit", sagte er dann, „können wir schließen. Denn darauf hab' ich, zumal einem Gast gegenüber, nichts zu erwidern."

———

Zehntes Gespräch.

Wochen vergingen, ohne daß ich mit Victor eine längere und bedeutendere Unterredung gehabt hätte. Ich besuchte ihn mehrmals; aber es war Erntezeit, und das frohe Treiben auf dem Gut und im Dorf nahm seine und auch meine Aufmerksamkeit ganz in Anspruch. Die Oberleitung der Arbeiten stimmte den Freund geradezu behaglich. Dem goldenen Getreide, das in der goldenen Sonne glänzt, kann am wenigsten die Seele des Eigenthümers widerstehen, und die Heiterkeit, welche die reichen Garben ins Gemüth schimmern, läßt geistreiche Gespräche nicht eben nöthig erscheinen. — Wir waren glücklich, Menschen mit Menschen zu sein.

An einem der letzten Sommertage ging ich zu Fuß ins „Kloster". Die Luft war mild und ich traf den Eremiten im Baumgarten, wo er eben Kaffee trank und rauchte. Er begrüßte mich mit Anmuth, was von ihm einen besonders wohlthuenden Eindruck macht, und zeigte

eine große, von einer gewissen Schalkheit belebte Zufrie=
denheit. Obwol nichts natürlicher ist, als das Vergnü=
gen eines Gutsbesitzers, der nach glücklicher Einheimsung
der Feldfrüchte an lichtem Tag in seinem Garten sitzt,
so fiel mir seine Miene doch auf. „Ich treffe dich in
guter Stimmung?" sagte ich. „Das freut mich!"

„Weißt du, was daran schuld ist?" erwiderte er.
„Die Einsamkeit! — Das Glück der Einsamkeit!"

„Heißt das soviel, als —?"

„Bah", entgegnete er; „du gehörst dazu! — Setz'
dich! — Der Fritz wird gleich Kaffee bringen, und
hier ist eine Havaña, wie sie nur je einen Kenner be=
glückte."

Ich steckte die Cigarre an. Bald stand der Kaffee
vor mir, und es fehlte mir nichts, das Behagen des
Wirths zu theilen.

„Im Grunde", begann dieser nach einer Weile,
„kann ich mich nicht beklagen! Ich hab' meinen Ver=
druß und entbehre so manches; aber Einen Wunsch, der
zu den tiefsten und mächtigsten meiner Seele gehört,
kann ich doch immer befriedigen: ich kann allein sein,
wann ich will. In diesem Gedanken liegt für den, der
die Leiden der Gesellschaft gelitten hat, ein ganz außer=
ordentlicher Quell von Genugthuung! Ich darf mir
diese Leiden nur vorstellen, dazu eine Stellung, wo
man sie nicht vermeiden kann — und ein unaussprech=
liches Wohlgefühl durchbringt mich. Ich gehöre nicht

zu den Unglücklichen, ich kann mir helfen — Gott sei gepriesen!"

Die letzten Worte klangen so tief empfunden, daß ich ihn erheitert betrachtete. "Du fühlst sehr intensiv!" bemerkte ich.

"Intensiv angenehm, wenn ich allein bin", entgegnete er. "Willst du aber mein Gefühl theilen, so denk dir die Nöthigung, in einer Gesellschaft zu sein, wo leeres Gerede vollführt wird, das du nicht nur anhören mußt, sondern für das du auch noch große Theilnahme an den Tag legen sollst; — aus Höflichkeit, aus Galanterie, aus irgendeiner der Pflichten, womit die Menschen sich das Leben sauer machen! Denk dir die Pein, dein Ohr einem Geklatsche leihen zu müssen, das für dich nicht das geringste Interesse hat, und Zeuge des Vergnügens zu sein, womit der Austausch ihrer hohlen Gedanken die andern erfüllt! — Das ist aber noch das Harmloseste! Nun kommt der freche Bursch, der mit dir Händel anfängt und den du züchtigen mußt! Es kommt die eitle Donna, die dir gebieten will und gegen welche du grob werden mußt! Es kommt der eingebildete Esel, der das Wort des Tiefsinns für Blödsinn erklärt, weil es nicht in seinen Schädel geht, und welchem du diesen, wenn es nach Recht und Gerechtigkeit ginge, eigentlich einschlagen müßtest! — Die Menschen, wie sie so sind, fühlen das alles freilich nicht! Sie ertragen sich wechselseitig, als ob's nicht anders sein könnte, und wenn sie eine Zeit lang sinn- und zwecklos den Mund bewegt haben, gehen sie nach Haus und sind noch im Stand und sagen, sie hätten sich gut unterhalten! — Mein Freund, diese Unterhaltung nicht mitdulden zu müssen, das ist ein großer und ein süßer Gedanke!"

Die Zufriedenheit des Mönchs hatte sich bei dieser Schilderung eher vermehrt als vermindert.

„Zuweilen", fuhr er, nach einigen Zügen aus der Cigarre, fort, „kommt's mir vor, als ob die Einsamkeit die einzig würdige Situation des Denkers wäre! Die Alltagsmenschen können sich wechselseitig etwas sein — ich geb' es zu; aber zwischen dem Denker und ihnen besteht eine unausfüllbare Kluft. Was er weiß, ist das Höhere, Bessere — Wahre; aber er darf es nicht sagen, denn jene, die es nicht verstehen, halten es für Faselei, und wenn sie nicht erbost gegen ihn werden, so gähnen sie ihn wenigstens an, — ein Effect, der auch nicht sehr schmeichelhaft ist. Was soll er nun machen? Mitmachen? Zeigen, daß er auch trivial sein kann? Heucheln? Die Dummheit, welche für Gescheitheit gilt, fingiren und sich dadurch erniedrigen? — Fliehen, fliehen in die Einsamkeit, wo er sich selber, dem Geist und der Wahrheit leben kann!"

„Unter Umständen", versetzte ich, „wird's allerdings das Beste sein."

„Unter allen Umständen", verbesserte er, „für den Denker! — — Was kann man nicht alles für Kreuz haben! In der heutigen Gesellschaft begegnet dir immer wieder ein Mensch, der sich «aufgeklärt» nennt und mit unendlicher Selbstgefälligkeit auf diejenigen herabsieht, die noch an religiösen Vorstellungen hängen. Er ist ohne alle Einsicht in das Wesen der Dinge — er weiß gar nichts und doch glänzt eine Zufriedenheit aus seinem Gesicht, als ob er alles wüßte. Er will nicht mehr wissen, als er weiß, darum ist sein Nichts ihm alles und mundet ihm unendlich. In seinem Glücke gesehen scheint der Bursche harmlos und nur maßlos eitel zu sein. Aber urtheile nicht zu früh! Du darfst nur tiefere Einsichten kundgeben gegen ihn — und auf einmal ist's vorbei mit der Gemüthlichkeit. Er sieht dich verdächtig an; er wird in seinen Reden gereizt, giftig; und hast du dich entfernt, so wird er dich mit Wuth verleumden als einen, der über die Menschen eine schwarze Decke breiten, das Licht ersticken, den Geist morden wolle! — Einen Menschen, der nicht nur nichts weiß, sondern auch nichts lernen will — der die Forschung selber und ihre redlichsten Ergebnisse, wo sie mit seinem Nichtswissen in Widerspruch treten, lästert und sich gleichwol als Freund des Lichts par excellence hinstellt — einen solchen Menschen zu sehen, zu hören und ihn nicht fürchterlich mit dem Stock bearbeiten dürfen, das ist eine Prüfung für mich, die das Maß meiner Kräfte übersteigt! Ignoranz, die sich nicht begnügt, eitel zu sein, sondern die auch noch bösartig wird, nicht züchtigen zu können, weil die Arbeit obiös und unabsehbar wäre, das ist eine Tortur, der man nur entgeht, wenn man den Menschen überhaupt entgeht. — Ich habe mich über diese und ähnliche Dinge schon ausgesprochen; aber heut ist mein unaussprechliches Glück mir aufs neue zum Bewußtsein gekommen, und ich will meinem Schöpfer, der mir's gegönnt hat, den neuen Dank nicht schuldig bleiben!"

Eine Pause entstand. Victor sah auf den Tisch und lächelte. „Weißt du was?" begann er wieder. „Als ich hier allein saß und meine Situation überlegte, hatte ich einen Einfall — und ich schrieb mit Bleistift ein Gedicht."

„Du machst auch Verse?" rief ich verwundert.

„Sie werden danach sein", erwiderte er.

„Das könnt' ich aber doch nur beurtheilen, wenn ich sie hörte!"

Er nahm ein Blatt aus seinem Taschenbuch und las:

„Soll ich ihre Götzen preisen?
Soll ich mit den Wölfen heulen?
Soll ich heulen mit den Eulen,
Die dem Tag das Licht verweisen?

Oder soll ich widerstreiten
Und die Narrheit Narrheit nennen,
Daß die Narren mich berennen
Und vereint mich niederreiten?

Thorheit eines wie das andre!
Bleibt mir also nur das dritte,
Daß ich aus der Thoren Mitte
Klug in meine Zelle wandre."

„Weise!" rief ich.

„Weise!" entgegnete er bedenklich. „Weise du selbst, mein Freund! — Du kommst damit um die Aesthetik herum!"

„Ist nicht meine Absicht", versetzte ich. „Das Product hat eine gewisse Wahrheit und eine gewisse Laune, und man hört es —"

„Mit einem gewissen Vergnügen", ergänzte er. — „Das Urtheil zeichnet sich nicht eben durch Bestimmtheit aus; für mich scheint es aber doch einen Rath zu enthalten!"

„Das Gedicht ist nett", entgegnete ich, „und ich rathe dir fortzufahren!"

Auch er konnte dem Angenehmen in diesen Worten nicht widerstehen: eine eigene, halbverschämte Genugthuung blickte durch den Ernst, den er darauf anzunehmen für gut fand.

Während eines Schweigens, das nun eintrat, kam der Diener und übergab ein Schreiben. Der Empfänger betrachtete die Adresse und schüttelte den Kopf mit einer verdrießlichen Misbilligung. Dann las er laut: „An Seine Hochgeboren, den Herrn Baron von Soundso, Rittergutsbesitzer, Comthur und Ritter hoher Orden, ꝛc. ꝛc. ꝛc. — Sag' mir, lieber Freund", fuhr er zu mir gewendet fort, „warum haben wir Deutschen denn auch auf diesem Felde den Gipfel der Albernheit erstiegen? Dieser Mensch — dessen Handschrift ich nicht kenne! — schreibt «Hochgeboren», obwol mir nach der an sich stupiden Geborenheitsordnung, die einen Menschen auch in seiner Geburt vorrücken läßt, nur Hochwohlgeboren zukommt. Er macht mich nicht nur zum Ritter, sondern zum Comthur hoher Orden, während ich nicht einmal Besitzer des allergeringsten bin. Und damit nicht zufrieden, glaubt er meine vorausgesetzte Eitelkeit auch noch durch drei ꝛc. beschwichtigen zu müssen! — Wenn er wenigstens nur —"

Er machte den Brief auf, überflog ihn und rief: „Nicht einmal diese Entschuldigung hat er! Er will nicht einmal was von mir! Im Gegentheil, er gibt mir eine Nachricht und erweist mir damit eigentlich eine Gefälligkeit. O Deutsche, Deutsche, Deutsche!"

„Nun", entgegnete ich, „das erklärt doch die Titulirung im besten Sinne! Der Schreiber ist eben ein guter Mensch, der dir gleich auf der Adresse Vergnügen machen will! — Im Grunde beweisen diese übertriebenen Höflichkeitsformeln doch nichts, als einen Ueberschuß an Großmuth im deutschen Gemüth!"

Victor sah mitleidig lächelnd auf mich. „Du gehörst auch zu dieser Sorte!" sagte er. „Ich bin überzeugt, du läßt auf keiner Adresse die Geborenheit aus und steigerst, wo es nur irgend angeht, das Wohlgeboren zum Hochwohlgeboren, ꝛc. ꝛc. ꝛc.!"

„Das will ich nicht einmal leugnen", entgegnete ich. „Ich fühle einen Trieb in mir, immer ein wenig mehr zu geben, als man beanspruchen darf, weil ich gesehen habe, daß es den Leuten Vergnügen macht!"

„Indem es einer Schwäche schmeichelt", rief er, „und die Menschen verderbt!"

„Ach!" erwiderte ich; „sei'n wir nicht allzu moralisch und verdammen wir nicht allzu viel, es bleibt uns sonst gar kein Vergnügen mehr übrig! — Ich muß dir gestehen, daß ich gerade unsern Reichthum an gesellschaftlichen Formen und die gewissenhafte Beobachtung derselben immer gern von der schönen Seite angesehen habe. Der Deutsche liebt nun einmal nicht das Einförmige, die äußerliche Gleichheit; er strebt nach dem Mannichfaltigen und hat darum auch auf diesem Gebiet eine Fülle von Unterscheidungen eingeführt. Damit erreicht er zwei Zwecke. Er hält die Glieder des gesellschaftlichen Organismus auseinander und gibt doch jedem seine Ehre, seine Freude! Er beherrscht — geistig —, und er beglückt!"

Victor schüttelte mismuthig den Kopf. „Verwünschtes Talent!" rief er für sich. „Damit kann man den Teufel zum Biedermann charakterisiren!"

„Die Formen", begann ich mit einem Blick auf ihn, „haben einen unverkennbaren, vielseitigen Nutzen. Zunächst: sie füllen die Zeit aus. — Wie viele Menschen, die zusammenkommen, wüßten nichts zu reden, wenn sie nicht Formen sprechen gelernt hätten; — sie würden sich langweilen und kämen in die größte Verlegenheit!"

„Das heißt also", versetzte er, „die Formen sind eine Eselsbrücke!"

„Eine Hülfe!" verbesserte ich. — „Sodann: sie geben uns Haltung und Methode! Indem wir sie beobachten, bewegen wir uns —"

„In hohlen Formen!"

„Mit Sicherheit und Würde!"

„Pedantisch! Lächerlich!"

„Wenn wir sie misbrauchen, d. h. übertreiben, ja! Aber das ist nicht nöthig! Und dann, um dies nebenbei zu bemerken, auch die Uebertreibung hat etwas Gutes: sie wirkt komisch und ergötzt den Zuschauer."

„Ganz richtig! Und so ist der Deutsche der Hanswurst von Europa geworden! — Bist du nun fertig?"

„Noch nicht", erwiderte ich. „Einen großen Nutzen der Formen muß ich darin erkennen, daß wir uns mit ihnen die Menschen vom Leibe halten, deren vertrauliche Berührung uns unangenehm wäre. In dieser Beziehung sind sie unbezahlbar, denn sie sind unersetzlich!"

„Für dich und deinesgleichen!" rief er mit Stolz, — „das mag sein! Ich aber hab' sie nicht nöthig! Ich hab' ein ehrliches und natürliches Mittel, die Narren, die mir nicht behagen, mir vom Leib zu halten!"

Ich nickte lachend. Dann sagte ich: „Man kann nie genug Mittel haben zu verständigen Zwecken! Auch die einfachste Natur wird wechseln wollen, und am Ende hat alles seine Zeit. Die Formen haben denn auch noch die außerordentlich ersprießliche Wirkung, daß sie uns in der Höflichkeit erhalten! Die unschätzbare Tugend der Höflichkeit besteht eben in ihnen; — und wer die Formen beiseitesetzt, der ist immer in der größten Gefahr, grob zu werden!"

Ich hatte ihn bei den letzten Worten angesehen — er lachte. „Der Schade wäre nicht so groß!" rief er.

„Soll ich", fuhr ich nach einer Pause fort, „das Bisherige zusammenfassen, so muß ich sagen: die Formen stammen aus der menschlichen Natur und sind ein Segen! Der Reichthum der Deutschen daran bezeugt aufs neue den Reichthum des deutschen Geistes und Gemüths — und gereicht uns zur Ehre. Ist nun allerdings das Uebermaß nicht eben wünschenswerth und thäten wir am Ende besser, einige, die keinen rechten Sinn mehr haben, aufzugeben —"

„Grandios!" warf er dazwischen. „Welche Kühnheit!"

„So würde ich darin doch Vorsicht anempfehlen. Denn ich achte: das Zuviel ist hier immer noch besser als das Zuwenig."

„Hast du nun gesprochen?" rief er mit Ungeduld.

„Ich habe gesprochen", versetzte ich.

„Dann will ich antworten!" entgegnete er mit einer Physiognomie, die der eines Kampfhahns ähnlich geworden war. „Der Formelkram", begann er, „mit dem wir Deutschen uns immer noch schleppen, stammt allerdings aus der deutschen Natur, aber aus einer weniger edeln Eigenschaft, als du die Güte hast, anzunehmen — aus der Servilität in unserer Natur! — Oh", rief er nach einem Blick auf mich, „ich bin nicht ganz frei davon gewesen — ich hab' es nur überwunden! — Also: der Deutsche gibt jedem seine Ehre aus angebornem Hang zur Unterwürfigkeit und, wenn wir genau zusehen, aus Feigheit! Er geht immer noch etwas weiter, als er selbst nach seinen pedantischen Formen müßte, weil er den andern immer noch für eitler und empfindlicher hält, als es selbst ein Deutscher ist! Das Gebührende könnte dem Abressaten nicht genügen und ihn verdrießen: diese Möglichkeit macht den Feigling beben. Er stellt sich das unmuthige Gesicht vor, das der Empfänger zeigen, die Rachethaten, zu denen er sich gereizt sehen könnte — und er schreibt flugs mehr! Einer macht den andern zum Narren! Die erbärmlichsten Schwächen, die lumpigsten Eitelkeiten werden mit einer Zartheit und Schonung gepflegt, als ob es sich um die Großziehung der edelsten Tugenden handelte! — Und was ist davon die Folge gewesen? Daß wir Deutschen das Lächerlichste geworden sind, was es geben kann: die **Kleinstädter** Europas.

„Kleinstädter! — Fühlst du, wie ich deine ganze Argumentation mit diesem Einen Wort zertrümmere? Warum behängt man sich mit Titeln? Warum kitzelt man sich mit ihnen die Ohren? Weil man nichts ist —

nichts in sich selber! Weil man weiß, daß man nichts ist, und sich nun wenigstens etwas nennen will! Man hat kein Selbstgefühl, nicht das Bewußtsein, mit seiner Person zahlen zu können, — man greift also nach dem Surrogat und verkehrt nicht Mensch mit Menschen, sondern Maske mit Masken. Man lügt sich an, man lügt sich in die Höhe — man macht lakaienhafte Kratzfüße vor dem Strohmann, dem Inhaber des Titels — und man verewigt seine Bedientenhaftigkeit!

„Man füllt die Zeit aus — freilich! Warum hat man aber so viel Zeit? Weil man keine großen Ziele hat, die das Herz bewegen und ihm Schwung geben! Anstatt die Zeit auszufüllen mit Männergesprächen über gemeinnützige Zwecke, muß man sie nun ausfüllen mit Phrasen und wechselseitigen hohlen Huldigungen. Jede Nation, die in einer großen Thätigkeit begriffen ist, schneidet die Formen und Formeln möglichst ab, weil sie dem strebenden, auf ein ernstes Ziel gerichteten Geist in ihrer ganzen kindischen Leerheit erscheinen. Auch die wechselseitige wahre Liebe schneidet die Formen ab und die wechselseitige wahre Freundschaft! Und wir Deutschen lassen sie uns nicht nehmen und halten die albernsten krampfhaft fest, als wären's die größten Heiligthümer! Das zeigt am besten, wie es gegenwärtig mit uns steht!

„Die Uneinigkeit der Deutschen, die sie nicht zum Handeln kommen läßt, hat verschiedene Gründe; — einer davon ist aber offenbar die deutsche Titelsucht. Man klebt an Titeln, man scheut sich, diese Kostbarkeiten zu opfern und zu tilgen — man verlangt seine «Ehre» und gibt darum auch jedem seine «Ehre» — und so bleibt's bei dem «Mannichfaltigen», das dem deutschen Gemüth so theuer ist — und immer geringer werden die Chancen der Einheit. — Grobheit", fuhr er mit erhobener Stimme fort, „Grobheit wäre uns von nöthen! Allerdings nicht die Grobheit des Egoisten, der das Mannichfaltige in seinen Despotensack stecken will, sondern die Grobheit der Patrioten, die grob sind zum Zwecke eines in Freiheit einigen Vaterlandes! Die nicht wehleidig schonen, um selber wehleidig geschont zu werden, sondern die grausam sind, wo es gilt, die Eitelkeit der einzelnen zur Glorie des Ganzen zu kränken und den äußerlichen Plunder zu plündern!

„Höflichkeit! — Höflichkeit! — Schon die Abstammung des Wortes müßte den Begriff desselben verdächtig machen! 'S ist immer Lüge! Und wenn die gesellige Lüge ein nothwendiges Uebel ist, so ist's immer ein Uebel! Aber es sei! Die Höflichkeit soll auch sein! In Gottes Namen! Dann kann und darf sie aber doch nicht da sein, wo sie verderblich wirkt! Höflichkeit ist für die Müßigen, die ihre Zwecke erreicht haben! Sie können sich wechselseitig Schönheiten vorsagen, denn sie stehen, wo sie stehen sollen! Aber wir Deutschen sind noch keineswegs am Ziel, — wir haben es erst zu er=

reichen, wir haben zu wollen, zu wagen und zu handeln — darum ist unsere Aufgabe und heilige Pflicht jetzt die Grobheit! Fort mit dem Firlefanz des Lebens, womit wir uns wechselseitig verzärteln und unsere Denkart kleinlich machen! Reden wir von der Leber weg — thun wir das Maul auf und sagen wir uns die Wahrheit unverblümt! Aergern wir uns lieber wechselseitig, machen wir uns toll und bringen wir uns in eine Wuth, daß wir aus der Haut fahren möchten! Aus der Haut unserer Thorheiten und Vorurtheile, mein' ich! O wenn wir diesen Balg ablegen könnten mit allem, was drum und dran hängt, dann begönne ein neues Zeitalter für uns; wir würden nicht nur als Deutsche, sondern als Menschen groß auf der Erde wandeln und der Welt endlich zeigen, wozu wir auf der Welt sind!

„Die Beschützung dieses Balges", fuhr er zu mir gewendet fort, „durch Umhängung eines schönen Mäntelchens muß ich für gemeinschädlich achten; es war daher meine Pflicht, das sophistische Gewebe deiner Gutmüthigkeit auch diesmal wieder aufzutrennen und den Anwalt des deutschen Complimentirbuchs zu widerlegen!"

Schon früher, als seine Rede heftiger zu werden begann, war er vom Sitz aufgestanden, um sich auf dem Gras hin- und herzubewegen. Nach den letzten Worten erhob ich mich ebenfalls und sagte mit dem unverhüllten Accent meines Gefühls: „Du hast mich nicht widerlegt, sondern mir nur widersprochen, und nach deiner Manier von Dingen geredet, die gar nicht zur Sache gehören!"

Er sah mich an. „Du meinst —?" sagte er.

„Ich meine, du leidest an der Streitwuth, wobei dir dein Mangel an Auffassung und die instinctmäßige Uebertreibung und Verdrehung des Gehörten zu Passe kommen. Du kannst nichts vernehmen, ohne die Rede sofort am Schopfe zu packen und abzuzausen. Wer spricht, muß immer unrecht haben, damit du recht habest! Auch das Harmloseste kann man dir nicht sagen, ohne daß du dein grobes Geschütz dagegen aufführst, um es lärmvoll abzuknallen."

Er machte hochverwunderte Augen. „Die Titelsucht und die Höflichkeitslügen der Deutschen", entgegnete er mit scharfem Ton, „sind nichts Harmloses! Sie schaden uns unendlich, — mehr als wir ahnen; ich konnte nicht dulden, daß sie als eine Zierde der Nation demonstrirt werden wollten! — Ich liebe die Wahrheit und hasse die Sophisten."

„Bist aber darum doch kein Sokrates!" rief ich mit der Geringschätzung der Indignation. „Du bist ein Rechthaber, der keine andere Meinung aufkommen lassen kann als die seine, und dessen ganze Kunst darin besteht, alles schwarz zu machen!"

„Und du bist ein Schönschwätzer", rief er zornig. „Ein Weißbrenner! Der geborne Advocat der

Schwächlinge und Jammermenschen; — selbst ein Schwächling!"

„Du aber", rief ich mit ausbrechender Entrüstung, „bist ein wahnwitziger Despot! Ein Lästermaul! Ein Flegel vom ersten Range! Ein Narr, mit dem ein anständiger Mensch nicht mehr umgehen kann!"

Ich erwartete darauf hin eine Scene, wie wir sie noch nicht gehabt hatten, indem ich mich auf alles gefaßt machte. Aber das Wunderbarste traf ein; — Victor sah mich an, seine Miene erhellte sich — und er brach in ein lautes, schallendes Gelächter aus.

„Bravo", rief er, „bravo! — Siehst du, was in dir liegt? — Ich bin keiner von den Geringsten, ich geb' es selber zu; aber vor deiner Grobheit streich' ich die Segel — ich weiche dem Größern! — Bewunderung, Freund Edmund, — und meine herzliche Gratulation! — — Jetzt, nachdem meinem Wunsche durch dich eine Erfüllung geworden, zu deren Höhe ich schwindelnd emporsehe, jetzt verzweifl' ich auch an den Deutschen nicht! Das Talent steckt in uns, es darf nur geweckt werden! Sicherlich, wir zwei werden nicht allein bleiben; wir werden Gesellen finden im Vaterlande, und ein Bund der Ehrlichen wird sich stiften, dessen Thaten der Nation den gewaltigsten Vorschub leisten werden! — Feiern wir diesen Moment durch eine Umarmung; — und aller Groll falle zu Boden in Hochschätzung und Liebe!"

Er ging auf mich zu, faßte mich um den Hals und drückte mich an seine Brust. Es war unmöglich, die Scene nicht mitzumachen, und ich that es mit bester Manier.

Als ich später Abschied nahm, schüttelte er mir die Hand kräftiger als je und schickte seinem „Gott befohlen" einen beinahe zärtlichen Blick nach.

Elftes Gespräch.

Bei meinem nächsten Besuch empfing mich Victor mit einem Lächeln, in welchem Achtung und Schlauheit anziehend gemischt waren. Er schien sagen zu wollen: „Mit dem da ist nicht zu spaßen", — aber dies selbst nur spaßhaft zu meinen. Ich ließ ihm seine Weise, und kann nicht leugnen, daß der Fortschritt, den ich ihm gegenüber gemacht hatte, mir wohlthat. — Er führte mich in sein Zimmer, und da ich meinen Durst bekannte, ließ er mir Wein und Wasser vorsetzen.

An seinem ganzen Benehmen merkte ich, daß er etwas auf dem Herzen hatte. Er trommelte gelegentlich auf dem Tisch, richtete seinen Blick auf mich und lächelte, nicht ohne eine Idee von Verlegenheit, — kurz, er zeigte eine gewisse Unruhe.

„Was hast du?" fragte ich ihn.

„Ach!" rief er mit komisch unmuthigem Gesicht; — „eine Schwachheit!"

Ich betrachtete ihn. „Solltest du dein Herz verloren haben?" rief ich.

„Unsinn!" entgegnete er. „Das wäre nicht blos eine Schwachheit, sondern eine Dummheit, deren du mich hoffentlich nicht mehr fähig hältst! — Nein!" setzte er nach einer Weile hinzu, „mein Herz nicht, aber meinen Verstand!"

„Das ist ja noch viel schlimmer!" rief ich.

Er erwiderte mit einer Grimasse. — „Ich hab' mich von dir verführen lassen!" setzte er nach einer Pause erklärend hinzu.

„Zum Glauben an die deutsche Nation?"

„Im Gegentheil! Zum Beweis, daß das Verderben immer weiter um sich frißt. Kurz: zum Versmachen!"

„Ah!" rief ich erfreut. „Poesie! Das ist ein gutes Zeichen! — Und ein großer Schritt zum Glauben!"

Er zuckte die Achsel. „Hör' erst, was die Sachen bringen! — Und trink' dein Glas aus!"

Ich trank; er schenkte mir ein, nahm dann ein kleines Heft von seinem Schreibtisch, legte es vor sich hin und begann: „Zunächst muß ich eine kleine Bemerkung machen. Ich habe schon sehr bald die Ansicht erlangt, daß uns die gebundene Sprache nicht nur gegeben sei, um uns wechselseitig anzulügen: man kann sich, dachte ich bei mir selber, darin auch die Wahrheit sagen —"

„Daß sie gefällt!" warf ich dazwischen.

„Dem rechten Hörer — das versteht sich. — Indem ich auf einen solchen rechnete, hab' ich schon in frühern Jahren ein paar Gedichte gemacht, die mir in den letzten Tagen wieder in die Hände gefallen sind und die ich zu feilen und zurechtzurücken ein närrisches Gelüsten empfand. Das erste spricht eine Erfahrung und ein Gefühl aus, das uns nicht mehr ganz neu ist. Willst du's hören?"

„Mit dem größten Vergnügen!"

„Das wird sich zeigen!"

Er hatte das Heft aufgeschlagen und las:

„Geht mir doch mit euern Cirkeln!
Ihr vergeudet das Gewicht
Eurer tiefgedachten Gründe,
Gute, denn ich folg' euch nicht.

Soll ich sehn, wie man den Pfuscher,
Der dem Hang des Tages fröhnt,
Mit dem Blick der Ehrerbietung —
Mit des Genius Preise krönt?

Wie man über hohlen Flitter
In Entzücken fast vergeht
Und dem wahren Meister freundlich
«Schöneres» zu leisten räth?

Soll ich sehn, wie man ins Antlitz
Achtung sich und Liebe lügt
Und mit Worten und mit Blicken
Händedrückend sich betrügt?

Ueber den Entfernten aber
Lästerfrohes Urtheil spricht
Und die Augen rings erglänzen,
Wenn die Zunge giftig sticht?

Immer ist's dieselbe Leier,
Keinen Pfennig geb' ich drum.
Die Gescheiten sind Halunken,
Und die Guten, die sind dumm."

Ich schwieg, indem ich nach einem bezeichnenden Prädicat suchte.

„Hm!" sagte er nach einer Weile. „Du bist stumm! — Ist das Ding nicht einmal werth, daß man drüber schimpft?"

„Oh", rief ich mit einem Accent höflichen Widerspruchs. — „Als eine Expectoration des Misanthropen kann man es sogar gelungen finden! Allein — ich scheine doch eigentlich nicht der rechte Hörer zu sein!"

„Dich ärgert die Wahrheit!" rief er.

„Die halbe!" entgegnete ich.

„Die Ohrfeige", versetzte er nach einem Moment, „ist darum, weil sie nicht zugleich ein Streicheln ist, nichts Halbes! Es ist eine richtige und ganze Ohrfeige!"

„Aber sie kann ergänzt werden, indem man die geschlagene Wange gelegentlich auch wieder kost! — Lies das zweite Gedicht! Wer weiß —"

Er lächelte „mit arger List" — und las:

„Der Prophet bekanntlich gilt
Nichts im Vaterlande:
Ebenso der Philosoph
Bei der Freundesbande.

Jeder, auch der Dümmste, hält
Sich für den Gescheitern,
Der des Weisen Horizont
Könnte sehr erweitern.

Aber wieder, daß er nichts,
Das Gefühl des Wichts ist!
Und so schließt er, daß das Licht
Weniger als nichts ist.

Ist ihm das der klarste nun
Von den klaren Sätzen,
So vermag der Tropf den Kopf
Nur geringzuschätzen."

„Mag gehen!" versetzte ich. — „Man sieht freilich nicht recht ein, wie der Philosoph zu solchen «Freunden» kommt!"

„In Ermangelung besserer?" entgegnete er. „Wenn der Philosoph überhaupt noch so schwach ist, heutzutag Freunde haben zu wollen, so werden sie mehr oder weniger den hier geschilderten gleichen. — Die Kerle sind so sicher!" fuhr er verächtlich fort; — „sie machen sich selbst so sicher durch wechselseitigen Beifall, daß es eine gute That ist, wenn man mit der Ruthe dazwischen=fährt und rechts und links Hiebe austheilt!"

„Vivat Sequens!" rief ich.

Er schaute mit einer schelmischen Laune für sich hin an und las dann:

„Wenn du roh bist, Menschenthier,
Jubeln die Genossen;
Und es ist ein Wiehern schier
Wie von geilen Rossen.

Sieh, das weitet dir die Brust,
Groß wird deine Kleinheit,
Und du häufst in Schöpferlust
Berge der Gemeinheit.

Siegesfreude blitzest du
Nach vollzognem Hohne;
In Gedanken sitzest du
Mächtig auf dem Throne.

Blickst in Hoheit, selig schlau,
Wie von Götterstamme! —
Bist in Wahrheit eine Sau,
Die sich wälzt im Schlamme."

Ich konnte nicht umhin zu lachen. Welche Stimmung, in der man einen Drang empfindet, solche Sachen in Reime zu bringen! — Die Neuheit dieser Sorte von Lyrik ergötzte mich — und die Augen des Dichters ruhten mit Wohlgefallen auf mir. „Nun?" rief er; „die Gattung, die ich hier treffen wollte, scheint mir getroffen zu sein!"

Ich machte eine zustimmende Bewegung. „Daß das aber Poesie ist", fuhr ich fort, „wird man dir schwerlich einräumen!"

„Bringt mich nicht in Verlegenheit", entgegnete er ruhig. „Hab's mir selber schon gesagt — und darauf geantwortet!"

Er las:

„Kritisch hör' ich sprechen sie:
Das ist nicht erfreulich,
Das ist keine Poesie —
Nein, das ist abscheulich!

Und wer hat euch denn gesagt,
Daß ich wollt' erfreuen?
Auf die Buben mach' ich Jagd,
Um sie durchzubläuen.

Schreien sollt ihr, schreien laut, —
Sollt euch selbst erkennen,
Und wenn ihr euch häßlich schaut,
Soll die Schmach euch brennen.

Wenn ihr aber Strafe habt,
Qualen euch durchwühlen,
Sollen sich ergötzt, gelabt
Brave Bursche fühlen."

„Und das, mein Lieber", setzte er mit Selbstgefühl hinzu, „ist ein Verdienst! Das Lied, welches diese beiden Zwecke erreicht, hat sein Dasein gerechtfertigt."

„Ich fürchte nur", erwiderte ich, „daß der erste Zweck nur sehr mangelhaft erreicht und damit auch der zweite gewissermaßen verfehlt wird. Denn die Menschen, die sich in Frechheit und Roheit gefallen, werden sich von deinen Invectiven nicht sehr berührt fühlen; an ihre Selbsterkenntniß und ihre Seelenqualen infolge deiner Vorhaltungen kann ich nicht recht glauben; und es dürften also auch die braven Bursche so ziemlich um das ihnen bestimmte Schauspiel kommen. — Auch die Roheit des Menschen hat etwas Unerschöpfliches; und wenn wir gewisse Exemplare sehen, müssen wir sagen: sie können nicht anders — und sie werden bleiben, wie sie sind!"

„Mit diesem Scharfblick, mein weiser und haarspaltender Kritiker, stehst du nicht allein! Indessen… Doch höre!" — Er schlug ein Blatt um und las:

„Ich sehe wol, daß Lästrung nur
Dein Herz vermag zu laben.
Du mußt, gemeine Creatur,
Ausbilden schofle Gaben
Und wandeln frecher Geister Spur,
Um auch Genuß zu haben.

Du mußt mit Roheit oder List
Den Frieden andrer stören! —
Doch sollst du mir zu keiner Frist
Dich über dich bethören, —
Daß ein verächtlich Thier du bist,
Giftwurm, das sollst du hören!"

„Gut", bemerkte ich. „Ist der gemeine Mensch nothwendig gemein, so muß er gleichwol ebenso nothwendig Schläge haben. Aber die Schläge müssen ihn auch treffen! Nach meiner Kenntniß der Menschen wird nun dieses Gedicht niemand weniger auf sich beziehen, als eben der, welchem es gilt! Sollte es wirken, so müßte es ihm unter seiner Adresse ins Haus geschickt werden!"

„Das leugn' ich!" entgegnete der Autor. — „Die Charakteristik auch ohne Nennung des Namens kann den Getroffenen irgendeinmal in die Seele treffen! Es gibt ein Gewissen, das auch im Rohesten sich noch regen und ihm zurufen kann: damit bist du gemeint, Schweinehund! Geh' in dich und bessere dich!"

„Möglich", versetzte ich, „ist es; — und so kann ich nur wünschen, daß es auch möglichst oft wirklich werde!"

Nun trat eine längere Pause ein. Victor, der auf den Tisch gesehen, richtete endlich die Augen mit einem gewissen Humor auf mich und sagte: „Was hältst du nun im ganzen von dieser Art Poesie?"

Es war unmöglich, über eine so formulirte Frage nicht seinen Ernst zu verlieren, — und ich that mir keinen Zwang an. Dann sagte ich: „Ich glaube, man könnte sie eine Poesie der Birkenruthe oder der Haselstaude nennen."

„Wohl", rief er. „Oder der Reitgerte! — Das ist aber eine viel bessere Poesie, als unsere heutigen Duft- und Duselköpfe meinen, und ich bin der Ansicht, daß sie viel mehr cultivirt zu werden verdient, als es geschieht."

„In Gottes Namen!" erwiderte ich.

Er betrachtete mich spöttisch und sagte: „Du scheinst diese Gattung doch für nicht so recht voll und ihre Pflege kaum für wünschenswerth zu halten! — Warum? Was hast du gegen sie?"

„Nichts! — Aber auch nicht viel mehr für sie. — Die Poesie, die wir wollen, lieben und nöthig haben, ist die positive. Sie verherrlicht das Liebliche, das Edle und Große in enthusiastischen Liedern. Sie hebt uns damit hoch hinweg über die Dürftigkeit und den Wust des irdischen Daseins und gibt uns einen Vorschmack des allvollendeten Lebens. Damit erhöhen die Menschen sich selber und damit —"

„Lullen sie sich ein!" rief er mir entgegen. „Sie lassen sich durch sie phantastisch erheben, dünken sich erhaben zu sein und merken nicht, daß sie in Wahrheit nur Würmer, Egoisten und Narren sind. Der Schleier, den diese positive Poesie den Menschen übers Gesicht wirft, muß weggerissen werden und die negative Poesie muß ihnen zeigen, nicht nur wie sie sein sollten und sein könnten, sondern wie sie sind! Sie muß diejenigen, die nicht so sind, wie sie sein sollten, in ihrer Erbärmlichkeit, Häßlichkeit und Verächtlichkeit bloßstellen und züchtigen!"

„Das ist nicht sowol Poesie als Execution!"

„Execution", rief er, „ist für den Gerechten Poesie! Die höchste Poesie!"

„Darüber", versetzte ich nach kurzem Schweigen, „läßt sich nicht streiten; — es ist Geschmackssache. Auf Eins aber, glaub' ich, kann man aufmerksam machen. Wenn eine Sünde vorgeführt wird zugleich mit der Strafe, die sie verdient, so gewährt das eine gewisse Befriedigung; ich will zugeben: einen Genuß. Aber in diesem Genuß sticht doch ein bedeutender Erdgeschmack hervor. Wir haben dabei das Häßliche der Sünde vor Augen, und, wenn du mir's nicht übel nehmen willst, auch das immer noch Häßliche der Strafe. Geschieht nun auch dem Recht Genüge, so hat das Auge doch keine schöne Anschauung und die liebefähige Seele keinen Gegenstand. Die edelsten Kräfte in uns werden nicht in Thätigkeit gesetzt, die höchsten Bedürfnisse nicht befriedigt. Wir sehen das Nichtseinsollende verwirklicht und vernichtet durch das, was auch nicht sein sollte! Unser Sehnen wird aber immer darauf gerichtet sein, das Seinsollende in holdem, heiligschönem Leben vor uns erblühen zu sehen — wenn für jetzt auch nur im Bilde. Dieses Bild ist eine Prophezeiung auf den Himmel, und für die Erde: Poesie!"

Er machte ein Gesicht wie einer, der etwas anerkennen soll, aber innerlich genöthigt und entschlossen ist, es nicht zu thun. „Mir", entgegnete er mit ernstvollem Nachdruck, „gewährt es Hochgenuß, vollkommenen Genuß, ein Verbrechen gezüchtigt zu sehen! Ich fühle dabei weder das Häßliche der Sünde noch der Strafe, sondern nur Wonne über den Sieg des Rechts. Was mich empört hat, wird getilgt, und ein seliges Gefühl von Erlösung geht durch mein Herz. Durch den göttlichen Gedanken der Wiederherstellung sind mir auch die Werkzeuge der Strafe geweiht — und jeder Streich, der auf den Schuldigen niedergehend pfeift, ist Musik für mein Ohr! — Du stellst mir die «Poesie» entgegen! Was ist denn aber die höchste Form der Dichtkunst — die Tragödie — anders, als das, was du Execution zu nennen beliebst? Sie führt uns die Sünde vor und die Strafe — und der Effect ist die großartigste Erhebung!"

Ich sah ihn mit einem Blick der Freundschaft an. „Zwischen der Tragödie", erwiderte ich, „und dem, was wir gegenwärtig vor Augen haben, ist denn doch ein bemerkenswerther Unterschied! In jener höchsten poetischen Form ist die verbrecherische That vom erhabensten Standpunkt entwickelt, geschildert und gerichtet. Das Häßliche der Sünde und der Strafe ist verschlungen in Schönheit und gibt nur den Schatten, den schaurigen Reiz des Ernstes ins Gemälde. Der Dichter steht wie ein Gott über seinem Gegenstand — und zu Göttern lauschen sich die Hörer empor. Allein in den «lyrischen Gedichten», die wir heute vernommen haben, hat der Sänger sich in die nächste Nähe seines Gegenstandes herabgelassen und befaßt sich höchst eigenhändig mit ihm. Er schlägt den Feind genau mit den Waffen, die dieser gegen ihn gezückt hat — er haut sich mit ihm herum — und ist Mensch in des Wortes verwegenster Bedeutung. Menschlich — sehr menschlich sind denn auch die Gefühle, welche die Verse im Hörer erzeugen!"

Der Charakterisirte antwortete mit einer Art von Lachen, das nicht ohne Beifall war. Dann sagte er: „Mag sie menschlich sein, meine Lyrik, sie ist nichts= destoweniger nothwendig und nützlich, und ich befreie durch sie meine Seele. Ich gewähre mir eine Süßig= keit, die berühmt ist unter den Menschen, — die Süßig= keit der Rache! Und diese Süßigkeit gewähr' ich auch dem Hörer, der, von demselben Feind beleidigt, nach Rache lechzt. Ich bezeichne genau, was nicht zu dulden ist, und peitsche den Hund einstweilen hinaus aus der idealen Gesellschaft, damit ihn die erleuchtete Welt hin= auspeitsche aus der realen. Ich will die Welt aufreizen gegen den Bösen; denn nur die Welt — nur ein Bund der Menschen kann etwas ausrichten gegen ihn. — Hör' noch ein Stück! Dann sollst du für heute und vielleicht für immer Ruhe haben vor mir!"

Er schlug das letzte Blatt um und las:

„Der Teufel hat des Sohnes Acht,
Ein Vater unvergleichlich;
Er gibt Gesinnung ihm und Macht
Zu schaden unausweichlich.

Der Bube, freudig unverschämt,
Kränkt sich zum Spaß den Guten.
Wenn dieser nun sich ihm bequemt
Und peitscht ihn nicht mit Ruthen —

Was aber schwer der Gute thut,
Er liebt es nicht, zu streiten! —
Dann wird der Bub' aus Uebermuth
Ihm jede Schmach bereiten.

Doch fühlt der Gute sich ein Mann,
Zur Strafe sich verpflichtet,
Und züchtigt ihn, der frech begann,
Streng, wie der Zorn gerichtet:

Wie Rachgier dann — «gerechte Wuth» —
Des Buben Kraft vollendet!
Er ruht nicht, bis der Gute ruht
Geworfen und geschändet."

„Dieses Gedicht ist gut!" rief ich. „Die Vortheile, die der Böse in diesem Leben vor dem Guten voraushat, sind nach der Wahrheit geschildert und treffen das Gefühl mit tragischer Gewalt. Ja, die Macht des Buben in der Welt kann Grauen einflößen! Denn der Bube ist mächtiger als der brave Mann, weil er rücksichtsloser, zur That gereizter ist, und nur die Coalition der Guten kann ihn bestehen! Daß die Guten sich verbinden und nicht aus kleinlichen Motiven die zuschauenden Gönner — die Bundesgenossen des Bösen werden, das ist die große, hochernste Aufgabe der Gegenwart!"

„Siehst du?" rief der Poet mit beifälligem Nicken, — „das ist ein Wort zu seiner Zeit! — Warum florirt das Böse noch immer und ist im Grunde tonangebend in der Welt? Weil man vor dem Bösen sich fürchtet! Weil die Guten nicht zusammenstehen gegen ihn, sondern sich zu seinen Mitschuldigen machen, indem sie sich über die Kränkung, die er dem Schwächern zufügt, jämmerlich freuen und mit dem frechen Sieger als mit einem Helden kokettiren! Die Guten haben einen hündischen Respect vor dem Bösen, das ist der Grund seiner Macht. Sobald man Einem rücksichtslose Rache zutraut, scheut sich alles vor ihm und sucht ihn zu gewinnen. Man ist freundlich und höflich, man schmeichelt ihm und streichelt ihn, und wenn er mit einer Grobheit antwortet, ist man entzückt über den lustigen Einfall. Sogar die Bessern wedeln mit dem Schweif — und nennen's Klugheit. Es ist natürlich, daß der Kerl immer unverschämter wird, mit der ganzen Würde des Herrn auftritt und die Servilen en canaille behandelt!"

Die Vorstellung eines Menschen, der so verfährt und so reussirt, duldete ihn nicht mehr auf seinem Sitz. Er erhob sich und streckte das Haupt, wie um auf den Feind herabzusehen.

„Das", rief er fortfahrend, „ist der Lauf der Welt im Kleinen wie im Großen — im Großen wie im Größten, — und die Wirkungen sind allenthalben gleich verderblich!

„Was verspricht Hülfe? Was ist unsere Pflicht? Daß wir dem Bösen, der im Gewande des Heros auftritt, dieses abreißen und ihn der Welt zeigen, wie er ist! Daß wir die Guten ihre Schmach fühlen lassen — ihre Feigheit und ihre Dummheit! Daß wir die Bübereien enthüllen ringsumher, welche die Sendlinge des heillosen Princips in der Welt ausüben, und den Kern eines Heeres bilden zum Kampf auf Leben und Tod mit der Rotte, deren Thaten die Erde besudeln!

„Die Bösen entlarven und die Guten sehend machen — darauf kommt's an. Gar vieles Böse würde nicht möglich sein, wenn die Guten nicht so dumm wären, es für gut zu halten; wenn sie den Verstand hätten, es als Böses zu erkennen, und das Herz, darüber empört zu werden. Der Böse hat die böse Absicht, aber den Muth; der Gute hat die gute Absicht, aber die Feigheit. Und nun scheint der Böse gut zu sein, weil der Muth etwas Gutes ist und Männliches! Und weil ihm der Muth Macht gibt, so scheint er, der von ihr umgürtet ist, groß zu sein und ehrenwerth! —

„Ich frage: gibt es etwas Infameres, als die Waffe, womit wir edle Besitzthümer schirmen sollen, zu misbrauchen zur Verübung einer Schandthat? Und doch ehrt die Welt in dem Raufbold, der nichts anderes thut, immer noch den Mann von Ehre! Anstatt den Hund, der Händel sucht um der Händel willen — aus der jämmerklichsten Eitelkeit, aus Mangel an Talent und Kopf, weil er sich eben nicht anders bemerklich machen kann! — anstatt so einen erbärmlichen Kerl mit Fußtritten aus der Gesellschaft zu stoßen, läßt man ihn bellen und beißen und geht ihm respectvoll aus dem Weg! Der von ihm geschändete Muth heiligt den niederträchtigen Zweck in den Augen der mehr als stupiden Welt! — Wie feig muß sie sein, daß sie den Muth vergöttert, auch wo er der gemeinsten Sache dient!

„Willst du etwa sagen, im Grunde sei der Raufbold doch nicht geachtet? Um so abscheulicher dann, daß man ihm das Handwerk nicht legt, sondern es durch einen blödsinnigen Ehrbegriff mit einer weltlichen Glorie umgibt! Um so schändlicher, daß man den edeln, wahrhaft ehrenwerthen und verdienten Mann zwingt, sich mit dem Lump herumzuschlagen, so oft es diesem gefällig ist, und den, der Besseres zu thun hat und thut und den Weg der Pflicht geht, sobald er sich der provocirenden Laune des Nichtsnutz weigerte, als Feigling proscribiren würde!

„Wie kläglich ist es mit dem Urtheil und dem sittlichen Wollen der Welt bestellt, daß sie noch kein Mittel gefunden hat, ein so winziges, elend giftiges Thier unschädlich zu machen! —

„Der Buben, die den Degen misbrauchen, werden jetzt allerdings weniger. Dafür aber mehren sich die Buben, welche die Feder misbrauchen. — Ich muß auf diesen Punkt noch einmal zurückkommen. Der gemeine Mensch, der ein Journal herausgibt oder über einen Platz darin verfügt, hat einen Vortheil, den ich nur zu denken brauche, um rasend zu werden. Er kann seinen Gegner täglich herunterziehen, verdächtigen, verleumden vor Tausenden. Und besitzt er nur eine gewisse Klugheit und Gesetzeskenntniß, so hat sein Opfer gegen ihn auch keine Hülfe. Der schlechte Kerl kann den Edeln als einen Halunken, der Esel kann den Weisen und Unterichteten als einen Dummkopf hinstellen wieder und wieder; und der Verletzte ist wehrlos gegen ihn! Die einmalige Gegenerklärung hat keine Wirkung; herumbalgen mit dem Racker kann und mag der Noble sich nicht — und so behauptet die Bestie das Feld. Der Lesepöbel glaubt natürlich die Verleumdungen mit dem größten Vergnügen, sein Beifall attestirt dem Lügenmaul seinen Triumph: und nun sehen wir den rohen, unwissenden Strick, den unter die Journalisten gegangenen Bauernknecht als Sieger einherstolziren und auf den Genius und Ehrenmann, den er für sein stupides Publikum zu Boden geworfen hat, verachtungsvoll herunterschauen! — Daß dies möglich ist — daß der Ungerechte Unrecht thun kann, ohne daß man's zu hindern und zu strafen vermag, das ist für mich grauenhaft. Der Zeitgeist setzt auf die Niederträchtigkeit noch dazu eine Prämie! Der Schimpfbube schimpft, der Beifall, den er erlangt, macht ihn frecher und frecher — und die

Abonnenten des Lästerblattes mehren sich von Jahr zu Jahr."

Während der letzten Worte hatte seine Rechte sich geballt, seine Augen funkelten grimmigen Zorn und er bewegte die Faust, als ob er den Delinquenten entzweischlagen wollte. Nach einem Blick auf mich rief er: "Dieses Schandverhältniß empört dich nicht? — Du bleibst ruhig?"

"Ich bleibe ruhig", erwiderte ich.

Er stieß einen Ton der Wuth aus. "Ich hätt' mir's denken sollen", rief er, "daß es mit deiner Einsicht in diese Dinge nichts sein wird! — Dein Hauptcharakterzug ist und bleibt die Schwäche!"

"Ich bleibe ruhig", wiederholte ich nachdrücklich, "weil ich den Blick aufs Ganze frei habe, den dir die Wuth über ein einzelnes Factum genommen hat. — Es wäre schlimm, wenn es ein Zeitungsschreiber in der Hand hätte, uns verzweifeln zu machen!"

"Kannst du die Macht leugnen, die er besitzt? Kannst du den Erfolg leugnen, der den freigegebenen Misbrauch krönt?"

"Ich leugne die Ausdehnung und die Dauer dieses Erfolgs. — Der Schelm sitzt im Vortheil — es ist wahr. Aber Unrecht schlägt seinen Herrn; — und endlich siegt die gute Sache!"

"Ach!" rief er mit der Miene eines Gequälten. "Gemeinplätze!"

„Erfahrungsſätze", entgegnete ich. „Erprobte Weisheit — Wahrheit, die immer wieder am Platz iſt, wenn der Irrthum ſich zum Kampf geſtellt hat. — Aber für mich ſeien es bloße Theſen — ich beweiſe ſie!"

Er machte eine Pantomine der Ergebung.

„Nehmen wir", begann ich, „ein Parteiblatt, das ein Schimpfblatt iſt. Redacteur und Correſpondenten arbeiten heroiſch, und wenn einer von ihnen einen Groll hat auf dieſen oder jenen, ſo kühlt er ſein Müthchen rückſichtslos. Wer andere Dinge lehrt als die Partei, der wird geläſtert, und in ſeinen Ausdrücken iſt der Menſch, der Hiebe zu verſetzen geſtachelt iſt, genial!"

„Das heißt, er ſchmäht aufs roheſte ins Gelag hinein und demoraliſirt ſich, demoraliſirt das Publikum!"

„Sich? Das geb' ich zu. Das Publikum? Das hat ſeinen Haken. Er möchte wol; aber das Spiel wird ihm verdorben."

„Wer hat den Muth —?"

„Die Schimpfblätter der Gegenpartei! — Die machen die Frechheit matt und das Unrecht ſtumpf und das Publikum frei! — Die Gefährlichkeit des einen wird beſeitigt durch die Gefährlichkeit des andern:

> Jeder ſolcher Lumpenhunde
> Wird vom andern abgethan!"

„Das Publikum wird frei zur Confuſion und zum Nichts!"

„Es wird frei zur Einwirkung der guten, klaren,

rettenden Geister! Frei zur Einwirkung der Genien! — Was das Unheil betrifft, das Schmähblätter einem Genius zufügen können, so glaub' ich nicht dran. Die Parteijournale haben zu viel mit sich selber zu thun, als daß sie sich auf die consequente Verfolgung eines höher strebenden Geistes legen könnten, wenn dieser auch, als ein Geist der Wahrheit und der Gerechtigkeit, den parteiisch Einseitigen ein Dorn im Auge sein muß. Aber er ist es nicht so direct, wie der eine Parteimensch dem andern; — mit dem journalistischen Vertreter der Gegenpartei sich herumzubalgen, wird die Parteifeder doch stets vor allem gespornt sein. — Ja, wenn die zugleich gemeinen und parteiischen Seelen einig wären! Allein sie sind in Fehde; und sie können die edle Kraft wol auf ihrem Wege stören, aber nicht aufhalten. Wenn einige davon auch zusammenstehen und Schmuz auf den Schöpfergeist werfen: er wird nicht haften! Das gute Werk wird das Lob des Meisters so laut verkünden, daß das Froschgequak im Sumpf nicht dagegen aufzukommen vermag. Geht aber im ersten Uebermuth die Gemeinheit gewaltig an gegen den Genius: im Kampfe steigert, stählt und bewährt sich dieser, und der Sieg belohnt ihn! — — Deswegen, mein lieber Victor, bin ich für **Preßfreiheit**, deren Misbrauch dich, den Freisinnigen, beinahe zum Despoten umgeärgert hätte! — Deswegen bin ich ruhig geblieben bei der Vorstellung, die dich so toll machte, daß du sogar wieder einigermaßen die Höflichkeit beiseitegesetzt hast, — zu welcher du ein für allemal zurückgekehrt zu sein schienst!"

Diese Schlußwendung übte eine begütigende Wirkung auf den Hörer. Er zeigte in seinem Blick eine gewisse Laune und sagte: „Du sprichst mit aller Ruhe eines Triumphators. Allein in dieser deiner Zurechtlegung, die dir natürlich schlagend vorkommt, ist immer noch viel zu viel Zahmheit! Viel zu viel Vertrauen des Lammes gegenüber den Wölfen! Wenn diese sich untereinander den Pelz zausen — für das Lamm haben sie doch immer noch Zeit, und es gelegentlich abzuwürgen, ist ihnen ein Spaß. — Was die Genien betrifft —" Er hielt inne.

„Du wirst doch nicht leugnen, daß wir dergleichen haben?" rief ich.

„Ich wünschte sehr", versetzte er gelassen, „etwas mehr Spuren ihrer Thätigkeit wahrzunehmen. Die Genien, wenn sie da sind und wirken, organisiren und harmonisiren. Davon merk' ich aber jetzt nicht das Geringste! — Horch' ich hin auf die Welt, so bringt ein unsinniges Geräusch von Tönen, — eine Welt von Misklängen in mein Ohr! — Ich hör' ein Durcheinander, daß mir Hören und Sehen vergeht!"

„Das geht nun einmal nicht anders!" erwiderte ich. „Es ist das Geschrei des Marktes, der Lärm des öffentlichen Lebens!"

„Das öffentliche Leben", entgegnete er mit Bedeutung, „ist das Leben der Nation! — — Ich will nicht das Unmögliche. Aber eine Art von Harmonie des nationalen Concerts unter der Direction auch nur einer Art von Genius, das dünkt mich ein billiger Wunsch. Der Genius fehlt aber in jeder Form, — und auch dieser Wunsch bleibt unerfüllt!"

„Er wird erfüllt werden!" rief ich eifrig.

Das Gesicht des Gegners, nachdem er mir dieses Wort entlockt hatte, wurde hell und strahlte Sarkasmus. „Das wollte ich nur wieder hören!" rief er. — „Mein lieber Freund, noch eine solche Prophezeiung, und du bist verloren!"

Ich erwiderte mit einem Ausdruck ironischen Bedauerns.

„Nun", fuhr er fort, „und unterdessen? Solange wir unter der Nichterfüllung seufzen?"

„Machen wir uns nichts daraus!" rief ich. „Und wenn der Lärm zu arg wird, flüchten wir uns in das Asyl des Geistes, in das Asyl der Natur!"

„Das wird wol unsere Rettung sein!" versetzte er mit Ernst. „Gott sei Dank, daß dieses uns bleibt! Die Einsamkeit — das Kloster! Gegenüber dem Chaos da draußen das höchste, das einzige Heil!"

Ich schwieg — und schüttelte den Kopf.

„Was hast du?" rief er. „Beanstandest du unser Institut?"

„Es ist eine Rettung — ich geb' es zu. Aber nicht

die einzige — und nicht die beste! Es gibt eine bessere und schönere!"

„Den Himmel?" frug er spöttisch.

„Ja", rief ich, „den Himmel auf Erden: die Familie!"

Der Mönch, dem ich dieses Wort in die Seele warf, zuckte; — just als ob ihn ein Blitzstrahl der Erkenntniß fühlen ließe, was er trotz allem und allem entbehrt.

„Was ist die Familie anders", fuhr ich fort, „als das erweiterte Asyl? Das belebte, das verschönte Asyl?"

Er saß ruhig. „Ach", entgegnete er dann, „mein lieber Idealist, das hat seine gewaltigen Nisi's!"

„Die nichts ändern!" rief ich. „Die Sache bleibt! — Der Streit endet in Frieden, das Unglück in Segen, das Glück wird genossen! — O mein Freund", fuhr ich fort, „welche Familien gibt's in deutschen Landen trotz deiner Nisi's! Das ist unsere Stärke! Niemand kann über das deutsche Volk urtheilen, wenn er nicht die deutsche Familie kennt und ihre Freuden und ihre Segnungen in Anschlag bringt."

Er saß unbeweglich.

„Ich habe das Vergnügen", begann ich wieder, „zwei mit anschauen — mitleben zu können, die sich gewissermaßen ergänzen. Ein Beamter, der in meiner Straße wohnt und dessen Bekanntschaft ich vor einigen

Wochen gemacht habe, nennt eine schöne junge Frau sein und zwei reizende Kinder — ein Mädchen von vier, einen Buben von zwei Jahren. Ich will dir keine Schilderung geben, denn du kennst das ja auch! Aber wenn du sehen könntest, welch unerschöpflicher Quell von Wonne in den kleinen Wesen der Mutter, dem Vater sprudelt! Wie diesen Kindereien, Possen, Kleinigkeiten — Einbildungen Anlaß werden zum innigsten Vergnügen! Wie sich vor ihren Augen Entwickelungswunder begeben — und wie glückselig sie ihre Beobachtungen austauschen und ihre Kenntniß der Kleinen wechselseitig vollenden! Wenn du sehen könntest, wie das Glück der Aeltern die Liebe der Gatten steigert und eins dem andern höher, edler — heiliger erscheint — — lieber Victor, auch dich würde eine Rührung ergreifen! — Es gibt eine Poesie, die wie ein reicher üppiger Blumengarten glänzt und duftet, aber noch nicht genug gewürdigt, noch nicht genug in Worte gefaßt, im Bilde abgespiegelt ist: die Poesie der Familie! — Welche unendliche Fülle davon trägt die Erde! — Als bei meinem letzten Besuch der junge Mann meinen frohen Antheil sah, drückte er mir die Hand und sagte feierlich: «Ich bin so glücklich, daß mich eine Furcht anwandelt, ich wär' es zu viel und mehr, als Menschen es sein sollen! — Möge Gott mir die Meinen erhalten!»"

Victor war in Nachdenken versunken, ohne aber eine Bewegtheit des Gemüths zu verrathen.

„Die andere Familie", fuhr ich nach einer Weile fort, „ist eine ältere Bekanntschaft. Ein stattliches, behagliches — reiches Ehepaar, umgeben von sechs Kindern, deren jüngstes vierzehn Jahre zählt, während der Erstgeborne zweiundzwanzig hat. Drei Buben und drei Mädchen; alle talentvoll, gebildet, hübsch, gutgelaunt, voller Leben und witziger Einfälle. Der älteste Sohn ist Student und dermalen in Ferien, der zweite Kaufmann, der dritte Gymnasiast in loco. Die Mädchen reifen zu Hausfrauen heran; denn sie sind alle liebenswürdig und erhalten eine wünschenswerthe Mitgift. Die älteste, Agathe, ist ein prächtiges Kind, umsichtig, eine liebevolle Herrscherin, die zweite Mutter des Hauses. Vergangenen Sonntag war ich zum Kaffee eingeladen. Die Gesellschaft war erweitert durch Gespielinnen der Töchter und Kameraden der Söhne. Man begrüßte sich mit den frohesten Mienen, und bald glich der Salon einem summenden Bienenkorb. Ich, nachdem ich mich eine Zeit lang in dem bewegten Schwarm herumgetrieben, setzte mich zur Seite und beobachtete. Lieber Freund, ich hatte ein Vergnügen, wie es nicht die schönste Dichtung gewähren kann! Mädchen, an Gestalt und Zügen verschieden, aber gleich an sittigem Betragen, munterm Naturell, unschuldiger Fröhlichkeit. Sie nur zu sehen, wie sie sich bewegen, hin- und herdrehen, plaudern und lächeln, ist ein Genuß. Die Natur ist so reich! Und die Bildung, wenn sie die Natur verfeinert und veredelt, ist so schön! Die jungen Männer stehen theilweise zusammen, dann mischen sie sich unter die Mädchen mit unternehmenden Gesichtern. Die Scene ändert sich. Hier und dort stehen Paare in gesonderter Unterhaltung. Was die Leutchen sich sagen, mag sein was es will, — erfreulich muß es sein, denn sie sind vergnügt und die Mündchen der Schönen verziehen sich in glückseligem Lächeln. In aller Unschuld weiß man sich kleine Annäherungen zu verschaffen. Man betrachtet ein Bild an der Wand, Arm legt sich an Arm und die Köpfe sind sich so nahe gekommen, daß zwar die Wangen sich nicht berühren, aber die Locken der Holden den Hals des Glücklichen streifen; — ein Vorgang, von welchem die in die Würdigung des Bildes Versunkenen natürlich gar keine Ahnung haben. Oder man hält sich eine Zeichnung, einen Kupferstich, zusammen vor. Unter dem Blatte begegnen sich die Finger und drücken sich unbewußt. Die Augen des schönen Kindes leuchten und eine feine Röthe geht über ihre Wangen. Die Zeichnung gefällt ihr außerordentlich! —

„Ich erhebe mich von meinem Sitz und trete in den Kreis: auch ich kann dem Trieb, den lieben Geschöpfen näher zu kommen, nicht länger widerstehen. Ich unterhalte mich mit dieser und jener; — ich fühle mich umflossen von dem Rosenduft der Jugend, des jungen Lebens, des jungen Blutes, das die Wangen durchzieht und den Gesichtern auch den Farbenglanz der Rose gibt.

Man spricht, wie es eben der Moment erlaubt; und was die rothen Lippen sagen, ist nicht immer bedeutend. Aber du siehst: gar wohl könnten sie dir Schöneres und Gewichtigeres mittheilen, wenn die Seele bewegt und zum Ueberströmen gedrängt wäre! Denn die Züge sagen dir: diese Seele ist reich; Schätze liegen in ihr — sie harren des Zauberers, der fähig ist, sie zu heben. Dem Bekannten, dem Freund ist sie mit ihrem vorderhand unaufgeschlossenen Reichthum, den er ahnen kann, ein anmuthiges Räthsel — mit allem poetischen Reiz des Räthsels.

„Auf einmal erklingt das Piano, von kundigen Fingern gemeistert. Eine klassische Sonate rauscht vorüber an der stillhorchenden Gesellschaft, die Gemüther ernster und weicher stimmend. — Eine Jungfrau tritt zu dem Spieler. Sie singt ein deutsches Lied, das er begleitet, — ein zweites und ein drittes. Innige Worte; süße, rührende, hinreißende Klänge. Die Hörer klatschen; Rufe des Lobes und Dankes fliegen der Nachtigall zu. In der höhern Sphäre der Kunst ist das Leben offener und kühner. Der Poet hat den Wünschen des Herzens — der Freude, der Liebe — das ungedämpfte Wort der Leidenschaft geliehen; die Melodie verschönt, vertieft es mit dem herzwarmen Ausdruck des Gefühls — unwiderstehlich bringt es in die Seelen. Die Herzen pochen, Rührung bewegt sie — die Augen glänzen. Die jugendlichen Gesichter sind mit einem mal noch einmal so schön geworden! Die Seelen sind aufgeschlossen, daß du in

ihnen lesen kannst! Und nun kommt es blos auf dich
an, daß du das rechte Wort sagst und dem erregten
Gemüth den Ausdruck der Liebe und Güte — die Ant=
wort entlockst, welche dir sein Innerstes offenbart. Es
kann eine kleine Rede, ein bloßer Ausruf sein! Aber
er kommt aus der Tiefe eines Engels — er kommt vom
Himmel!

„Die Häupter des Hauses sitzen in der Mitte der
Fröhlichen und Seligen und überschauen den Kreis.
Sie freuen sich ihrer Kinder, die sich rühmlich hervor=
thun; sie freuen sich der Geladenen und ihres Vergnü=
gens. Ihr Glück ist ruhiger, gehaltener, aber im Grunde
so groß wie das der glücklichsten unter den jungen Leu=
ten. Wenn sich zuletzt alle zu einem kleinen Mahl
setzen und erquickender Trank fließt, so bringt das keine
Minderung der Lust hervor. Und wenn die Gäste schei=
den, so zieht das Vergnügen mit den Abziehenden und
bleibt bei den Bleibenden. —

„Das, lieber Freund, ist die deutsche Familie! Doch
nein — ein kleines, fragmentarisches Bild derselben; —
denn sie ist viel reicher an Blüten des Lebens! Und
solcher Familien haben wir tausende! Und es begibt sich
in ihnen eine Unzahl von Dingen, die Geist und Herz
im Innersten erfreuen! Hier, wenn irgendwo, ist das
Glück der Erde! Hier ist eine Welt, die das gute und
kluge Haupt organisirt, und immer schöner, edler, be=
glückender ausformt! Hier ist bei dem Frieden die

Freude, bei der Stille die Fülle! Hier ist das Leben in seinem erquickenden Strom — hier sind die Saaten der Zukunft!"

Ich war in der Wärme der Rede aufgestanden und sprach die letzten Worte mit Begeisterung. — Victor erhob sich langsam; er betrachtete mich freundlich, heiter, aber mit einem Ausdruck von Ueberlegenheit.

„Wenn du die Sache so ansiehst", rief er, — „warum nimmst du kein Weib und gründest eine Familie?"

Ich fuhr ein wenig auf. Dann sagte ich: „Das haben wir verpaßt! — Lassen wir die Jugend die Jugend heirathen!"

„Dies", erwiderte er kopfschüttelnd, „ist nicht immer möglich und kommt jetzt in den gebildeten Kreisen immer weniger vor. — Sodann — willst du dich alt machen? — Denkende Geister und fühlende Herzen, die vom Schönen leben, bleiben jung! — Fühle dich, jeune homme de quarante aus!"

Ich zuckte die Achsel. „Du schmeichelst dir selbst!" rief ich.

„Bah! Wir haben einige Jahre mehr, das ist Bagatelle! — Wenn ich fühlte wie du, heute noch machte ich mich auf, eine Frau zu suchen!"

Ein Ruf der Ungeduld entfuhr mir. „Soll ich mir noch eine Niederlage holen?" rief ich.

Er lachte. „Warum nicht? Das wäre kein so

großes Unglück; — und bei der Urtheilslosigkeit und den einfältigen Launen der meisten Weiber auch gar keine Schande! Was ist damit anders bewiesen, als daß du zufällig an ein dummes Ding gerathen bist? — Aber ich fürchte, ich fürchte, du bekämst keinen Korb! Du bist ein anmuthiger Gesell immer noch, liebenswürdig, gefällig, von guter Gesundheit und ausgestattet mit einer Rente von fünf= bis sechstausend Gulden. Dafür, mein Bester, gibt's Liebhaberinnen! — Den Teufel auch! Du bist einmal unglücklich gewesen — das hatte seine ganz specifischen Gründe! Sich dadurch abschrecken lassen, wenn man einmal so schwach ist, ohne Weib und Kind sich nicht glücklich zu fühlen, das ist die größte Thorheit, deren ein Mannsbild sich schuldig machen kann!"

Ich war ernst geworden. „Mein lieber Freund", entgegnete ich, „reden wir nicht mehr von der Sache!"

Er sah mich spöttisch lächelnd an. „Wem nicht zu rathen ist, dem ist nicht zu helfen!"

Seine Zähigkeit machte mich verdrießlich. Ich wendete mich ab. Dann kehrte ich mich zu ihm und rief: „Warum heirathest denn du nicht, wenn du dich so sicher fühlst?"

Die Stirn des Gefragten runzelte sich. „Weil ich nicht will!" rief er.

„Und warum willst du nicht?" fuhr ich, nach Wiedervergeltung trachtend, fort. — „Mußt du meine

Charakteristik der Familie und ihres Glückes nicht unterschreiben?"

„Sie ist einseitig und idealisirt", entgegnete er; — „aber ich könnte sie gelten lassen. — Nehme sich das Glück, wer es bedarf! Ich brauch' es nicht — ich bin mir selbst genug!"

„Sehr stolz!" rief ich.

„Sehr wahr!" entgegnete er. — „Du aber, der du dir selber nicht genug bist, du wärst verpflichtet, dich ganz zu machen durch eine Heirath. Warum thust du's nicht? Fast möchte man schließen: weil du noch immer an deiner Ungetreuen hängst und mit sentimentalen Erinnerungen deine Seele stärkst oder vielmehr schwächst."

Ich war still. Dann versetzte ich: „Wenn ich nun aus deiner Entgegnung den Schluß zöge, daß du der stolzen Schönen, die dich verschmäht hat, immer noch zürnst, sie also immer noch liebst — was würdest du sagen?"

„Daß du ein Narr wärst!"

„Damit hast du auch meine Antwort!"

Diese Antwort kam aber offenbar nicht mehr in sein Ohr. Er stand aufgeregt da und fuhr fort: „Ich zürne nicht der Einen, die weder eitler noch seichter war als die andern! Ich zürne dem Geschlecht —"

„Das sich so unglücklich vertreten ließ!" schaltete ich ein.

„Verflucht!" rief er und stampfte mit dem Fuß

Dann, sich beruhigend, sagte er: „Du willst mich aufbringen, es gelingt dir nicht. — Die Dummheit des Mädchens, die mich ausgeschlagen hat, ist Fügung gewesen! Schicksal! Götterspruch! — Ich habe sie nicht bekommen, weil sie mich nicht verdient hat!"

„Das ist eine Erklärung!"

„Lächerlich in den Augen dessen, dem nur das gemeine äußere Glück imponirt — genügend für dich, wie ich hoffe — den Philosophen, der mich, den Philosophen, kennt! — Was wären wir", fuhr er mit stolzem Humor fort, „hätten unsere Angebeteten Ja gesagt? Philister — wie die andern! — So hat sich uns der Geist erschlossen zu riesiger Blüte! Wir kennen Gutes und Böses und tragen Wohl und Weh der Menschheit in unsern Herzen! — Wir sind glücklich, wenn wir zusammenkommen; glücklich, wenn wir allein sind — frei, groß, beneidenswerth!"

„Die aber gleichwol keiner jener «Philister» beneidet!"

„Weil sie's nicht verstehen! — Daß sie uns nicht beneiden, beweist eben, daß sie uns beneiden sollten! — Laß ihnen das Glück! Denn der Geist — das Bessere — ist ihnen zu schwer!"

Er fuhr sich mit der Hand über die Stirn. Dann sagte er: „Siehst du, wie schon der Gegenstand eine entnervende Wirkung übt? Wir haben von den Weibern nur gesprochen — und schon sind kindische Gedan=

ten in unserm Hirn aufgestiegen! — Aber du hast angefangen! — Komm mir nicht wieder auf dieses Thema! — Ich freue mich meiner Mannheit und niemand soll sie mir verkümmern — auch nicht einen Augenblick!"

Zwölftes Gespräch.

Es war an einem wunderschönen Octobertag. Ich hatte mich früh auf den Weg gemacht und labte Seel' und Sinn an dem heiligen Licht der Sonne, an der Bläue des Himmels, an den duftigen Farben der Erde. Ein solcher Tag versetzt mich in eine eigenthümlich heitere Stimmung. Im Herbst, — im Anblick der Stoppelfelder und der ersten gelben Blätter an den Bäumen, in dem Schweigen der Natur — liegt auch etwas Melancholisches. Aber nicht mehr als zur Vertiefung, — zur Würze des lichten Seelenlebens gehört. Was draußen üppig wuchs, blühte und reifte, ist geerntet, im sichern Besitz des Menschen. Die Wetter sind abgezogen; die Gegensätze der Lieblichkeit und Furchtbarkeit sind einem schönen Gleichmaß gewichen — und in der ungestörten Ruhe träumt sich die Seele am liebsten ins Ewige. Das Licht herrscht außen und innen. Und wie es außen die Erde verklärt, so verklärt es im Menschen die Erfahrungen und Gedanken und verleiht auch den gewelkten Blättern der Erinnerung einen lieblichen Glanz.

Der Herbst ist die Jahreszeit des Mannesalters, die Jahreszeit des Geistes. Das holde Leben des Frühlings, die Gluten und Stürme des Sommers sind vorübergegangen, Stille, Klarheit und Stetigkeit sind gekommen. Was Frühling und Sommer gewesen, erblüht in der gedenkenden Seele zu neuem Leben; und wenn alles gedämpfter ist, so ist auch alles beisammen und reift und rundet sich zum schönen Ganzen.

Dem Landmann, der die Gaben des Lenzes und Sommers unter Dach und Fach geborgen weiß und sich tiefem Behagen überläßt, gleicht der geistig lebende Mensch, der die Blüten der frühern Alter im Innern hegt und sich an ihnen als an seinem eigensten Besitz erfreut. Die Jugend war Natur; in der Erinnerung und im Verständniß ist sie Geist — Poesie geworden. — —

Ich traf den Freund im Baumgarten, wo er dem Gärtner zusah, der Aepfel pflückte. Wir grüßten uns aufs herzlichste. Die Aepfel waren in ihrem röthlichen Golde so schön und rochen so gut, daß die ersten Reden ihrem Lobe galten. Victor schaute auf den gefüllten Korb mit einem Vergnügen, das mich selbst mit Vergnügen erfüllte. Ich glaubte, daß er mich heute gemüthlich unterhalten und namentlich mit Proben seiner Lyrik verschonen werde! —

Als der Baum geleert war und der alte Gärtner den letzten Korb ins Haus trug, sagte Victor zu mir: „Die Natur ist doch eine freundliche Göttin! Sie verheißt mehr, als sie hält; aber sie hält noch immer genug. — Ihre Geschenke sind herzerfreuend. — Was so ein Apfel ein schöner Gedanke ist! Die Farbe licht und warm; der Geschmack edel, süß und erquickend."

Er führte mich zum nahen Tisch, bot mir aus einer Fruchtschale ein ausgesuchtes Exemplar und sagte: „Koste und würdige!"

Wir setzten uns. Ich aß, erfrischte mich und pries die Frucht.

Victor zeigte eine Zufriedenheit, wie ich sie kaum noch an ihm wahrgenommen. „Was so eine Ernte froh stimmen kann", sagte ich, indem ich ihn betrachtete. „Ihr Landwirthe seid doch glückliche Menschen!"

„Die Aepfel", erwiderte er, „sind's nicht allein. Ich hab' heut noch ein anderes Vergnügen gehabt. Du kannst es nicht errathen, darum sag' ich dir's. Ich hab' meinen Proceß gewonnen!"

„Den mit dem reichen Bauer?" rief ich. „Bravo!"

„Er muß den Platz herausgeben", versetzte der Freund, „welchen mein Vorfahr und ich selbst eine Zeit gutmüthig oder, wenn du willst, fahrlässig ihn benutzen ließen. Es kostet mich ein schön Stück Geld, mehr als das Stück Land werth ist. Aber dafür hab' ich die Genugthuung, daß der bockbeinige Gesell noch mehr zahlen muß, um das Nachsehen zu haben, und kann das wiedergewonnene Eigenthum der Gemeinde schenken, der es gut liegt und die mich dafür in die Ohren des Geizhalses loben wird. Der Verdruß, den ich ihm dadurch bereiten werde, freut mich in der Seele!"

„Es ist die Freude des Rechts", bemerkte ich erklärend.

„Und der Rache", setzte er mit Laune hinzu, — „wie ich nicht leugnen will! — Mein lieber Edmund — wir sind nicht vollkommen!"

Ich sah ihn heiter an. „Die Hauptsache", versetzte ich, „ist, daß du vergnügt bist!" —

Der Diener erschien und brachte zwei eben angekommene Zeitungen.

Victor betrachtete mich. „Soll man sie lesen? Soll man sich den Humor verderben? — Riskiren wir's!"

Wir nahmen und lasen.

Nicht lange, so legte der Wirth sein Blatt weg, wandte sich, obwol ich meinerseits noch nicht fertig war, zu mir und sagte: „Warum lesen wir nur eigentlich jeden Tag die Zeitung?"

Ich sah ihn mit einem Gesicht an, wie es die naive Frage verdiente. „Weil wir jeden Tag etwas Neues erfahren wollen!"

„Aber das bekommen wir ja grabe nicht zu hören!" versetzte er. „Etwas wahrhaft Neues erfahren wir nie! Es ist immer die alte Geschichte!"

„In neuer Entwickelung!" entgegnete ich. „Es geschieht denn doch sehr vieles!"

„Aber es wird nichts erreicht!" replicirte er mit Nachdruck. „Es ist ein ewiges Hin= und Hergehen, wobei man im Grunde nicht von der Stelle rückt. Ein ewiges Vertagen dessen, was eigentlich geschehen sollte. Ein Losgehen auf das Ziel und ein Ankommen an der Kluft, die sich vor dem Ziel aufreißt."

„Das ist eben das Schöne!" sagte ich. „Wir streben und erreichen etwas und haben unsere Freude dran. Dann sehen wir, daß das Erreichte noch nicht zureicht, und wir streben weiter, um in neuem Erreichen neue Freude zu finden. Und so fort ohne Aufhören. Was kann man sich Besseres wünschen?"

„Ich hoffe", erwiderte er, „daß das ironisch gemeint ist! — Oder willst du mich glauben machen, daß das Vergnügen des Hundes, der, nach seinem Schwanze schnappend, sich im Kreise dreht, ein Ideal ist für Menschen?"

„Wir drehen uns nicht im Kreise", entgegnete ich, „wir kommen vorwärts!"

„Unaussprechlich langsam!"

„Und doch haben wir unendlich viel hinter uns gebracht! — Wir haben gerungen und errungen — die

Besitzthümer sind unabsehbar! — Was haben uns allein die letzten Jahrzehnte gebracht —"

„In äußerlichen Dingen", fiel der Gegner ein. „Dazu, ich hab's nie geleugnet, besitzt unsere Zeit ein noch nicht dagewesenes Talent und einen Eifer, der einer bessern Sache werth wäre. Im wesentlichen sieht's um so schlimmer aus. Alles ist in Frage gestellt, — und nirgends eine Antwort! — Solange die Welt steht, hat das Menschengeschlecht nie weniger gewußt, wozu es eigentlich in der Welt ist, als eben gegenwärtig. Und das Merkwürdigste ist: man will's auch gar nicht wissen; — ja, man ist stolz darauf, daß man's nicht weiß, und wer in dieser Beziehung etwelche Kenntniß für anständig hielte, wird verspottet!"

Ich schüttelte den Kopf und dachte: „Er ist unverbesserlich!"

Der Kritiker fuhr fort: „Ich frage dich, was begibt sich und was bringen die Zeitungen? Was alles gar nicht geschehen könnte, wenn die Menschen nur einigermaßen vernünftig dächten und nobel handelten! Nun soll ich jeden Tag Dinge lesen, die nach meiner Ansicht gar nicht hätten geschehen dürfen, die ich verdammen muß; — und die soll ich noch dazu interessant finden!"

Die Naivetät dieser Bemerkung ergötzte mich. Ich schwieg; er fuhr fort:

„Egoistisches Lauern, diebisches, räuberisches Zugreifen; Blindheit, Fahrlässigkeit und dummes Vertrauen; der odiöse Kampf der Anmaßung mit der Schwäche, der Frechheit mit der Feigheit: das ist's doch im wesentlichen, was in der Zeitung figurirt! Wenn's hier und dort auch ein wenig vorwärts geht, so ärgert man sich, daß es so wenig ist, und hat in kurzem den noch größern Verdruß, den kleinen Fortschritt wieder zurückgemacht zu sehen! — Obwol das Geschlecht nicht gut ist, so geschieht doch auch im Bösen nichts Großes. Kein Heros mehr, der alles an alles setzte! Der alles wagte, um alles zu gewinnen, aber möglicherweise auch mit allem zum Teufel zu fahren! Nehmen möchten sie noch ebenso gern wie sonst; aber ohne Gefahr, mit Sicherheit! Die Hexe ist Halbhexe geworden und trippelt den gigantischen Gewalten der Geschichte nach, halb gierig, halb Furcht im Herzen. Ist's ein Gauner oder ein Weiser? Ein Krautjunker oder ein Staatsmann? Ein Bandit oder ein Regent? Man weiß es nicht. Man weiß nur, daß so einer in heutiger Zeit großen Einfluß besitzen und den Ton angeben kann, wenn er sich's herausnimmt."

Er zuckte die Achsel. „Das sind unsere heutigen großen Männer!" fuhr er fort; „und wie's mit den mittelmäßigen und kleinen aussieht, denkt man sich! — Ich geb's zu, ich habe darüber meinen Zorn schon ausgelassen. Aber wenn sich einem die Misere immer wieder vor Augen stellt, so fühlt man sich immer wieder gereizt, seine Verachtung zu erklären. Schau' ich in die Welt hinaus — ringsumher weder etwas Großes noch etwas in höherm Sinne Gutes! Was mir zumeist am Herzen liegt, kümmert die Menschen heutzutag am allerwenigsten. Was mir Wahrheit, Leben, höchstes Ziel ist, stoßen sie als phantastischen Unsinn von sich. Was ich hasse, lieben sie, was ich liebe, das verachten sie — — von allen Zeiten, die jemals gewesen sind, hätt' ich in keine schlechtere gerathen können!"

Ich beschloß, der Predigt ein Ende zu machen. „Von allen Zeiten, die jemals gewesen sind", entgegnete ich, „hätt' ich in keiner andern leben mögen!"

Er fixirte mich. „Gleich und Gleich —" begann er.

„Keine Beleidigung!" fiel ich ein. „Ich ziehe die jetzige Zeit allen andern vor, weil sie von allen die größte ist! Weil die Menschheit in ihr einen Schritt vorwärts zu thun sich anschickt, wie sie so gewaltig früher nie einen gemacht hat!"

„Von welchem Gesichtspunkt", sagte er spöttisch, „kann man so etwas denn sehen? — Ich wünschte auch so eine günstige Stellung zu nehmen!"

„Vom Gesichtspunkt des Geistes", erwiderte ich.

„Da bin ich so klug wie zuvor!" entgegnete er. — „Sprich keine Orakelworte! Erkläre dich deutlich und geh zur Sache! — Worin besteht die Größe der gegenwärtigen Zeit?"

"In ihrer Stellung, ihrem Vermögen und ihrem Beruf!"

"Damit weiß ich noch immer nichts! — — Es sind Allgemeinheiten!"

"Das Nähere folgt", erklärte ich. — "Unsere Zeit ist eine Uebergangszeit!"

Er lächelte. "Dieser Satz", bemerkte er, "ist nicht mehr ganz neu! Indeß noch keiner von denen, die ihn aussprachen, hat mich überzeugen können, daß sie nicht vielmehr eine Untergangszeit ist!"

"Vielleicht gelingt das mir!" entgegnete ich. "Ich hab' Gründe, denen man zwar noch widersprechen kann, die man aber nicht widerlegen wird!"

"Famos!" rief er mit ironischer Bewunderung. — "Wenn's nur aber auch wirklich so ist!"

"Der Uebergang, den unsere Zeit zu machen hat", begann ich wieder, "ist kein gewöhnlicher, kein kleiner; auch nicht einmal blos ein großer, sondern geradezu der größte, der jemals stattgefunden hat!"

"Hiermit", versetzte er, "sind wir zur ersten Behauptung zurückgekehrt. — Hast du einen Pfeil auf dem Bogen, so schieß ihn ab!"

"Die Menschheit", fuhr ich fort, "geht in der gegenwärtigen Zeit von der letzten Stufe einseitiger Ent-

21*

wickelung zu der ersten Stufe allseitiger Entwickelung über — dem Ziel ihrer Geschichte!"

„Der Pfeil schwirrt —"

„Und soll am Zweck sitzen!" rief ich. — „Die Menschheit geht über von den Theilen zum Ganzen, vom Streit zum Frieden! Sie geht über in die Zeit der herrschenden Wissenschaft, die keinen andern Beruf hat, als in der Darlegung des Ganzen jedem Theile sein Recht zu geben und so die große Versöhnung zu stiften, welche die letzte Weltepoche charakterisiren wird!"

„Das heißt — wenn du mir den Ausdruck nicht übel nehmen willst: das Maul etwas voll nehmen!"

„Das heißt nur eine Behauptung aussprechen, die ich zu beweisen vermag! — Willst du mich diesen Beweis führen lassen, ohne mir dazwischenzufahren? Willst du mich zu Ende reden lassen?"

Nach einem besorgten Blick auf mich sagte er: „Ich werde mein Möglichstes thun!"

„Die Menschheit", begann ich, „entwickelt sich unter Verbrechen und Leiden, unter Sprüngen und Rückschritten, in einer äußerlich so widerspruchsvollen und confusen Art, daß auch tiefere Geister erklärt haben, eine Entwickelung, einen wirklichen Fortgang überhaupt nicht wahrnehmen zu können. Dennoch, wenn wir ins Innere und Wesentliche zu blicken vermögen, sehen wir

nicht nur eine Entwickelung, sondern eine ebenso natür=
liche wie gesetzmäßige! —

„Um es ganz allgemein zu sagen: die Menschheit
ist zuerst Natur, instinctives Leben; oder genauer zu
reden: vorherrschend Natur. Dann wird sie Geist —
vorherrschend Geist; aber unmittelbarer, einseitiger, aus=
schließlicher Geist. Ihr Ziel ist: freier und in Freiheit
gerechter Geist zu werden, d. h. als Geist sich über sich
selbst zu erheben, sich selber ebenso gerecht zu beurtheilen
wie die Natur und damit zwischen dieser und sich eine
Ausgleichung und harmonisches Leben herbeizuführen. —
Den ersten Schritt zu machen, den ersten bewußten
Schritt zu diesem erkannten Ziel, das ist der Beruf
der Zeit, in der wir die Ehre und das Glück haben, zu
leben!"

Nach kurzem Innehalten fuhr ich fort:

„Das menschliche Geschlecht ist zu keiner Zeit ohne
Geist und ohne Gemüth; es denkt und fühlt von Anbe=
ginn. Aber in der ersten großen Epoche trägt das Leben
auch des Geistes und des Gemüthes den sinnlich in=
stinctiven Charakter. Das Geschlecht geht in dieser
ersten historischen Epoche einen Entwickelungsgang und
langt endlich an einer Geistigkeit an, welche im Volk
der Hellenen am reichsten und wunderbar schön auf=
leuchtet. Aber diese erste Geistigkeit hat immer noch
das natürliche Gepräge, der Geist ist mit der Natur
noch verwachsen; der Schnitt, der das Band zwischen

ihm und ihr entzweischneidet, ist noch nicht geschehen. — Und so ist das menschliche Geschlecht niemals ohne Natur, instinctives und äußeres Leben. Aber in der Weltepoche einseitiger Geistigkeit trägt auch sinnliches und äußeres Leben den überwiegend subjectiven Charakter; im Guten und Bösen herrscht das Subject und ist die Innenwelt unfähig, die wahre Berechtigung der Außenwelt anzuerkennen. Das Geschlecht geht in dieser zweiten Epoche einen Entwickelungsgang und langt zuletzt an einer Würdigung der Natur an, die in Kunst und Leben höchst erfreuliche Schöpfungen zur Folge hat. Aber der Geist, das Subject, hat auch hier, in der neuern Zeit der christlichen Culturvölker, immer noch ein eigenmächtiges, despotisches Verhältniß zur Natur — zum unmittelbaren Leben und zur Außenwelt. —

„Diese Unterscheidungen, die ich mache, wollen begreiflicherweise nur gelten im großen und ganzen. Steigen wir hinab in das Detail der Wirklichkeit, so sehen wir darin eine unendliche Reihe von Erscheinungen, wie sie bei dem Grundcharakter der Zeit möglich waren. Dieses Detail aufzudecken, ist das Amt der Geschichtsforschung; und begreiflich zu machen hat es die Philosophie der Geschichte. Wir sehen: die Menschheit entwickelt sich Schritt für Schritt, unter Störungen und Hemmungen aller Art und höchst langsam. Aber sie soll eben nicht nur vorwärtskommen, sondern auf ihrem Wege die Möglichkeiten, die sich ihrem complicirten Wesen vorhalten, ausführen, damit ihre Geschichte auch die größte Mannichfaltigkeit und einen Zusammenhang im Kleinsten erlange. Auf diese Mannichfaltigkeit ist es offenbar ebenso sehr abgesehen, wie auf den Fortgang. Und eben die sinnverwirrende Mannichfaltigkeit ist es, welche so manchem den Fortgang verdeckt hat und noch verdeckt. —

„Die Menschheit, im großen und ganzen, entwickelt sich und geht empor. Sie wird nicht geradezu besser! In sittlicher Beziehung hat die Lichtseite jeder Culturstufe ihre Kehrseite, und auf den obern Stufen nimmt der Geist des Bösen nur entsprechend neue Formen an, — er erhöht und verfeinert sich selber und arbeitet nicht eben mit geringerem Erfolg. Die Menschheit wird aber offenbar geistig freier und bewußter. Sie lebt zunächst ein vorherrschend äußeres Leben und dann ein vorherrschend inneres, um in leidenschaftlicher Hingabe äußeres und inneres Leben aufs gründlichste durchzuproben, damit sie am Ende, in jeder Beziehung vorbereitet, an ihre höchste Aufgabe gehen könne: an die allseitig gerechte Auffassung der Natur durch den Geist und an die harmonische Ausgleichung beider! —

„Die Menschheit geht vorwärts, aber in Gegensätzen und in Streit. Der Geist, wenn die Zeit gekommen ist, seine unmittelbare Einheit mit der Natur aufzugeben, vollzieht seine Befreiung durch eine Losreißung; er wird ein Gegner, ein Feind der Natur. Er glaubt seiner selbst nur sicher zu werden und seine Freiheit nur behaupten zu können, wenn er die Natur flieht, sie möglichst von sich abzuhalten sucht, und sich gänzlich auf sich selber zurückzieht. Allein diese Freiheit ist auch bei solchen Menschen, welche sie am entschiedensten erreichen — bei den genialsten und echtesten Asketen — doch noch mit einer doppelten Unfreiheit behaftet. Die gekränkte Natur überfällt den feindlich gewordenen Geist in seinen schwachen Momenten und rächt sich: der Kampf mit ihr involvirt immer wiederkehrende Störungen für den Geist. Und wenn es diesem auch gelingt, die Freiheit zu behaupten gegen sie, so hat er doch noch nicht die Freiheit erlangt gegen sich selbst, welche letztere allein wahrhaft frei macht. Sein Ziel ist, diese doppelte Unfreiheit noch abzulegen: frei zu werden gegen sich selbst, indem er sich selbst richtig beurtheilen lernt, und wahrhaft frei zu werden gegen die Natur, indem er sie mit gerechter Würdigung zu seiner Freundin und Gehülfin macht. Nicht in der Askese beruht die letzte und ganze Freiheit des Geistes, sondern vielmehr in der gerechten Erkenntniß seiner selbst, in der gerechten Erkenntniß der Natur, in der Erkenntniß seines wahren Verhältnisses zu dieser, in der Harmonie mit ihr, in der Erhöhung, Durchleuchtung und Heiligung des ganzen Lebens.

„Der Geist muß, um sich selber gerecht zu beurtheilen, emporgehen über sich selbst und einen Standpunkt gewinnen über sich selbst. Er vermag dies im einzelnen Menschen, wie jeder an sich selbst erfahren kann, und ebenso in der Menschheit. Der Geist kann emporgehen über sich selbst und sich selbst in seiner bisherigen Seinsweise zum Gegenstand der Erforschung, der Beurtheilung machen: dieses Vermögen ermöglicht ihm eben die Selbsterkenntniß. Wenn er es nun aber thut, gibt er seine Unmittelbarkeit, relative Blindheit und Unfreiheit auf, er wird Geist in zweiter Potenz, der nicht mehr nur über der Natur schwebt, sondern auch über sich selber: er wird wahrhaft Geist! Und diese Geistigkeit, wo der Geist wahrhaft Geist wird in gerechter Beurtheilung sowol der Natur wie seiner selbst, sie ist das Ziel der Menschheit! Die Stufe dieser Geistigkeit ist die höchste und letzte, und zu den Arbeiten, die sie zu erledigen hat, erscheinen die der frühern Epochen nur als Vorarbeiten. Wenn die Menschheit zu ihr sich erhebt, wird alles, was sie jemals gewesen ist und geschaffen hat, nach seiner Wahrheit aufgefaßt, verwendet und verwerthet, verherrlicht und verklärt werden!

„Ist die Stufe dieser Geistigkeit das Ziel des Menschengeschlechts, so muß und wird sich dieses endlich auch auf sie erheben. Der Aufschritt ist unvermeidlich. Die Natur der Dinge, die ganze bisherige Geschichte und deren Consequenzen drängen dazu; die Vorstellung des Ideals reizt und lockt dazu; Gott selbst, welcher dem Emporgang der Menschheit vorsteht, lenkt dazu. — Man kann an der Zukunft eines Volkes zweifeln und seinen

Niedergang in Aussicht stellen; — dieser ist möglich. Aber an der Zukunft des Geschlechts kann man nicht zweifeln! Die Behauptung, daß das Geschlecht vergehen könne, ohne sein Ziel auf Erden, ohne die Stufe erreicht zu haben, die alle bisherigen erst vollendet und krönt, — diese Behauptung wäre nicht nur eine Beleidigung der Menschheit, sondern Beleidigung Gottes und Blasphemie!"

Ich hielt inne, mein Blick richtete sich unwillkürlich auf den Hörer. Victor saß in tiefem Nachdenken und verzog keine Miene. — Ich nickte, innerlich zufrieden, und fuhr fort:

"Diese Stufe zu fordern, stimmt noch dazu die Religion überein mit der Wissenschaft, die Philosophie mit der Empirie und Theologie, die Politik (die Socialpolitik eingeschlossen) mit der Kunst und der Volkscultur. Die Ideale dieser Fähigkeiten und Bestrebungen liegen ohne Ausnahme auf dem Gebiet jener Stufe der Abschließung. Das Licht, das man wünscht, die Ausgleichung, die man verlangt, die Harmonie, die man verkündet — alles dieses kann nur erscheinen und das Geschlecht nur befriedigen in der Epoche, wo der Geist frei wird gegen sich selbst und damit fähig, die Natur zu seiner ergänzenden, beglückenden Hälfte — zu seiner Genossin zu machen! —

"Die Epoche des Friedens — des schöpferischen Friedens, der successiven Ausgleichung aller berechtigten

Elemente des Daseins — muß in Wahrheit einmal kommen: das hab' ich bewiesen. — Diese Epoche ist aber gerade gegenwärtig im Kommen; — wir stehen an ihrer Schwelle, die Gegenwart ist die Uebergangszeit von der Zeit des relativ zu der des ganz und wahrhaft freien Geistes — das hab' ich zu beweisen!

„Ich knüpfe an unsere Gespräche an und speciell an das, welches hier alle übrigen vertreten kann: über Philosophie und Empirie. — Du hast die Abwendung der Deutschen von der Philosophie beklagt und die Denkscheu, Denkfaulheit und Denkfeindschaft, womit man heutzutage sich noch dazu brüstet, mit Ruthen gepeitscht, die niemals gerechter applicirt worden sind. Ich hab' es für meine Pflicht gehalten, auf die realistischen Leistungen der Zeit hinzuweisen; aber die Hiebe, die du den Verächtern des Geistes ertheilt hast, thaten mir und thun mir noch jetzt in der Seele wohl!"

Victor hatte bisjetzt seinen Ernst bewahrt; wie denn mein ganzer Vortrag ihm nicht eigentlich conträr zu sein schien, jedenfalls nicht leidenschaftlichen Widerspruch in ihm erregte. Bei meinem Lob seiner Hiebe blickte er zu mir her und ein Lächeln verschönte seine Lippen. Er nickte mir würdig seine Beistimmung zu.

„Warum hat man sich aber abgewandt?" fuhr ich fort. „Weil der Geist in den letzten Systemen, die eine große Wirkung hervorbrachten, zur Natur — zur Natur im weitesten Sinne, zur Welt der Thatsachen —

sich noch nicht das rechte Verhältniß zu geben verstanden hat. Fern sei es von mir, der neuern Philosophie, welche den letzten Jahrhunderten vorzugsweise ihren eigenthümlichen Gehalt und Charakter verliehen hat, von ihren Ehren etwas nehmen zu wollen! Die Genien derselben gehören zu den Wohlthätern der Menschheit. Unverlierbare Wahrheiten sind durch sie gefunden und erwiesen, und eben in ihren Forschungen hat der Geist sich zu der Stärke entwickelt, mit welcher er sich nun an seine höchste und letzte Arbeit wagen kann. Aber die neuere Philosophie ist doch nur die letzte und höchste Entfaltung des einseitigen und relativ unfreien Geistes. Dieser, vorzugsweise noch mit sich selbst beschäftigt, hat in ihr der Welt der Thatsachen noch nicht ganz unbefangen ins Angesicht schauen können; die Systeme, welche Natur und Geschichte erklären wollten, haben denselben noch mehr oder minder Gewalt angethan. Die neuere Philosophie ist prophetisch und reicht mit ihren höchsten Erkenntnissen in die Zukunft hinein; aber ihre Darstellung und Erklärung der Wirklichkeit ist fragmentarisch und zum guten Theil noch eigenmächtig — sie bedarf der Prüfung, der Verbesserung und der Ergänzung.

„Die Loslösung der Geister von der Philosophie, die selbst noch gewaltsam herrschen wollte, ist nothwendig gewesen. Aber so vollzieht sich nun eben die Entwickelung in der Menschheit, daß dem Unrecht zunächst nicht das Recht entgegentritt, welches berichtigt, sondern das Unrecht, welches züchtigt. Das Recht würde aus dem Ungenügenden heraus den ruhigen Fortgang zum Genügenden bewirken; das Unrecht macht einen Bruch, den das nachfolgende Recht wieder gut zu machen hat.

„Betrachten wir die Wissenschaft des Tages. Die Empirie, die Erforschung der Thatsachen, hat sich von der Philosophie losgerissen und übt ihre Thätigkeit vollkommen selbständig. Sie will die Dinge sehen und darstellen, wie sie sind, wie sie der unbefangenen Untersuchung sich geben; und darin ist sie in ihrem Recht und vollbringt nur den Auftrag der Zeit. Soll der Geist die Dinge, die Thatsachen der Natur und der Geschichte, richtig erklären, so muß er sie vor allem recht kennen lernen und sie nicht so ansehen, wie er sie sich nur einbildet. Die empirische Forschung, die sie nach ihrem wirklichen Sein herausarbeitet und die Täuschungen entfernt, in welche das Vorurtheil die Menschen zu verstricken pflegt, erledigt eine unabweisliche Bedingung zur wahren Freiheit des Geistes, die eben nur in gerechter Auffassung der Natur und in der harmonischen Verbindung mit ihr erreicht wird. Allein während diese Forschung sich der Thatsachen annimmt, welche von der neuern Philosophie gekränkt worden sind, kränkt sie diese selbst, indem sie ihre positiven Errungenschaften mißachtet und ihren erwiesenen Segen leugnet. Und nicht genug, daß sie den letzten Systemen unrecht thut, indem sie, statt ihre Fehler und Treffer zu unterscheiden, ihren

Inhalt in Bausch und Bogen verwirft, tastet sie die Philosophie selbst an, verkennt in eitler Einbildung die besondern Fähigkeiten und die Bestimmung des philophischen Denkens und gibt zu verstehen, daß sie alles, was die Menschheit braucht, am besten allein und ohne Philosophie zu leisten vermöchte!

"Merkwürdigerweise (ich stimme hier mit dir überein!) verhalten sich die heutigen Philosophen mit spärlichen Ausnahmen gegen die letzten Systeme kaum weniger feindlich. Nehmen sich die Empiriker des natürlichen und geschichtlichen Lebens an, so stehen die jetzigen Philosophen für das geistige ein, welches in jenen Systemen noch Beeinträchtigungen erfahren hat. Sie treten den Aussprüchen subjectiver Speculation und eigenmächtiger Construction entgegen und corrigiren die Philosophie durch Philosophie, aber so, daß sie selber die oberste Kraft der Philosophie heruntersetzen und ihren höchsten Beruf in Abrede stellen. Die oberste Kraft der Philosophie ist eben die Speculation — ihr höchster Beruf ist die Darlegung des allgemeinen Zusammenhanges der Dinge. Durch die Gabe der Speculation allein ist der Mensch im Stande, Gott zu erkennen und darzuthun — alles Gewordene aus Gott abzuleiten und im Zusammenhang mit ihm aufzuweisen. Die Speculation ist die Fähigkeit, die ewigen Möglichkeiten — die Ursachen zu denken (sie entspricht der obersten Kraft des Dichters und Künstlers: dem Idealisirungsvermögen!) — und damit eben ist sie berufen, die Empirie, die Wissenschaft der Sachen, zu ergänzen und ihren Leistungen die Krone aufzusetzen. Die heutigen Philosophen aber knüpfen an Vorgänger an, die selbst mehr kritische und empirische Wege gegangen sind; diese werden gefeiert und empfohlen; die vorherrschend speculativen Meister dagegen werden auch von namhaften Lehrern beiseitegesetzt, mit Geringschätzung behandelt, ja mit Gehässigkeit verfolgt. — Es sieht fast so aus, als ob man für die Hervorbringungen jener obersten Kraft der Philosophie heutzutage kein Organ mehr hätte, als ob diese oberste Kraft den Philosophen selber abhanden gekommen wäre!"

Die Züge Victor's hatten sich aufgehellt, — er warf mir einen zufriedenen, anerkennenden Blick zu. —

Ich begann wieder:

"Du siehst, ich verschleiere das Unrecht, das der Philosophie gegenwärtig nicht nur von seiten der Empiriker, sondern sogar von Philosophen widerfährt, keineswegs; — ich heb' es hervor und stell' es bloß wie du, und table die Richtung gegen das philosophische Denken, in der man sich heute gefällt, und erkläre sie für eine Tochter geistiger Unzulänglichkeit. Aber ich sage: wie sich die Menschheit entwickelt — in Einseitigkeit und Streit — hat man sich darüber nicht zu wundern; — und am wenigsten darf man sich dadurch bange machen lassen!

„Nie kann die Menschheit sich bei den bloßen Sachen begnügen! Nie kann sie auf den Geist, seine Erkenntniß und seine Erweisung verzichten! — Und was jetzt nicht ist, das wird um so gewisser später sein, weil die Menschheit fortschreitet und ihren unzureichenden Besitz nothwendig selber ergänzt.

„Würde eine Philosophie und eine philosophische Literatur gar noch nicht existiren und nur die Empirie, die auf die Erforschung der Sachen gerichtet ist, so müßte diese im Laufe der Zeit nothwendig selber Philosophie werden oder sie aus sich erzeugen. Hätte die Empirie nämlich die Sachen mit ihren nächsten Ursachen dargelegt, so würde man sie fragen, ob diese Ursachen die letzten und höchsten wären; und müßte sie darauf mit Nein antworten, so würde man sie auffordern, auch die höhern und höchsten Ursachen zu erforschen, weil ohne die Kenntniß derselben doch eigentlich nichts verstanden würde und der ganze geistige Besitz in der Luft schwebte. Heutzutage, wenn man einen Empiriker nach den Ursachen seiner Ursachen fragt, erwidert er: die kennen wir nicht; — oder gar: die kann der menschliche Geist überhaupt nicht finden! Aber mit dieser Ausflucht wird sich die Menschheit nicht zufrieden geben. Sind die nächsten und niedersten Ursachen dargelegt, so geht der Fortschritt nur zur Erkenntniß der höhern und höchsten. Fortschreiten aber muß und wird die Menschheit; also wird sie unvermeidlich an der Frage nach diesen höhern und höchsten Ursachen anlangen, sie wird immer dringlicher fragen, — und die Wissenschaft wird lernen müssen, darauf zu antworten.

„Die sogenannten Sachen und Thatsachen sind nur die Sachen, die uns zunächst als solche entgegentreten. Jede dieser Sachen hat aber eine Ursache, und die Ursache gehört recht eigentlich zur Sache. Die Sache ist nur ganz aufgefaßt, wenn sie als Product ihrer Ursache aufgefaßt ist, also, wenn die Ursache mit aufgefaßt ist. Die Ursache ist mithin auch Sache, ja, sie ist die Hauptsache! Das, was wir von der Sache kennen, ohne ihre Ursache zu kennen, ist nicht das Beste an der Sache, weil es nur ihr Aeußeres ist; das Beste an der Sache, ihr Inneres, erschließt sich uns nur mit der Erkenntniß der Ursache.

„Will die Empirie nun die Sachen kennen lernen und lehren, wie sie sind (und sie selbst hat ihre Aufgabe so charakterisirt!) — so muß sie die Sachen kennen lernen und lehren nicht nur wie sie äußerlich, sondern auch wie sie innerlich sind, d. h. sie muß die Ursachen mit kennen lernen und lehren.

„Mit Einem Wort: in Wirklichkeit hängt alles zusammen, und das Einzelne ist nur wahrhaft aufzufassen, wenn es an seinem Ort im Ganzen, mit dem Ganzen aufgefaßt wird. Ist die oberste Ursache der Dinge Gott, so sind die Dinge nur wahrhaft erkannt, ja nur wahrhaft gekannt, wenn sie in Gott erkannt und gekannt sind.

„Also wenn es auch keine Philosophie und, wie ich hinzufügen will, keine Theologie gäbe, die Empirie selber würde zur Philosophie und Theologie werden müssen, wenn sie sich selbst wahrhaft vollenden wollte.

„Die Wissenschaft, die nur Empirie wäre, d. h. die Wissenschaft, welche die heutigen Empiriker allein als solche wollen gelten lassen, würde, wenn sie vorwärts ginge (und sie müßte vorwärts gehen, weil sie sonst zu Grunde ginge!) einen ähnlichen Gang machen, wie in alter Zeit die griechische Philosophie. Sie, die sich zuerst auf die Außenwelt gerichtet hätte, würde später den Menschen selbst und den Geist erforschen, um endlich Außenwelt und Innenwelt, Object und Subject auszugleichen und alles Gewordene in seiner obersten Ursache, in Gott zu betrachten.

„Von selbst versteht sich: was von der Empirie im allgemeinen gilt, das gilt noch viel bestimmter von der philosophischen Empirie, wie sie heutzutage betrieben wird. Sofern diese die Philosophie einerseits auf Anthropologie und Psychologie, andererseits auf Erkenntnißlehre und Geschichte der Philosophie beschränken zu können glaubt, wird sie sich nachträglich überzeugen, daß sie, eben um Anthropologie und Psychologie, Erkenntnißlehre und Geschichte der Philosophie zu vollenden, zur phi=

losophischen Theologie und Wissenschaft des allgemeinen Zusammenhangs werden müßte!

„Die Wissenschaft des allgemeinen Zusammenhangs — eine ungeheure Aufgabe! Fühlt sich die Wissenschaft, die heutzutag allein alles machen zu müssen glaubt, von der Riesigkeit dieser Aufgabe erdrückt — möge sie die Augen aufthun und um sich schauen! Sie ist nicht allein; und nicht allein hat sie an der Lösung zu arbeiten! Die Philosophie ist da mit allen ihren Reichthümern und Fähigkeiten. Sie hat unendlich viel geleistet, sie wird sich dieser Leistungen bewußt, unterscheidet sie, corrigirt und organisirt sie und blickt mit schöpferischem Drange nach den Arbeiten aus, die das bisher Gelungene auf ihrem eigensten Gebiet ergänzen, vollenden müssen. Die Philosophie, die Vertreterin des Geistes, die Vertreterin der Innenwelt, kommt ihr, der Vertreterin der Außenwelt, mit ihren Schätzen entgegen! Und mit ihr, durch sie geförbert und ergänzt, soll die Empirie von ihrer Seite an jene ungeheure Arbeit gehen, die in Wahrheit auch für sie Aufgabe ist!"

Ich hielt einen Moment inne. Dann, zu Victor gewendet, fuhr ich fort:

„Nun, mein Gegner — der du, wie ich hoffe, es gegenwärtig nicht mehr bist! — frag' ich dich: haben wir Ursache zu verzweifeln? Sind wir nicht gezwungen, an die Entwickelung des Menschengeschlechts zur wahrhaft freien Geistigkeit, also auch an die durchgeführte Harmonie des Geistes mit der Natur zu glauben? — Die Weltepoche, in der die Erkenntniß vorherrscht und das Leben selber nach ihren Idealen zu regeln hat — sie wird erscheinen! Die Empirie ist da, und forscht und wirkt mit einem wahren Feuereifer. Die Philosophie ist da und arbeitet, wenn auch minder geräuschvoll und minder anerkannt, mit nicht geringerer Energie! Sie ist überdies dem Rufe, frei zu werden gegen sich selbst und sich selbst richtig zu beurtheilen, in ihren vorgeschrittensten Repräsentanten schon gefolgt. Die Philosophie, frei gegen sich selbst und damit ihrer reinsten Thätigkeit fähig geworden, reicht der Empirie die Hand; und diese wird nicht anders können, als mit der Philosophie ihrerseits gegen sich selber frei zu werden! In diesem Bunde müssen beide fortschreiten und beide werden eben in ihm ihr Bestes leisten. So werden sie endlich und endlich auch anlangen an der ganzen Erkenntniß Gottes und seiner Schöpfungen, an der Erkenntniß und Darlegung des allgemeinen Zusammenhanges der Dinge!

„Die Menschheit, in ihren begabtesten und entwickeltsten Gliedern, steht an der Schwelle der Zeit, in welcher sie die ganze Freiheit des Geistes, in der Harmonie mit der Natur, zu erlangen und die Ideale dieses Bundes zu verwirklichen hat!

„Nie gab es in der Weltgeschichte einen größern Moment; denn nie hat man sich angetrieben und fähig gefühlt zu größern Arbeiten! Nie hat der menschliche Geist so klar das Ganze vor sich gehabt; — nie haben sich ihm so deutlich die Mittel und Wege dargestellt zur höchsten Verherrlichung des Ganzen, — nie hat er so bewußt sich vorgesetzt, diese Mittel anzuwenden, diese Wege zu gehen! Die Menschheit hat endlich sich selber — die Menschheit erkannt! Die großen Seelen richten ihre Blicke hinaus über den Theil, dem sie zunächst angehören; — sie schauen über die Nation, über die Confession hinweg zu jenem Ganzen, in welchem die Nation und die Confession selber ihre letzte Entwickelung, ihre Vollendung und höchste Glorie finden müssen! Die großen Seelen und edeln Geister haben bereits den größten Gedanken des Lebens gedacht, um seine Verwirklichung zu erwägen: den Gedanken des **gegliederten Ganzen**.

„Das gegliederte Ganze ist das Ziel aller Entwickelung. Es ist die Endursache, der Zweck der Entwickelung. Entwickelung, Entfaltung der Theile und Bildung der Glieder, ist nur darum, weil das gegliederte Ganze sein soll, in und mit welchem allein allgenügendes Leben und Streben möglich ist.

„Laß mich noch ein wenig ausholen und nachholen — ich komme zu Ende!

„Die Entwickelung auf Erden, nach dem schon angedeuteten Gesetz, verläuft in Bezug auf dieses Ziel so, daß zuerst die Stufe ausgebildet wird, wo das Ganze vorherrscht in Zurückhaltung der Glieder, wo mithin die Einheit überwiegt. Dann folgt die Stufe, wo die Glieder vorherrschen in Zurückhaltung des Ganzen, also die Freiheit überwiegt. Sind auch die Möglichkeiten dieser zweiten Stufe erschöpft und ist sie selber damit an ihre Grenze gekommen, so wird eben von dem Geist, der vor allem die höchste Wohlfahrt und Ehre der Glieder will, die Ueberzeugung erlangt, daß die Glieder diese nur finden können an ihrer rechten Stelle im Ganzen; und der Geist der zweiten Stufe selber ist es nun, der in höherer Entfaltung auf die dritte führt, die Stufe, in welcher die Forderungen der Glieder mit denen des Ganzen ausgeglichen werden, damit die Glieder für das Ganze, das Ganze für die Glieder — damit das gegliederte Ganze sei!

„In diesem haben beide — die Glieder, weil sie das Ganze, das Ganze, weil es die Glieder gewonnen — sich bereichert, erhöht und ihr eigenstes höchstes Ziel erreicht. Das gegliederte Ganze ist das Nonplusultra der Entwickelung, in welchem dem Leben allenthalben seine höchsten Aufgaben sich erschließen, um immer vollkommener und schöner gelöst zu werden."

Die Größe dieses Gedankens erfüllte, bewegte mich; ich konnte nicht länger sitzen bleiben, ich stand auf und rief zu dem Freund: „Sieh hin auf die Bestrebungen unserer Zeit! Sieh hin in die Literatur, sieh hin ins Leben! Was nimmst du wahr? Den

Willen, das Ideal der dritten Stufe: das gegliederte Ganze zu verwirklichen; und zwar auf allen Gebieten — im kleinen, im größern und im größten. Philosophen und Historiker haben sich die Aufgabe gestellt, die verschiedenen Ansichten und Standpunkte nicht nur der Christenheit, sondern der Menschheit mit gleicher Gerechtigkeit zu würdigen; sie lassen zu diesem Ende alle Culturen der Geschichte in ihrer Folge sich selber aussprechen, um für jede die gebührende Stelle im Ganzen der Entwickelung erkennbar zu machen. Die einzelnen Wissenschaften gehen ohne Ausnahme zurück auf ihre ersten Anfänge, auf die ersten Anfänge ihrer Gegenstände, und ringen dort wie hier dem Ziele der Zusammenfassung, der Auffassung im Zusammenhange nach. Bemühungen, das Wissen zu versöhnen mit dem Glauben, die Moral mit der Kunst und mit der Natur, die Politik mit der Religion, das Diesseits mit dem Jenseits u. s. w., treten allenthalben und immer wieder auf. Hat die Wissenschaft ihren Beruf erkannt, die harmonisirende Macht zu sein im Geist, so strebt man von der andern Seite danach, zwischen der Wissenschaft und dem Leben zu vermitteln, Theorie und Praxis in richtiges Verhältniß zu bringen. Man hat sich an die Aufgaben gewagt, die Gesellschaft, die Nation, die Culturnationen, die Menschheit zu organisiren. Man sucht nach einer Ausgleichung zwischen Arm und Reich, zwischen Hoch und Niedrig; man sinnt auf Mittel, den Armen und

Niedrigen zu Hülfe zu kommen und sie zu geehrten und begnügten Gliedern des socialen Ganzen zu machen. Man verlangt für die Culturnationen den Frieden der Freien und hält ihnen das Ideal der Völkerfamilie vor. Man will die Freiheit und das Gedeihen für alle Nationen und Stämme — den Frieden und das Gedeihen des in Einheit lebenden Menschengeschlechts!

„Mitten aus dem Gewühl und Wust der Privatinteressen treten uns diese Tendenzen entgegen. Sie sind die verschiedenen Erweisungen des Einen Geistes! Sie sind es, die uns das Charakterbild der Zeit erkennen und aus dem Lärm des öffentlichen Lebens Harmonie in unser Ohr bringen lassen.

„Und um seine Zwecke mehr und mehr zu erreichen, gebietet der Geist der Zeit jetzt über zwei ungeheure Mittel: über einen Verkehr, durch welchen alle Welttheile zur Einheit verbunden sind, und — über die Tagespresse.

„Eisenbahnen, Dampfschiffe und Telegraphen sind für den Geist — für die Zeit des Geistes erfunden! Durch sie ist die Naturwissenschaft ihren Pflichten gegen diese Zeit und ihre höchsten Zwecke ruhmreich nachgekommen.

„Durch die Tagespresse werden die Wirkungen der materiellen Verkehrsmittel für den Geist vollendet. In ihr und mittels ihrer conversirt die Menschheit mit sich selber und sieht sich täglich, wenn auch nicht von Ange=

ſicht zu Angeſicht, ſo doch in einem Spiegel. Die allgemeinen Intereſſen des Erdballs kommen durch die Preſſe täglich vor ihren Geiſt. Die Thaten der Menſchen, die Thaten der Völker werden ans Licht der Oeffentlichkeit gezogen: Menſchen und Völker ſind gezwungen, ſich immer mehr darauf einzurichten, daß ſie dieſes Licht der Oeffentlichkeit auch ertragen!

„Die Tagespreſſe iſt die gewaltigſte Beſchützerin der Freiheit, die mächtigſte Feindin der Despotie, die allgegenwärtige Vermittlerin der Bildung — das unentbehrliche, achtunggebietende Werkzeug des Geiſtes, der die Freiheit und die Cultur der Völker will. — Wenn es ſich wirklich ſo verhält, wie du früher einmal geäußert haſt, daß nämlich an der gegenwärtigen Zahl der Tagesblätter das böſe Princip ſchuld iſt, — dann kann ſich die Menſchheit bei ihm bedanken!“

Victor lächelte mit Humor. — „Biſt du nun fertig?“ ſagte er dann; — „oder kommſt du wenigſtens zu Ende?“

„Das letztere“, erwiderte ich. — „Hab' ich gezeigt, daß die Gegenwart die Zeit des Uebergangs iſt von der Stufe des relativ unfreien und einſeitig herrſchenden Geiſtes zu der des wahrhaft freien und allſeitig gerechten, zu der Stufe, die auf allen Gebieten des Lebens aus den freien Gliedern das vollkommenſte — das gegliederte Ganze zu bilden berufen iſt; — hab' ich gezeigt, daß der Wille dieſer höhern Stufe in den Culturnationen sich bereits ausgesprochen hat, daß in ihnen die ersten Schritte zu ihren Zielen hin bereits geschehen sind, dann scheint mir unnöthig, noch speciell zu beweisen, daß in der Menschheit, in den ihr vorangehenden Nationen das deutsche Volk eine Rolle zu spielen hat, also nicht untergehen kann. Nicht nur wird unser Volk die Probleme der Zukunft lösen helfen, es wird theoretisch und praktisch im Mittelpunkt stehen und den edelsten Theil der Arbeiten auf sich nehmen. Das deutsche Volk ist für die Aufgaben der kommenden Zeit expreß ausgestattet, geführt, erzogen, gebildet, gereift; und wie Vieles und wie Großes ihm bisjetzt gelungen ist, in der kommenden Zeit wird ihm das bei weitem Größte gelingen. Wer kann die deutsche Nation und ihre Geschichte, — wer kann ihre Hervorbringungen in Leben, Kunst und Wissenschaft, — wer kann ihre dermalige geistige Fülle, ihren productiven Drang, den Schwung der Seelen, die kühnen und großen Conceptionen der Geister betrachten, — und sich einreden, diese Nation werde mit einem Bankrott endigen — zu einer Zeit, wo ihr eigentlichstes Geschäft erst beginnen soll!

„Solange die Welt steht, ist keine Nation gesunken und untergegangen, sie hätte sich denn ausgelebt und ihren historischen Beruf erfüllt gehabt! Ja, Völker, die von einem großen Aufschwung, von einem Höhepunkt ihrer Entwickelung zurückgegangen sind und die man für beseitigt erklärt hat, sehen wir jetzt wieder emporgehen;

und kein Verständiger wird sagen wollen, daß ihre Bemühungen vergeblich sein müssen. Und wir sollten zweifeln an der deutschen Nation, die trotz der hervorragenden Stellung, die sie im Lauf der Zeiten wieder und wieder erlangt hat, bisjetzt doch noch nicht dazu gekommen ist, der Welt zu beweisen, wozu sie vorzugsweise in der Welt ist! Zweifeln an der deutschen Nation, die bisjetzt im Grunde nur ihr Kindes- und Jünglingsalter gelebt hat und in die Zeit der Mannesreife noch gar nicht eingetreten ist! Zweifeln an der deutschen Nation, deren bisherige Thaten und Schöpfungen, wie erhebend sie auf uns wirken mögen durch das, was sie sind, doch noch ungleich höhern Werth haben durch das, was sie verheißen! Durch die Keime, die in ihnen liegen und zur Entfaltung drängen — durch den Geist, der aus ihnen spricht und dessen Streben in die Tiefe und in die Höhe, dessen Bedürfniß der Allseitigkeit und Ganzheit uns in der kommenden Zeit eben die reifsten Werke verbürgt! — Das Größte und Herrlichste, was Deutsche geleistet haben, verlangt eine Fortsetzung, deren nur Deutsche fähig sind! Ueberall die versprechendsten Anfänge, die zur Weiterführung, zur Vollendung mahnen, antreiben, zwingen! Die zu Arbeiten reizen und begeistern, ohne die nicht nur die Nation, sondern die Menschheit ihren Zweck verfehlen würde. An den Untergang dieser Nation glauben, heißt an den Untergang der Menschheit glauben! An den

Untergang der Menschheit glauben, heißt aber an die Zwecklosigkeit ihres Daseins glauben, — heißt die Vernunft, den Geist — Gott leugnen! —

„Böses ist geschehen in der Welt und Böses wird geschehen: der Faden des Lebens selber, das Böses, aber auch Gutes thut, wird darum nicht abreißen vor der Zeit; die lebende, strebende Menschheit wird nicht vergehen, bevor sie die Stadien ihrer Entwickelung sämmtlich durchlaufen hat! —

„Ich, mein Freund, sehe das Gute, ohne das Böse zu leugnen, und darum glaub' ich. Du siehst das Böse, ohne das Gute Wort haben zu wollen, und darum zweifelst du. Denn ich glaube nicht, daß du verzweifelst und daß es deine Absicht ist, mich und andere verzweifeln zu machen!

„Und nun protestir' ich zuvor gegen die Beschuldigung, daß ich einen Wechsel auf die Zukunft ausgestellt habe, der protestirt werden müßte! Ich habe nachgewiesen und bewiesen! Ich habe gezeigt, was ist und was aus dem thatsächlich Vorhandenen unvermeidlich folgen muß: — ich habe mit klingender Münze bezahlt. Denn was aus allen Gründen folgen muß, ist so gut, als ob es schon wäre! Wenn der Frühling naht, dann werden die Blumen blühen und die Vögel singen! Wer es verkündet, der verkündet Wahrheit — wie ich sie verkündet habe von unserm Volk und seiner Zukunft." —

Victor hatte während dieses Ausgangs meiner Rede mit ernster Miene dagesessen, und nur bei den letzten Sätzen war ein gewisses Lächeln über seine Züge gegangen. Jetzt, ohne aufzustehen, erhob er den Kopf und sagte: "Du hast gesprochen?"

"Ich bin fertig!" erwiderte ich.

Er schwieg und senkte das Haupt. Ich sah ihn an. "Nun?" fragte ich.

Er wendete sich zu mir. "Du scheinst von mir", erwiderte er nach kurzem Besinnen, "eine Anerkennung hören zu wollen!"

"Eine Meinungsäußerung!" entgegnete ich.

"Bevor ich mich in dieser Beziehung erkläre", versetzte er, "will ich meine Anerkennung haben. — Wie!" rief er mit der Miene eines Vorwurfs, aus dem überlegener Humor leuchtend heraussah, "du liest mir ein förmliches Collegium, ein philosophisches noch dazu — und du staunst nicht selber über die unglaubliche Geduld und die fabelhafte Langmuth, die ich bewiesen habe, indem ich dich bis zu Ende hörte? Allerdings ist das, was du vorgetragen hast, gedacht — nichts weniger als hohl und darum für den Denker auch nichts weniger als langweilig! Aber ebendeswegen hätt' ich nach dem Brauch des heutigen Publikums das Recht gehabt, dabei zu gähnen und bei fortgesetzter Demonstration entweder aufzustehen und entrüstet abzugehen — oder einzuschlafen! Ich habe weder das eine noch das andere gethan! Ich bin dir gefolgt, und sogar mit Interesse! Und du bist vor Verwunderung, daß es in Deutschland noch so einen Menschen gibt, nicht außer dir? Du gehst nicht auf mich los, fällst mir nicht um den Hals und vergießest an meiner Brust Thränen der Rührung? Weißt du, mein Bester, daß dein Vortrag, wenn du ihn den heutigen Deutschen gedruckt anbötest, dir Blicke des Erbarmens zuzöge? «Wie!» riefe man dir entgegen, «solches Zeug sollen wir lesen? Dafür sollen wir uns interessiren? Dafür, glaubt der Autor, hätten wir heutzutage noch Zeit?» Das würdest du hören! Und von wem? Etwa blos von den Eseln, Ochsen und Gänsen deutscher Nation? Nein, von den Lichtern der Zeit! Von Doctoren und Professoren! Von den Lehrern der Hochschulen, den Säulen der Wissenschaft, die der Staat besoldet, damit sie, in ihre Specialität verliebt und verloren und sie vergötternd, das Denken lästern und das Forschen nach den Ursachen der Verachtung preisgeben! «Abstract!» würde der eine rufen und damit ein tödliches Wort gesprochen zu haben glauben. «Phantastisch, nutzlos, zwecklos!» würde es mit vornehmem Accent von der andern Seite her ertönen. Und keiner wird das Begonnene zu Ende lesen, am allerwenigsten zugeben, daß irgend Wahrheit darin sein könne! — Was sag' ich aber? Gedruckt könntest du so etwas der Welt nur bieten, wenn du vorher die Börse gezogen hättest! Der gewitzigte Redacteur — der gewitzigte Verleger zumal würde sich vor einem derartigen Manuscript bekreuzigen und dir erklären, daß eine Veröffentlichung solcher Sachen in heutiger Zeit ganz und gar unmöglich sei! Also wenn du nicht bezahltest, würdest du nicht einmal in den Fall kommen, über deine «Speculation» schimpfen zu hören! — Daß du nun der gloriosen Ausnahme, die ich mache, nicht deine Bewunderung zollst, daß du sie nicht mit Bezeigungen der Liebe vergiltst und mich auch jetzt noch ansiehst, als ob ich nur scherzte, das sollte mich wirklich in der Seele verdrießen!"

Mit Heiterkeit versetzte ich: „Du scheinst diesmal auf meiner Seite zu sein?"

„Weil ich darauf hingewiesen habe, daß die deutsche Nation gegen dich — das Gegentheil von dem ist, was du von ihr sagst und hoffst?"

„Weil du sie dafür züchtigst!"

„Ist damit etwas für deine Sätze bewiesen?"

„Alles, was ich wünsche. Wäre das, was ich gesagt habe, nicht wahr, so würdest du den heutigen Deutschen nicht zürnen, daß sie nicht begierig sind, es zu hören!"

„Aber weil sie nicht begierig sind, es zu hören, und ich ihnen zürnen muß, darum ist es nicht wahr!"

„Geduld, Geduld! — Ich hab' Jahrhunderte überblickt — eine Spanne Zeit und ihre Launen können nichts gegen mich entscheiden! — Zunächst halt' ich mich an das Eine Resultat: deine Behauptung! — Du willst also, daß die Nation so sei, wie ich sie charakterisirt habe? Du gibst mir recht, wenn ich ihr den fraglichen Beruf zutheile, die fraglichen Aufgaben stelle?"

Er wendete und drehte sich ergetzlich. „Gewissermaßen", entgegnete er. „Nun ja! — Meinetwegen! — Ins Teufels — in Gottes Namen! — — Ich habe auch meine schwachen Momente, und in einem solchen lass' ich mich nicht nur zu der Meinung verleiten, daß das Rechte geschehen sollte, sondern glaube sogar, daß es einigermaßen dazu kommen könnte!"

„Bravo!" rief ich. „Ueber alles Erwarten! Mehr als ich dir zugetraut hätte!"

Er sah mich mit einer Miene des Vorwurfs an. „Weißt du, mein Guter", versetzte er, „wie du eigentlich bist? Wie die Guten zu sein pflegen: ungerecht! — Ich sehe nur das Böse und will das Gute nicht gelten lassen? Das ist einfach eine Verleumdung! — Ich sehe das Gute so gut wie das Böse; aber ich sehe leider, daß sich das Gute viel weniger sehen läßt, und bin wüthend darüber, daß sich das Böse mir immer wieder mit unglaublicher Dreistigkeit vor die Augen drängt. — Es ist ein eigen Ding mit dem Guten — mit dem Adel, der Tugend, der Herrlichkeit eines Volks! Wenn man diese schönen Sachen sehen will, muß man — die Augen zumachen und die Nation im Geiste vor sich erstehen lassen! Dann, ich geb' es zu, sieht man dieses alles und noch mehr. Sobald man aber die Augen wieder aufmacht, sieht man von allem das Gegentheil. Wohin man sehen mag, das Mangelhafte, Schiefe, Verkehrte, Böse ist wirklich, und das Gute —"

„Wahr!" fiel ich ein. „Das ist das Wort des Räthsels! Das Gute ist auch da; aber mehr im Innern als im Aeußern, mehr im Ganzen als im Einzelnen! Und wenn man's sehen will, muß man's —"

„Denken!" vollendete er mit Lachen. „Ganz recht! Aber ich möcht' es denn doch auch sehen! Mit offenen Augen wirklich sehen! In Worten und Werken erwiesen sehen! Das ist offenbar kein unbilliges Verlangen! — — Ich möchte nur so viel sehen, daß ich zu deinen Verkündigungen einiges Vertrauen fassen könnte! — Aber die gegenwärtig allenthalben verbreitete, tiefe Antipathie gegen das Denken wahrzunehmen und den Abscheu vor den Werken der Denker; — die Erziehung zu sehen, welche die Jugend methodisch und mit noch viel größerer Sorge vom Denken abhält als vom Laster, und doch an eine Zeit des Geistes par excellence zu glauben, das ist für unsereinen eine schwere Zumuthung! — Die deutsche Uneinigkeit zu sehen, die niemals größer war als gegenwärtig, und die täglich größer wird, und an eine Zeit zu glauben, in welcher die Glieder frei zum vollkommensten Ganzen sich verbinden werden, das überschreitet die Kräfte meines Geistes, auch wenn ich sie aufs höchste zum Glauben anspanne! — — Ja, ja, ja", fuhr er nach einer Pause fort. „Als ich dich hörte, hab' ich dir beinah' recht gegeben. Jetzt, wo deine Worte verhallt sind, fängt der Zweifel wieder an zu klingen, und er meint viel weiser zu sein und besonders viel mehr Welt- und Menschenkenntniß zu haben, als der Glaube. Der Glaube dünkt ihn kindlich, naiv, höchst naiv; der kritische Geselle fühlt sich gereizt, über ihn zu lächeln und das, was der gute Freund so schön sich vorgemalt hat, für ein bloßes wesenloses Traumbild zu halten!"

„Das wäre selbst ein Traum", entgegnete ich. „Aber kein schöner: der Traum des Zweifels!"

Der Skeptiker versank in Nachdenken. Dann blickte er auf und sagte: „Weißt du was? Wir unterscheiden uns eigentlich dadurch, daß du Hoffnungen hegst und Aussichten eröffnest, ich dagegen Forderungen stelle. Wenn es aber mit den Aussichten, die du gibst, seine Richtigkeit hat, dann werden die Forderungen, die ich stelle, erfüllt werden. Hast du recht, dann hab' ich recht; und du kannst nun zu deiner Rechnung die Probe machen, wenn du zeigst, daß wir nichts mit größerer Sicherheit erwarten können, als die stricte, ganze Erfüllung dessen, was ich verlange!"

„Willst du", fragte er, indem ein Schein von tückischem Behagen in seinem Gesicht aufging, „meine Forderungen hören? Nach meiner Ansicht kann dir kaum etwas interessanter sein, als die Stärke deiner Ideen, nachdem du sie theoretisch so gut entwickelt hast, auch durch eine siegreiche That, nämlich eben durch jene dich bestätigende, mich und jeden Zweifler ein für allemal schlagende Probe der ganzen Welt zu beweisen!"

Ich betrachtete ihn. Er rüstet sich zum letzten Kampf, dachte ich, und scheint des Triumphs gewiß zu sein! — — „Heraus mit deinen Forderungen!" rief ich.

Er erhob sich und begann:

„A Jove principium! — Wenn wir auch im Reiche des Geistes für die obersten Persönlichkeiten die Philosophen erklären müssen, so haben wir doch noch so viel loyales Blut in den Adern, daß wir für die wichtigsten Menschen in der Sphäre des wirklichen Lebens unsere Fürsten halten. Soll ich nun an eine Zukunft des deutschen Volks glauben, wie du sie gemalt hast, so verlang' ich vor allem, daß die deutschen Fürsten die Einheit, Macht und Größe des Gesammtvaterlandes über alles wollen und mit allen Kräften erstreben und erst in zweiter Linie an ihr persönliches und Sonderinteresse denken. Ich verlange, daß sie Patrioten und Philosophen der Gesinnung nach — daß die Ideale der Philosophie die ihrigen seien. Ich verlange, daß sie mit diesen Idealen im Herzen ihren Umgang wählen, daß sie Männer von Charater, Geist und wahrem Wissen in ihre Nähe ziehen, um von ihnen Wahrheit, die ganze Wahrheit zu hören; daß sie dagegen vor allen servilen Menschen und selbstlosen Figuren als ebenso langweiligen wie gefährlichen Burschen einen tiefen Ekel empfinden und sie aus ihrer Gesellschaft verbannen. Ich verlange von den Fürsten zu diesem Ende den Scharfblick, der sie zwischen dem ehrlichen Mann und dem Heuchler mit Sicherheit unterscheiden läßt, wenn sich der Heuchler auch die Maske des ehrlichen Mannes mit noch so großer Geschicklichkeit vorhält. Damit verlang' ich keineswegs zu viel; denn es gibt ein untrügliches Zeichen, woran der wirklich ehrliche Mann von dem scheinbaren zu unterscheiden ist. Der wirkliche imponirt und macht auf den Fürsten damit zunächst einen beschwerlichen Eindruck; der scheinbare flattirt, auch wo er den starren, ja rauhen Gesellen spielt, und ist daher ohne weiteres angenehm. Der Fürst hat also nur zu dem, welcher den beschwerlichen Eindruck auf ihn hervorbringt, zu sagen: «Du bist der Rechte», und ihn zu seinem Freunde zu machen; — so wird er sich nach und nach eine Umgebung schaffen von lauter intelligenten und ehrlichen Leuten. Mit diesen widme er sich dann dem Gedeihen und der Ehre seines Landes, dem stolzern Gedeihen und der größern Ehre Deutschlands! — Das ist meine Forderung!"

Nach dieser ersten Probe sah er mich an, mit Genugthuung, und fügte hinzu: „Wenn ich diese Forderung erfüllt sehe, dann wird der Glaube, daß unsere

Nation den Aufschwung und den Gang nehmen werde, den du in seinen Grundlinien gezeichnet hast, einen großen Vorschub erhalten!"

"Dazu hättest du auch alle Ursache!" — versetzte ich. Er lächelte. Dann fuhr er fort: „Derselbe Geist der Uneigennützigkeit, der Gerechtigkeit und Wahrheitsliebe, wie er die Fürsten beseelt, muß auch die verschiedenen Stämme des Vaterlandes und die verschiedenen Staaten durchdringen und jeden einzelnen bewegen, daß er die andern liebt wie sich selbst und Deutschland über alles!

„Ich verlange besonders von unserm Norden, daß er unsern Süden mit brüderlichem Wohlwollen betrachte, und umgekehrt; daß jeder die Tugenden des andern erkenne und hervorhebe mit mehr Satisfaction als die eigenen. Ich fordere, daß der Norddeutsche nicht die Nase hochtrage und die Meinung in sich ausbilde, der Süddeutsche wäre von der Natur dazu bestimmt, sich von ihm gängeln zu lassen; daß er sich nicht mit dem Gedanken kitzle, südlich des Main gehe der deutschen Gattung der Verstand aus oder vermindere sich wenigstens plötzlich bis auf die Hälfte dessen, den man nördlich zu haben pflegt. Dagegen verlang' ich von dem Süddeutschen, daß er nicht glaube, Natur und Gemüth allein zum Wiegengeschenk erhalten zu haben; daß er sich nicht schon darum für besser halte, weil er lustiger ist, und für genialer, weil er weniger gelernt hat. Auch glaube ich, weil ich doch selbst einer bin, von dem Süddeutschen fordern zu dürfen, daß ihn nicht gerade jede Aeußerung von Selbstgefühl, die er an einem Norddeutschen wahrnimmt, in Raserei versetze und ihn mit den Qualen brennender Eifersucht martere!

„Ich verlange auf beiden Seiten die Einsicht, daß Hoffart eine Albernheit, Prahlerei das Zeichen der Beschränktheit ist, und daß die Herrschsucht und die Prätension der Bevormundung nicht den Frieden und die Macht des Ganzen herbeiführen können, sondern nur den gerechten Zorn, den Kampf, die Schwächung des Ganzen — den Untergang!

„Ich verlange, daß man einsehe, für die deutsche Nation den materiellen Einheitsstaat herbeiführen zu wollen, sei eine Tollheit; — ein Gedanke, der nur von despotischen, ebenso antihistorischen wie antiphilosophischen Köpfen ausgeheckt, und von servilen, dienstsüchtigen Tröpfen angenommen werden konnte. Die deutsche Nation, die sich einen Herrn setzte und für die vermeintliche politische Stärke die Freiheit, den Reichthum der Lebensgestaltungen und die Möglichkeit freier Einheit hingäbe, würde ihren bisherigen dummen Streichen durch den dümmsten die Krone aufsetzen. Aber daß diese Dummheit nicht geschieht, dafür sorgt allerdings nicht nur der deutsche Verstand, sondern auch die deutsche Bockbeinigkeit; nicht nur der Adel der Gesinnung und das Rechtsgefühl, sondern auch der Neid, die Misgunst und die Selbstsucht; — und ich glaube, wir können uns hierüber beruhigen.

„Ich fordere nun aber, daß man nicht blos aus Selbstsucht das uniformirte Deutschland hindere, sondern daß man die gesetzlich geregelte innige Verbindung selbstständiger Glieder herbeiführe und gründe, und daß die Glieder ohne Ausnahme die Tugenden der Gerechtigkeit und Billigkeit, des gegenseitigen Wohlwollens, der Uneigennützigkeit, der Verträglichkeit und der alles überwindenden Liebe zum Ganzen in sich ausbilden, welche jene Verbindung allein gewaltig zu schaffen und zu erhalten vermögen.

„Ich verlange, daß man den abscheulichen Irrthum aufgebe, als ob der Ungerechte und Unverschämte der beste Politiker wäre; daß man in dem egoistischen Zugreifer nicht den wahren Staatsmann, sondern einen Feind des Vaterlandes erblicke, der mit vereinten Kräften unschädlich gemacht werden muß.

„Ich fordere, daß die Deutschen von dem, was sie sich in Kammervorträgen und Zeitungsartikeln, in Volksreden, Toasten und Festgesängen enthusiastisch versprechen, nur ein Zehntel praktisch halten, — und ich garantire ihnen dann die Erfüllung aller ihrer auf Größe, Wohlsein und Weltansehen des Vaterlandes gerichteten Wünsche.

„Ich verlange, daß die politischen Parteien, welche das Heil des Ganzen zu wollen vorgeben, von dem sie einen Theil bilden, und die es im allgemeinen auch

sicher wollen, nicht mit ausschließlichem Eifer sich ab=
mühen, es zu untergraben. Diejenigen, die sich Demo=
kraten nennen, dürfen nicht darauf losarbeiten, an der
Spitze fanatisirter Massen die schlimmsten aller Despoten
zu werden — ja, sich nicht einmal in den Kopf setzen,
daß im jetzigen Staat alles sogleich und allein nach
ihrem Kopf gehen müsse! Sondern sie müssen begreifen,
daß es dem Volke nicht um ihre Herrschaft, sondern um
gesetzliche Freiheit, reale Wohlfahrt und reale Bildung
zu thun ist, über die sie sich mit den andern Parteien
zu verständigen haben. Sie dürfen auch in Momenten,
wo sie durch physische Gewalt zu siegen vermöchten, den
eigenen Machtzuwachs nur von ihren bessern Gründen
und zeitgemäßern Vorschlägen erwarten. Misbrauchen
sie die zufällig ihnen gewordene Macht, so wünsch' ich
ihnen die Ruthe des Thrannen — die auch nicht aus=
bleiben würde!

„Dagegen verlang' ich von der Adelspartei, wo es
noch eine gibt, daß sie den Traum aufgebe, als ob ihr
die Herrschaft angeboren sei; daß sie sich mit Würde in
das Unvermeidliche füge und anstatt auf eine specifische
Bildung, die nicht mehr in der Wirklichkeit, sondern nur
noch in ihrer Einbildung existirt, übertriebene Ansprüche
zu gründen, vielmehr ihr ganzes Bestreben darauf richte,
mit der Cultur des gebildeten Mittelstandes Schritt zu
halten und die begründeten Ansprüche desselben zu er=
füllen. Unter allen Herrschaften ist am öftersten fatal

und gemeinschädlich die Junkerherrschaft gewesen, und gegenwärtig kann niemand einen schönern Gewinn machen, wenn er odiöse Prätensionen aufgibt, als eben der Adel. Ich statuire keine andern Ritter mehr als die, welche den glücklich erfundenen Titel eines deutschen Romans bilden. Aus Rittern des Fleisches Ritter des Geistes zu werden, das ist für den heutigen Adel das Ideal, der einzig rettende Fortschritt.

„Ich fordere, daß die Deutschen von Adel die Tugenden, die sie in besonderer Stärke zu haben behaupten, und die Fähigkeiten, die sie wirklich besitzen, zur Ehre deutscher Nation in Gedanken, Werken — Thaten erweisen. Daß sie vornehmes Gebaren bei geistiger Werthlosigkeit für eine Schande halten und edle, gemeinnützige Thätigkeit allein für Ehre. Daß sie nicht mehr einen Stand bilden und stehen wollen, sondern sich in Bewegung setzen und gehen! Ich verlange, daß die Fähigen ihren weniger begünstigten Mitbürgern vorangehen und Musterökonomen, Musterpolitiker — Mustermenschen werden. Hauptsächlich verlang' ich, daß sie etwas Gründliches lernen und nebenbei, daß es unter den Begüterten für eine Schmach angesehen werde, keine reiche, gute, in steter Mehrung begriffene Bibliothek zu haben! —

„Die Religionsparteien und Confessionen haben zu begreifen, daß jede einzelne, als Ausdruck einer bestimmten Entwickelungsstufe der Menschheit, nur einen Theil der Wahrheit erlangen konnte und innehat; daß die Behauptung, in ihren Schriften alle Wahrheit ausgesprochen zu besitzen, im Munde einer jeden unwahr und verderblich ist; daß die ganze Wahrheit nicht einem Theil der Menschheit, sondern nur der Menschheit selber eignet und daher erst zu suchen ist — in und mit gerechter Würdigung aller bisherigen Funde. Ich verlange, daß jede Confession, wenn ihre Satzungen in Conflict treten mit erwiesener Wahrheit, sich auf die Seite der Wahrheit schlage und jene Satzungen fallen lasse; daß keine den gotteslästerlichen Gedanken hege: «Dieses ist als wahr erwiesen und ich kann's nicht widerlegen; aber meine Kirche lehrt mich das Gegentheil und ich muß der Kirche mehr gehorchen als der Wahrheit!» Jede Confession muß einsehen: unhaltbar gewordene Lehren aufrecht erhalten wollen, heiße die Wissenschaft, die sie widerlegt hat, negiren, heiße nicht Gott dienen, der nur die Wahrheit wollen kann, sondern heiße der erwiesenen Unwahrheit, der Lüge, dem Vater der Lüge dienen und Den, der die Wahrheit ist, verletzen!

„Ich verlange, daß die Confessionen, die Religionen, den Tiefsinn in dem Epigramm begreifen lernen, worin der Dichter erklärt, keine der ihm genannten Religionen bekennen zu wollen — aus Religion! — Der Dichter (das ist der Sinn!) will keinen Theil der Religion, keine Einzelstufe der religiösen Entwickelung für das Ganze nehmen — aus Liebe zum Ganzen, das nur in freier

Erkenntniß und gerechter Schätzung aller Theile besteht; er will zum religiös Guten in stetem Fortschreiten das religiös Bessere und Beste fügen!

„Der wahrhaft Religiöse strebt Gott ähnlich zu werden! Aehnlich nicht nur in Reinheit, sondern in Hoheit, Stärke und Größe — in Heldenmuth, in uneingeschränkter Liebe zur Freiheit. Für den wahrhaft Religiösen gibt es keine Schranken als wie es Schranken gibt für Gott: nämlich diejenigen, die Er sich aus den tiefsten Gründen und höchsten Zwecken selber setzt! Wie dürfte sich nun jener für wahrhaft religiös halten, der nicht einmal den Muth hat, um der Wahrheit willen die widerlegten Satzungen seiner Confession aufzugeben; — der so bornirt ist, zu glauben, daß er durch Verlassen des Unwahren Gott beleidigen könne! Vielmehr durch das Aufrechterhalten des Unwahren beleidigt er Gott! Er hat nicht die Religion der Kinder des Hauses, am allerwenigsten die der mündigen, sondern bestenfalls die Religion des Knechtes, und auch wo er im guten Glauben handelt, kann er doch nur das Los des Knechtes erhalten!

„Ich verlange, daß man diese grobe Verkehrtheit endlich als solche auffasse und von ihr sich abwende!

„Diejenigen, die wahrhaft religiös und gotterfüllt sein wollen, haben zu begreifen, daß sie in der Gotterkennung, in dem Forschen nach dem, der Einer und Alles ist, immer weiter gehen müssen. Ich verlange darum, daß die heutigen Gläubigen — die Theologen

aller Confessionen und Religionen — in die Schule
gehen bei den Philosophen und bei den Männern der
empirischen Wissenschaft, die mit den Philosophen die
Erkenntniß des göttlichen Ganzen darzulegen berufen sind.
Ich verlange, daß die Theologen, die in Deutschland
etwas bedeuten wollen, diesen Schritt bald, vollständig
und mit Freude thun.

„Die Philosophen, die ihrem Namen Ehre machen
wollen, müssen im geistigen Mittelpunkt aller Dinge, bei
Gott selbst, zu Hause sein und immer einheimischer wer=
den. Je weiter sie hier vorbringen, desto mehr sind sie
Philosophen. Ich verlange von demjenigen, dessen Geist
nur in eine gewisse Höhe sich erheben kann, daß er einen
andern, den seine Schwingen höher emportragen, nicht
schon deswegen mit giftiger Feindschaft verfolge und ihn
als einen Faselhans verleumde, sondern vielmehr der=
artiges Benehmen selber für infam erkläre und sich von
dem Flügelkräftigern mit Freuden in die Höhe emportragen
lasse. Ich fordere von denen, die Gott lehren, daß sie
ihn auch in ihrem Handeln vor Augen haben und nicht
auf der einen Seite als Theisten theoretisiren, um
sich auf der andern als kleinliche Philister oder gar
als Halunken zu benehmen, die mit unbegreiflichem
Stumpfsinn eben das thun, was ihren Gott verdrießen
und ihnen seine Verachtung zuziehen muß. Von den
Moralisten verlange ich, daß sie sich nicht der Meinung
hingeben, als gehöre die Ethik blos in den Professoren=

mund und ins Buch und könnten sie, wenn das Collegium gelesen und das Buch herausgegeben ist, in aller Gemüthsruhe wieder absprecherisch, anmaßend, eitel, neidisch und hämisch werden.

„Ich verlange von den Philosophen die Einsicht in die Cardinalwahrheit: daß das Erkennen abhängig ist vom Sein! Daß wir nur so viel von Gott wirklich erfassen können, als wir in unserm Innersten selber gottähnlich sind und göttlich denken! Daß die wahre Erkenntniß der Tugend und Heiligkeit die Tugend und die Heiligkeit im tiefsten Wesen des Denkers voraussetzt! Daß keiner die edelsten Geister und nun gar den Einen Herrn aller Geister selber begreifen und zu gleicher Zeit ein gemeiner und selbstsüchtiger Bursche sein kann! Daß der, welcher dies ist, nicht nur ein schlechter Mensch ist, sondern auch ein schlechter Philosoph — und zwar von Rechts wegen!

„Wo einem die Kraft ausgeht als Menschen, da geht sie ihm auch aus als Philosophen. Darum, wer als Mensch nichts taugt, der kann in der Philosophie zwar noch Dienste des Handlangers thun, nimmermehr aber Dienste des Baumeisters.

„Je reiner der Mensch, je höher und edler der Charakter, desto größer der Philosoph, desto weitreichender sein Wirken! Das sagt uns die Natur der Dinge, das sagen die Gesetze des Denkens, wie die Geschichte der Philosophie; — und ich verlange, daß die heutigen Philosophen sich das gesagt sein lassen!

„Zur Selbsterkenntniß, zur klaren Einsicht in den moralischen Werth seines Denkens und Handelns soll jeder Mensch gelangen: — für jeden ist der Mangel dieser Einsicht ein Schaden und eine Schande. Aber nun gar ein Philosoph ohne Selbsterkenntniß, — ein Philosoph, der aus Eitelkeit seine handgreiflichen sittlichen Gebrechen für Tugenden und Vorzüge hält und ganz arglos weitercultivirt, das ist von den Widersprüchen, die uns in dieser Welt Ekel einflößen, der allerabgeschmackteste. — Ich verlange von den heutigen Philosophen, daß sie nach nichts eifriger trachten, als sich selber zu durchschauen, sich selber zu richten mit vollkommener Gerechtigkeit, um ebenso durch sittliche Reinheit wie durch Intelligenz den Praktikern und Empirikern als Muster voranzuleuchten!

„Die Empiriker, die Natur- und Geschichtsforscher, die Schoßkinder der Epoche, haben ebendeswegen um so mehr zu begreifen, daß die Kenntniß eines Theils, den man studirt hat, noch keineswegs berechtigt, über das Ganze und über die andern Theile zu urtheilen, die man nicht studirt hat; — daß vielmehr jeder Specialist in Bezug auf jene andern Theile bei den betreffenden Specialisten in die Schule gehen muß und in Bezug auf das Ganze bei dem Philosophen, der den allgemeinen Organismus mehr und mehr darzustellen den Specialberuf hat. Wenn der Specialist bei dem Philosophen nicht alles lernen kann (was nur bei dem Allwissenden möglich wäre!) — so wird er doch sehr vieles lernen können, was er noch nicht weiß; namentlich aber das Eine: daß alles gelernt werden muß, auch die richtige Logik und das rechte Urtheilen über den Geist und seine Functionen, welches heutzutage gewisse Forscher bei ihren Untersuchungen über den Leib und seine Functionen mit in den Kauf zu bekommen meinen; — worin sie sich aber gewaltig täuschen!

„Ich verlange von den Historikern und namentlich von den Naturforschern, welche darin jetzt am weitesten gehen, daß sie das Prahlen und Dickethun mit ihrem Metier abstellen und sich in der Hierarchie der Wissenschaften die Stellung geben lernen, die ihnen zukommt. Die Materie ist Fundament, conditio sine qua non, aber nicht die Hauptsache. Die Hauptsache, das von innen nach außen, von oben nach unten herrschende Princip, ist der Geist. Die Wissenschaft des Geistes ist darum die oberste; und wer die Wissenschaft der Materie für die oberste erklärt, ist ein Narr!

„Von den Naturforschern, die ohne alles Talent und ohne alle Vorbildung zu philosophiren begonnen und den sogenannten Materialismus ausgebrütet haben, verlang' ich, daß sie endlich aufhören, gegen Wahrheiten zu sündigen, die sich für jedermann, auch für sie, von selber verstehen. Ich fordere, daß sie nicht länger sich und andere belügen, indem sie lehren, daß aus Nichts Etwas, aus Nichtgeist Geist hervorgehen — aus geist- und selbstlosen Atomen alles — die Natur, die Menschen, die genialen Menschen — die Heroen des Geistes und der Sittlichkeit gebildet werden konnten, welche die Zierden der Menschheit sind! Derartige ungeheure Dummheiten vorzutragen, ist nachgerade nicht mehr erlaubt. Wenn gewisse Naturforscher einen Kitzel empfinden zu philosophiren, so mögen sie aus der Geschichte der Philosophie erst lernen, was Philosophie ist, und nun gelegentlich auch die Ueberzeugung erlangen, daß man nicht von einer Sparte der Naturforschung aus die Ursachen aller Dinge erschließen kann, — daß man dazu die Gesammtheit der Dinge in Natur und Geschichte überblicken, außerdem aber speciell zum Denken der obersten Ursachen begabt sein muß!

„Schon das Wort «Materialismus» ist verwerflich. Der Geist ist vorhanden und thatsächlich erwiesen. Eine Anschauung des Ganzen muß auch ihm sein Recht widerfahren lassen. Wie dürfte man aber eine solche Anschauung blos nach der Materie benennen? Der Materialist widerlegt sich in der That schon durch den Namen, den er sich gibt. Den Geist zu leugnen, der sich in Staat und Kirche, in Kunst und Wissenschaft durch die wunderbarsten Schöpfungen dargethan hat, und diese thatsächlichen Erweisungen doch nicht anderweitig zu erklären, das ist ein Verfahren, welches wissenschaftlich nicht mehr zu dulden ist. Der bisherige Materialist beschränke sich auf die rechte Vertheidigung der Materie und ihres Eigenlebens! Dann wird er nicht nur der Materie, sondern auch dem Geiste dienen und dem freien philosophischen Forscher ein Bundesgenosse gegen fort= schrittsfeindliche, geistliche und weltliche Despotie sein, gegen welche alle strebenden Kräfte zusammenstehen müssen.

„Die Wissenschaft soll der Gegenwart und Zukunft den Glauben ersetzen, der die bisherigen Geschlechter herrschend geleitet hat; sie muß eine Gott erkennende, göttliche, religiöse und Religion erzeugende werden. Sie hat nicht nur dem Volke mit der Aufklärung des Geistes die edelste sittliche Kräftigung zu bieten, sondern auch den Künsten den neuen großartigen Gehalt zu vermitteln, wie sie ihn früher aus dem Glauben gewonnen haben. Sie hat dem Leben und der Kunst neue, höhere Ideale zu erschließen — aus allen Gründen ist also jetzt ihre höchste Vergeistigung, ihre Vergöttlichung geboten!

„Von den Künstlern verlang' ich, daß sie sich den neuen Gehalt, wie ihn die Wissenschaft zu Tage fördert, aneignen und demgemäß neue, frische, lebendige Formen schaffen. Ich verbitte mir bei ihnen die Meinung, als ob sie blos noch das Natürliche und Menschliche darzu= stellen hätten, und fordere, daß sie das Göttliche in neuer Auffassung dazufügen lernen. Die Poeten mach' ich darauf aufmerksam, daß die äußere Form und die appetitlichste, blendendste Aufputzung derselben nicht das Ziel ihrer Kunst sein kann, daß sie vielmehr das edelste und mächtigste Seelen- und Gemüthsleben in sich zu erwecken und dieses auch in den lebendigsten Formen auszuprägen lernen müssen. Ich verlange von ihnen, daß sie die Sprache der Götter nicht dazu mißbrauchen, um ihre persönlichen unbedeutenden Erlebnisse und kindischen Gefühle an den Mann zu bringen, sondern daß sie diese Sprache ehren, indem sie dem Würdigen, Großen, Erhabenen — dem Ewigen ihren Zauber leihen und dem Ideal des Lebens die Seelen gewinnen.

„Den Dichtern muth' ich noch insbesondere zu, daß sie begreifen, warum Dichten und Denken zusammen genannt wird, und daß sie sich an Hoheit und Cultur des Geistes den Denkern zur Seite stellen. Praktiker und Empiriker möchten heute gar zu gern allein Männer sein und sich der Poeten nur zur Unterhaltung bedienen! Ich verlange, daß die Poeten dies nicht dulden und der Welt beweisen, daß sie nicht blos zum Vergnügen der Menschen, sondern zu ihrer edelsten Erziehung in der Welt sind.

„Höchst ernsthafte Forderungen hab' ich zu stellen an die Tagespresse, an die periodische Presse. Ich verlange von jedem, der für sie schreibt, daß ihm die Wahrheit über alles gehe; daß er mit allen Kräften danach trachte, Wahrheit zu verbreiten in Nachrichten und in Urtheilen. Der schreibende Politiker und der Kritiker darf niemand die Ehre lassen, daß er von persönlichen Rücksichten freier sei als er. Der Kritiker fälle sein Urtheil, wie es die Sache will; und wenn ihm ein Freund ein schlechtes Buch vorlegt, so verdamme er es, und wenn ein persönlicher Gegner ein gutes verfaßt hat, das er zu recensiren berufen ist, so zeichne er es mit dem wärmsten Lob aus. Der Feuilletonist hasse die schlechten Mittel, das Publikum zu amüsiren in Bedienung seiner Schwächen, und widme seine Kunst, die Sachen reizend und ergötzlich vorzutragen, ausschließlich dem geistig Aufklärenden und sittlich Bildenden. Er sei ein Priester des Guten und Schönen; ein Prediger des Wortes, das die Wissenschaft ihn lehrt, um es in die weitesten Kreise zu tragen — ein Missionär, der das Reich des Lichtes auszubreiten jeder Anstrengung, jeder Gefahr, jeder Beschwerde Trotz bietet.

„Da Journalisten und Feuilletonisten bei feierlichen Gelegenheiten sich diese Mission in allem Ernste zutheilen, so verlang' ich in allem Ernste die Erfüllung und für die Zuwiderhandelnden die Bestrafung. Die Glieder der Gilde, die mit ihrer Feder der Lüge dienen und falsch Zeugniß geben, müssen ausgestoßen werden und kein Journal darf ihnen seine Spalten öffnen.

„Du hast die Tagespresse als das Bollwerk der Freiheit, als die Schutzmauer gegen die Despotie gepriesen. Ich leugne nicht, daß sie das sein kann und ist. Wenn man aber meinen Forderungen nicht nachkommt, dann wird uns die Presse nur eine Burg sein gegen die Despoten, um für sich selber zum Narrenhaus zu werden und uns der ebenso schlimmen Thrannei toller Begriffsverwirrung zu überantworten. Die Zeitschriften dienen der Zeit, ihre Wirkung ist die Abziehung vom Ewigen, die Verweltlichung der Geister. Diese haben nur den Wirrwarr des äußerlichen Lebens vor Augen und verlieren sich ins bloße Diesseits. Darin liegt die größte Gefahr. Um sie abzuwenden, dürfen wir allerdings nicht an den Zwang appelliren, das versteht sich von selbst; aber um so unerläßlicher ist es, daß für den Zwang die Tugend eintrete und die Journale durch Journalisten, wie ich sie fordere, der Erleuchtung, der Vereinigung der Geister, der Verbrüderung der Menschheit dienen.

„Ganz besondere Ansprüche mach' ich an unsere Jugend. Ich verlange, daß sie bescheiden sei, freisinnig und hochstrebend; — daß sie nicht über die Leistungen gereifter Männer anmaßend aburtheile, um nichts lernen zu müssen, sondern daß sie etwas lerne, um urtheilen zu können. Die Jugend muß in ihrem Gemüth wieder die schöne Tugend der Pietät erwecken. Die Schüler müssen Achtung vor dem Lehrer, die Lehrlinge Achtung vor dem Meister fühlen und pflegen. Die Buben dürfen dem Mann nicht sagen wollen, was er zu thun habe, sondern sie müssen ehrerbietig seinen Worten lauschen, um sie in sich zu bewahren und zu befolgen.

Von den Jünglingen auf unsern Gymnasien und Universitäten verlang' ich speciell, daß ihnen die Wißbegierde das Schwierige, dessen Betreibung allein Geist und Charakter stählen kann, lieb mache, damit sie nicht, durch Näschereien sich entnervend, Dummköpfe bleiben und Bedienten werden müssen oder noch was Schlimmeres. In richtiger Selbstschätzung Kenntnisse gewinnen und durch Kenntnisse frei und geachtet werden, das ist das eine Ziel. In dummer Einbildung ein Ignorant bleiben und als solcher entweder dem Elend oder der Schlechtigkeit und endlich der Schmach verfallen, das ist das andere. —

„Mit den Fürsten hab' ich begonnen, mit den Weisen mach' ich den Schluß. Meine letzte, aber wichtigste Forderung ist, daß die Genien und die Talente, die Sommitäten sämmtlicher Fächer in unserm Volk sich geistig einander zuwenden und einen Bund schließen, um den großen Zwecken der Gegenwart mit organisirten Kräften zu dienen. Ich verlange, daß man dem wüsten Durcheinander disparatester Bestrebungen endlich ein Ende mache. Keine Eifersucht erhebe sich unter den Repräsentanten der verschiedenen Metiers; kein Rangstreit unterbreche das großartige Zusammenwirken. Die geringere Kraft sehe mit Hochschätzung auf die größere, die größere mit Achtung auf die geringere. Jede thue das Ihre an ihrer Stelle; im Hinblick auf das Ganze verschwinde der Unterschied und die Liebe mache die geringsten Glieder den größten, die größten den geringsten gleich."

Er schwieg und schaute mich an. In seiner ganzen Haltung malte sich das Bewußtsein, mich in eine schwer zu vertheidigende Stellung gedrängt zu haben.

Ich blieb ruhig und erwartete die Conclusion.

Nach einer Weile begann er: „Das, mein lieber Philosoph, sind meine Forderungen! — Seh' ich, daß man ihnen nachzukommen sucht und wirklich nachkommt, so bin ich bereit, an die Zeit, welche du verkündigt hast, mit ganzer Seele zu glauben. Seh' ich aber, daß man von allem, was ich verlange, das Gegentheil thut und darauf noch dazu den größten Eifer wendet und sich wechselseitig zu überbieten trachtet, dann werd' ich mich hüten, eine Zuversicht in mir aufkommen zu lassen, deren Enttäuschung mich unglücklich und rasend machen würde!

„Das, was du prophezeit hast, sollte sein — darin stimmen wir zusammen. Aber du, weil der Zweck dir heilig erscheint, denkst dir die Mittel in ihrer Wirksamkeit unfehlbar; ich betrachte sie und urtheile nach ihrem wirklichen Gehalt — darin unterscheiden wir uns.

„Es ist möglich, daß ich dich mit der Gründlichkeit, womit ich diese Mittel, eins nach dem andern, ins Gebet nahm, gelangweilt habe. Indessen abgesehen davon, daß ich für deinen Sermon etwelche Revanche zu nehmen hatte, führte mich nur eine solche allgemeine Prüfung zu meinem Zweck. Können wir erwarten, daß die Menschen, wie sie dermalen sind, die ihnen durch mich vorgehaltene Schuldigkeit thun werden — oder erscheint ein solcher Glaube lächerlich? Ich — es thut mir unendlich leid, es sagen zu müssen, — ich fürchte, das letztere!"

Eine Pause entstand. Dann sagte ich: „Du hast wiederholt von dem Unterschied gesprochen, der zwischen uns besteht, ihn aber nicht richtig angegeben. In Wahrheit unterscheiden wir uns dadurch, daß du das absolut Gute verlangst, um auch das relative leugnen zu können, ich aber nur das Bessere fordere, um dran glauben zu dürfen. Was ich als zeitgemäß erwiesen habe, das wird kommen trotz aller Selbstsucht, die in den Herzen der Menschen und der Parteien zurückbleiben, trotz allen Kampfes, der wieder und wieder entbrennen wird. Du willst im Gegensatz zu mir das Leben selbst vor Augen haben? Du hast aber noch nicht seine Haupteigenschaft erkannt: daß es nämlich Raum hat für das Gute und das Böse, für die Thaten des Kampfes und der Einigung! Wenn das Böse geschieht, so ist das Gute damit nichts weniger als unmöglich, nein, es kann sich zu größter Macht und Schönheit entfalten gerade neben dem Bösen! Und so wird denn auch das specifische Gute der kommenden Zeit geschehen trotz aller feindseliger Gegenwirkungen, die ich mir nicht vergehend, sondern bestehend, ja kräftig bestehend vorstelle!"

Ein spöttisches Grinsen und ein entsprechendes „Hm" war die Antwort. „Das Böse dauert fort!" sagte er mit der Miene eines Belehrten. „Es werden also die Fürsten künftig nach ihrem bon plaisir handeln und sich nach dessen Forderung nicht mit Ehrenmännern umgeben, welche ihnen die Wahrheit sagen, sondern mit Schmeichlern und gefügigen Werkzeugen! Die Glieder des Einen Deutschlands werden sich nach wie vor wechselseitig heruntersetzen und ärgern und zu übervortheilen suchen! Die politischen und religiösen Parteien werden sich verketzern und sich gegenseitig schwarz machen! Die Reichen und Vornehmen werden auf die Armen und Geringen mit Stolz und Fühllosigkeit herab=, die Armen und Geringen zu ihnen mit Neid und Wuth hinaufsehen! Die Männer der empirischen Wissenschaften werden ihr Handwerk überschätzen und darauf pochen, wie es jetzt auch der wirkliche Handwerker nicht mehr für anständig hielte, und die Kritiker sämmtlicher Fächer werden das Buch nicht nach dem Buch, sondern nach dem Autor beurtheilen und die Gerechtigkeit für alberne Schwäche halten. Die Jugend wird anmaßend und dummdreist bleiben — und von den Weisen und Guten wird jeder seinen Weg gehen, ohne sich um die andern, die Consorten ausgenommen, im geringsten zu bekümmern. Die Egoisten werden nur auf ihr Vergnügen und **ihren Vortheil** ausgehen und sich entschuldigen mit der altüberlieferten Entschuldigung: «So ist's eben! So geht's eben! Das ist eben die Welt!» Die Halunken werden fein lächeln und werden sich für gescheit halten und werden die Bessern, die nach Ehre trachten und zu diesem Zweck Opfer bringen, für die dümmsten aller Menschen erklären!"

„Das schadet nichts!" entgegnete ich.

„Was!" rief er mit einem Lachen der Verwunderung, — „das schadet nichts?"

„Nein!" versetzte ich. „Gegen die bösen Geister werden die guten um so gewaltiger aufstehen, die Noth wird der Erkenntniß zu Hülfe kommen und es werden sich Verbindungen stiften, welche alle Hindernisse umwerfen und der kommenden Zeit ihr Gepräge aufdrücken werden: das Gepräge der werdenden Harmonie; — das Gepräge der Vorherrschaft des Geistes, der höchsten Bewältigung und Verklärung der Natur!"

Der Gegner schüttelte den Kopf. „Ich sehe schon", erwiderte er dann, „du bist schußfest; — an dem Panzer deiner Theorie welken die Pfeile meiner Kritik machtlos hin! — Wenn unser Herrgott seinerzeit zu dir gesagt hätte: «Was meinst du, mein Lieber, — wird der Mensch im Paradies die Probe, die ich ihm auferlege, bestehen? Wird die Schlange ihre Verführungskünste umsonst anwenden?» — «Oh», hättest du gerufen, «freilich wird sie das! Wie könnte der Mensch so thöricht sein, die

Seligkeit und die Ehre im Verein mit dir hinzu-
opfern, um sich dem unheilvollen Versucher an den
Hals zu werfen? Wie wäre es möglich, daß er
die Absichten desselben nicht durchschaute?» — Und
doch ist der Mensch gefallen! Und seitdem ist der
Teufel los; — er hat sich in der Welt etablirt, die
Welt ist an ihn gewöhnt, und nun fängt sie gar
an, nicht mehr an ihn zu glauben, sobaß er den
unendlichen Vortheil hat, in der Tarnkappe fechten
zu können!" — Er zuckte die Achsel und sah mit
schweren Bedenken für sich hin. Dann fuhr er fort:
„Ich kann freilich meinerseits nicht leugnen, daß die
Zeit gekommen ist, wo Geist und Natur sich zu stellen
haben zum Sühnversuch. Aber muß dieser gelingen?
Ist das Mislingen in der That unmöglich? — Seh'
ich, welch ungeheuern Zauber jetzt auf den Geist die
Materie übt, und denk' ich daran, daß die Menschen
gegenüber dieser Bestrickung ohnmächtig sein, und sich
der Materie an den Hals werfen könnten, um die letzten
Reste ihres Patrimoniums mit ihr zu verjubeln, so faßt
mich ein Grauen! «'S ist möglich», flüstert der Dämon
mir zu — und Schauer durchziehen meine Seele!"

„Mein Freund", entgegnete ich, „es ist nicht
möglich."

„Göttlicher Geselle!" rief er mit einem Blick, der
Bewunderung und Mitleid zugleich ausdrückte.

„Ich nehme das Prädicat an", versetzte ich mit

Ernst; „denn in gewisser Beziehung ist das der gute — glaubende und erkennende Geist!" — Dann fuhr ich fort: „Du thust mir unrecht, mein Bester, mit der Antwort, die deine Laune mich unserm Herrgott ertheilen läßt! Ich hätte auf jene Frage erwidert: «Das weiß ich nicht!» Und vielleicht hätt' ich hinzugefügt: «denn du, o Herr, darfst es ja selbst nicht wissen! — Aber das (hätt' ich dann fortgefahren), das weiß ich: wenn der Mensch auch der Prüfung erliegt, du wirst ihn doch nicht untergehen lassen! Du wirst ihn wieder aufrichten und emporführen; den langen Weg der Leiden zwar und des Kampfes, denn das fordert die ewige Gerechtigkeit, — aber aufwärts, immer aufwärts, bis er, deiner würdig, bei dir selbst wieder angelangt ist!» — Und so, mein Freund, ist es auch gekommen — und so wird es weiter gehen! Der Geist befindet sich dermalen in der verkehrten Welt; unendlich langsam löst er sich los aus der Uebermacht des Stoffes, aus Unwissenheit und Bosheit. Aber die Geschichte, welche dieses zeigt, beweist eben damit auch den Emporgang. Nach den Schritten, welche der Menschheit bisher gelungen sind, wird sie jetzt einen neuen, — den bedeutsamsten und größten machen, den feindlichen Gewalten allen zum Trotz! Denn Gott selbst will ihn, diesen Fortschritt; und Gott wird ihn machen!"

Victor, durch den Ernst, ich darf sagen die Feier=

lichkeit meiner Rede getroffen, schwieg und stand im Nachdenken.

In diesem Augenblick erschien Fritz und sagte: „Der Tisch ist gedeckt!"

Wie aus einem Traum erweckt sah der Freund erst ihn, dann mich an und rief: „Zu Tische! Zu Tische! — Speis' und Trank hat Gott geschaffen nicht nur den Leib zu erhalten, sondern hauptsächlich, dem Denken ein Ende zu machen! Fort mit dem Deuteln und Grübeln und Zweifeln! Tauchen wir uns in die Tiefen der Natur, holen wir in ihr Vergessen und Labung und Einheit und Ganzheit, göttliche Ganzheit der Seele!"

———

Das Essen war so gut und reichlich, als ob es für die Kraftstücke, die wir unserm Geist heute zugemuthet hatten, extra berechnet gewesen! Victor ließ nach dem Tischwein, der den ersten Durst gestillt, eine edlere und feurigere Lage kommen, und wir genossen sie als Kenner. Es war unmöglich, nicht vergnügt zu werden. Als wir mit dem aromatischen Rheingauer anstießen, sagte ich, den Wirth betrachtend: „Du bist doch in der That einer der glücklichsten Menschen, die ich kenne!"

Victor lächelte. „Ich bin zufrieden", erwiderte er.

„In deiner Existenz", fuhr ich fort, „ist ein eigenthümlich schönes Maß und eine erfreuliche Zusammenstimmung. Dein Gut ist groß genug, um dir das Gefühl des Reichthums zu geben, nicht so groß, um dir Sorgen zu machen. Die Wälder und Felder, die Gärten und die Gebäude sind gleichmäßig gut im Stande. Deine Leute thun ihre Schuldigkeit mit Vergnügen, dein Haushalt geht wie ein Uhrwerk. Willst du dich mit Naturmenschen unterhalten, so hast du deine Bauern; willst du dich mit Geistern vergnügen, so hast du Bücher, Journale, Kunstsachen. Für dich sind die Werke angenehmer und nützlicher, als ihre Autoren; und im Grunde, theilen die Menschen in ihren idealen Producten nicht uns allen ihr Bestes mit? Wirb's dir zu eng im Schloß dann kannst du ausfliegen, so oft du willst. Und wenn du's nicht thust, dann steht doch die Möglichkeit vor dir und ergetzt deine Seele. Dieses ruhige Dasein, diesen köstlichen Frieden stört dir niemand! Du weißt: morgen wird's sein wie heute! Uebers Jahr wird's sein wie heute; — und nur, wenn du's anders haben willst, dann wird's anders sein!"

Der Gerühmte warf mir einen zufriedenen Blick zu. — Nach kurzem Innehalten fuhr ich fort:

„Es gab eine Zeit, wo es anders war; — eine Zeit, wo der böse Nachbar das Glück des Friedlichen über den Haufen werfen konnte nach seinem Belieben, weil das Gesetz gegen ihn keine Macht hatte! — Welchen ungeheuern Fortschritt hat die Menschheit seitdem gemacht!"

Victor wurde aufmerksam. „Was soll dieser Rück=
blick?" sagte er.

„Meinen Glauben rechtfertigen an den ungeheuern Fortschritt, welchen die Welt machen soll in Zukunft!"

Er schüttelte den Kopf. „Heimtückischer Gesell!" rief er. „Du köderst mich mit angenehmen Reden, um mir das Garn der Widerlegung über den Kopf zu werfen?"

„Lieber Freund", entgegnete ich, — „wer kann an der Zukunft zweifeln, wenn er sieht, was dem Genius des Bessern in den letzten Jahrhunderten gelungen ist und was er uns persönlich verschafft! Ehren wir das Gute, das wir haben, durch reine, freudige Betrachtung! Schau um dich — denk um dich! Das Leben ist so schön geworden; — so bequem, so reich, so heiter! Die Schätze der Natur und der Kunst decken sich immer weiter vor uns auf. Die Materie dient uns. Die zer=
störenden Kräfte, vom Geist gebändigt, tragen uns und ihre Gewalt ergänzt uns. Die Blüten des Geistes reg=
nen auf uns von allen Seiten. Das Reizende und Köstliche fließt uns zu von allen Ländern und Völkern, und wir selbst geben es uns immer reichlicher. Wir bilden und singen und reden und schreiben. Von den größten Meistern aus haben wir neue Wege gesucht und gefunden und rüstig schreiten wir auf ihnen vorwärts. In den Künsten lassen wir keiner Nation den Vorrang.

Wenn wir in erzählender und dramatischer Dichtung mit andern wetteifern — in der Lyrik, dem Herzpunkt der Poesie, tragen wir auch gegenwärtig die Palme! Unendlich viel edles Material, unendlich viel herrliche Kräfte liegen in unserm Volk: sie müssen heraus und sich erweisen in unendlichen Lebensgestaltungen; — denn die neue Zeit ist eine Zeit der Ausbeutung und der Verwerthung vorzugsweise! — Bei diesem Wein, dem köstlichen Symbol, fordre ich Sympathie! Nimm dein Glas! Es lebe Deutschland! Es lebe der Geist! Es lebe die Zukunft!"

Victor sah mich an — mit einem Lächeln mehr der Genugthuung und der Freundschaft als des Spottes. Dann ergriff er sein Glas, stieß an und rief: „Sie leben!"

Wir tranken. Dann sagte er: „Wenn ich auch nicht so heftig glauben kann wie du, im Wünschen und Gönnen wirst du mir's schwerlich zuvorthun! — Sehen wir der Zukunft als Männer entgegen! Ich wünsche nichts mehr, als daß ich unrecht bekomme auf allen Punkten, und daß alle meine Anklagen in wenigen Jahren Verleumdungen seien! Wie gern würde ich am Pranger stehen! — Aber ich fürchte nur, dieses Glück wird mir durchaus nicht so zutheil werden, wie ich's wünsche!" —